KB265164

공감
공소
소통
공유

공감 소통 공유

싸이에서 박근혜까지

장규홍 지음

기자가 만난 사람들의 삶과 세상을 보는 눈

도서
출판 **행복에너지**

'시간과 공간을 넘어 공감(共感)하고
소통(疏通)해서
공유(共有)하는 세상을 꿈꾸며'

요즘 신문엔 한자 표기가 많지 않지만 제가 처음 신문을 접했던 1970년대엔 한자어는 모두 한자로 표기됐습니다. 사람 이름, 도시 이름, 회사 이름 등, 나아가 영어로 된 나라 이름도 가차문자(假借文字)를 사용해 한자로 쓰였습니다. 홍콩은 향항(香港), 싱가포르는 성항(星港), 프랑스는 불란서(佛蘭西) 등의 방식이었습니다. 초등학교 2, 3학년 무렵부터 신문의 스포츠 면을 읽기 시작했습니다. 물론 한자를 읽기 위해선 어머니한테 일일이 한자를 물어가며 익혔습니다. 시간이 지나면서 호기심은 정치와 경제, 역사, 문화 등으로 넓어졌고 이런 성향이 기자 생활을 하면서 풍부한 자양분이 됐습니다.

제가 아주 어린 시절 활약했던 스포츠 스타, 제가 중학교 무렵 초선 국회의원으로 처음 국회에 발을 들였던 훗날의 정치거물들과 대화를 나누고 인터뷰를 하면서 어릴 적 신문을 꼼꼼히 읽으며 쌓아둔 기억과 지식은 큰 도움이 됐습니다. 오래 전 사안을 소상히 입력하고 있는 기자에게 그들은 더 많은 이야기를 들려줬고, 더 풍부한 배경을 설명해줬습니다. 상대를 충분히 알고 흠뻑 빠져들 때 진정한 인터뷰, 나아가 진솔한 소통이 될 수 있음을 수없이 깨달았습니다. 입이 무겁기로 유명한 이민우 전 신민당 총재는 이른바 '이민우 구상'에 대해 어느 언론에도 언급을 하려 하지 않았습니다. 하지만 오랜 시간 기자와 그의 정치인생에 대해 소통하면서 결국 그는 마음을 열고 가슴에 담아뒀던 이야기들을 털어놨습니다. 생전에 그가 남긴 유일한 영상녹취인 셈입니다.

기자 초년병 시절, 프로야구 스타인 최동원 선수와 만나선 밥도 먹고 술잔도 기울이면서 며칠에 걸쳐 그의 경남고 시절 활약상에서부터 프로야구 출범 전 실업야구 시절까지 생생한 기억을 바탕으로 이야기를 나눴습니다. 그러다 보니 알려져 있지 않은 스토리, 신문지상에 실리지 않았던 이야기들을 그는 기자에게 신명나게 들려줬습니다. 일종의 공감(共感)과 소통(疏通)이었던 셈입니다. 인터뷰이가 인터뷰어에게 공감하고 그런 공감은 더욱 원활하고 풍부한 소통으로 발전됐을 것입니다. 정치부 기자를 하면서 마주쳤던 원로 정치인들도 그들의 초선 의원 시절부터 이야기를 나누다 보면 아주 속 깊은 이야기까지 들려주며 취재원과 기자의 관계를 뛰어 넘어 인간 대 인간의 공감대(共感帶)를 나눌 수 있었습니다.

그 바닥엔 널리 알려지지 않은 인간적 고뇌, 공개되지 않았던 사연과 배경들이 존재하고 있었습니다. 당시엔 사소하고 소소해 보여 눈에 잘 들어오지 않았던 사안들이 쌓이고 얽혀서 도도한 역사의 물줄기를 만들어 가고 있었습니다.

여러 나라를 여행하면서 문화가 발달한 곳일수록, 또 삶이 여유로운 사람들일수록 곳곳에 자기들의 역사를 남기고 흔적을 보존하는 태도를 발견할 수 있었습니다. 굳이 톨스토이나 헤밍웨이 같은 대문호가 아니고, 비록 다른 나라 이방인에겐 이름조차 생소한 작가였지만 그들은 작가가 쓰던 방에 책상이며 책꽂이며 필기구, 그들이 소중히 여겼던 잡동사니까지 그대로 보존하고 은은한 향기를 공유(共有)하는 문화가 있었습니다. 시간과 공간을 초월한 소통의 장소였습니다.

비록 규모는 작지만 체취가 남아 있는 공간을 보존하고 공유하는 그들의 마음처럼 저널리스트로서 만났던 인물들의 인간적 감성, 크게 기사화되진 않았지만 여러 사람과 함께 나누고 싶은 일화 등을 글로 남기는 것도 의미가 있겠다는 생각에서 원고를 정리하게 됐으며, 그런 작업이 이 책을 내는 계기가 됐습니다. 작으나마 역사의 한 조각이 될 수 있는 사실을 기록한다는 자부심(自負心)과 사람의 향기를 있는 그대로 전하고 싶은 감수성(感受性)이 이 책의 밑바탕입니다.

실제로 인터뷰 이후 고인이 된 이민우, 유치송, 신상옥, 최동원 같은 분들을 이제와 생각하면 당시에 좀 더 깊이 있게 만나고, 더 많은 이야기를 들었으면 얼마나 좋았을까 하는 아쉬운 생각을 해봅니다. 이 책의 원고가 탈고될 즈음인 2012년 12월 13일 병상에서 눈을 감은 김상철 전 서울시장은 더욱 안타까웠습니다. 꼭 10년 전 인터뷰를 마치며 기자에게 '대성(大成)하시라'며 덕담을 했던 그에게 끝내 원고를 보여줄 수 없었기 때문입니다.

글을 쓰다 보니 각 분야에서 이름을 남긴 분들을 주로 다루게 됐습니다만 실은 이름이 알려지지 않은 많은 사람들이 제 기억에 생생히 남아 있습니다. 보충취재를 하려고 다시 호스피스 병동에 들렀을 땐 이미 빈 침상만 남아 있던 말기암환자들, 보호시설의 해맑은 눈동자가 초롱초롱했던 부모 잃은 아이들, 산비탈 '쪽방촌'에서 하루하루 힘겹게 생을 이어가던 독거노인 등…. 다운증후군 어린이들을 취재 갔을 때엔 한 녀석이 노트를 들고 사인을 받겠다고 나서자 영문도 모르던 아이들이 우르르 몰려들며 줄을 서던 모습도 잊히지 않습니다. 그 아이들의 눈빛은 누구보다도 맑고 순수했습니다.

세상이 팍팍해지다 보니 출판계에도 이름이 널리 알려진 유명인사가 쓴 책이나 당장 세상살이에 도움이 될 법한 자기계발서적만 겨우 팔리는 극심한 불황이란 말을 많이 들었습니다. 그래도 기록으로 남길만한 소소한 이야기들, 한 시대를 풍미했거나 우리 역사에 영향을 끼친 인물들의 이면, 한 분야에서 일가(一家)를 이룬 사람들의 잘 알려지지 않은 성공스토리 등을 활자로 남겨 많은 사람들과 공유하고 싶습니다.

한 분야에서 업적을 남긴 사람들에겐 공통점이 있었습니다. 어떤 위기와 역경에도 굴하지 않고 오히려 성공과 기회의 전기를 마련했다는 사실입니다. 일제강점기와 6·25전쟁을 거치며 세계 최빈국 백성의 삶을 살았던 사람들 중에 순탄한 길만 걸어온 분은 없었습니다. 젊은이들, 후배들에게 선배로서 조언을 부탁했을 때, 그들은 한결같이 어려움, 고난을 이겨내면 언젠가 어디선가 반드시 한 줄기 빛이 보이더라는 말을 들려줬습니다.

나만 배부르면 그만이라는 세태, 성공을 위해서라면 어떤 수단과 방법도 가리지 않겠다는 풍조, 나아가 성공한 소수만이 대접받는 각박하고 이악스런 세상에 조금이나마 훈훈하고 따뜻한 온기를 불어넣을 수 있으면 좋겠다는 생각으로 남은 언론인의 여정을 뚜벅뚜벅 걸어가겠습니다.

2012년 12월

장규홍

차 례

"양극화 문제, 자본주의 반성에서 시작돼야"

강만수

KDB 산은 금융그룹 회장(前 기획재정부 장관)

강만수 | KDB 산은 금융그룹 회장(前 기획재정부 장관)

3년 만의 첫 언론 단독인터뷰

이명박 정부의 경제정책 밑그림을 그리고 정부 출범 당시 정책을 총괄한 사람이 강만수 전 기획재정부 장관이다. 이명박 대통령 후보 시절부터 대선 캠프에 참여했고 재정경제부와 기획예산처가 통합된 기획재정부 초대 장관을 지냈으며, 퇴임 이후에도 대통령 경제특보, 국가경쟁력강화위원장 등의 자리를 맡아 'MB 정부' 경제정책의 막후실세 역할을 했다.

기자들이 붙여준 그의 별명은 '킹 만수', '강 고집' 등이다. 자신의 소신과 철학이 뚜렷해서 한번 판단을 내리면 좀처럼 타협을 하지 않지만 주진력과 뚝심만큼은 남다르다는 의미를 담고 있다. 그의 기획재정부 장관 재임기간은 대내외적으로 악재가 돌출하던 시기였다. 2008년 이명박 정부 출범과 동시에 미국 광우병사태가 사회문제로 번지더니 그해 여름 미국 서브프라임 모기지에서 촉발된 금융위기로 전 세계 경제가 휘청거렸다.

강 전 장관은 여론과 야당으로 부터 많은 비판을 받은 것은 물론 여당인 한나라당 내부에서 조차 많은 논쟁에 시달려야 했다. 한때 인터넷엔 강만수를 비판하는 네티즌들의 원성이 꼬리를 물었다. 정부의 고환율 정책 때문에 수출 위주의 대기업들은 덕을 봤지만 중소기업 위주의 내수시장이 더 어려워졌고, 물가불안으로 서민경제가 악화됐다는 게 정부를 비판하는 사람들의 주장이었다.

강만수는 장관 퇴임 이후 일체 언론 인터뷰를 사양했으며, 특히 재임 시 경제정책의 공과에 대해선 논쟁의 당사자가 되길 원치 않았다. 시간이 흐른 뒤 객관적인 평가를 받고 싶었기 때문이다. 그가 KDB 산업은행 은행장 겸 산은금융그룹 회장으로 취임하고 1년이 지난 2012년 2월 그를 만났다. 장관 퇴임 이후 3년 만에 처음으로 특정 언론과 단독으로 인터뷰를 한 것이다. 이명박 정부 경제정책의 공과 과에서부터 그의 어린 시절과 경제관, 철학, IMF 외환위기 전후의 비사 등 그의 솔직한 생각을 들어봤다. 대한민국 경제사에 가장 아픈 기억으로 남아 있는 'IMF 외환위기' 직후 대량해고와 실직사태에 대해 당시 미셸 캉드쉬 IMF 총재는 우리 정부에 대량해고를 강요하지 않았다는 새로운 증언을 했으며, 이제는 외환위기 전후의 상황을 객관적으로 밝히는 백서가 나와야 한다고 주장했다.

기자 : "먼저 이 질문부터 드려야겠습니다. 2007년 대통령 선거에서 이명박 후보가 압도적 표 차로 당선된 것은 경제대통령이 돼달라는 국민들의 절실한 요구 때문이었습니다. 핵심 경제공약은 '747'이었고, 골자는 연간 7% 성장, 국민 1인당 4만 달러 소득, 세계 7대 경제 강국이 되겠다는 것이었습니다. 그런데 현실은 공약과 거리가 멀었습니다. 결국 경제형편이

나아지지 않은 국민들의 실망감이 정부에 대한 반감으로 발전됐습니다. 애초부터 '747 공약'은 실현가능성이 없었던 것 아니었습니까?"

강만수 : "747은 하나의 국가비전이고 목표이고 꿈이었습니다. 공약을 만들 때 '7대 강국이 되자, 경제뿐만 아니라 종합적으로 선진국 대열에 들어서자'는 의미였습니다. 그것을 마케팅 전문가들이 7대 강국은 너무 관념적이니 비행기 747에 비유해 747이라 이름 붙인 공약이 나오게 된 것입니다. 동서고금을 막론하고 선거 과정에선 항상 희망적인 캠페인이 불가피하고요. 이명박 정부 초기인 2008년 미국 발 세계 경제위기가 터졌고 그해 봄 광우병 사태로 공약 실행에 차질이 빚어진 것은 사실입니다.

하지만 정부 출범 당시 우리나라의 수출이 세계 12위였는데 2011년 세계 7위로 올라섰습니다. 우연의 일치인지 몰라도 세계 7대 강국이 되긴 했습니다. OECD 국가 중 대한민국이 가장 먼저 경제위기를 탈출했고, 성장과 경상수지도 양호하게 유지됐습니다."

그는 세계적인 경기침체 속에서 그래도 대한민국이 지속적인 성장 동력을 유지하고 있는 몇 안 되는 나라에 꼽힌다는 점을 역설하고자 했다. 실제로 대한민국은 글로벌 경제위기에도 불구하고 2012년 하반기 세계 3대 신용평가사인 무디스와 피치, S&P로부터 더블 A, 또는 A+의 최고등급을 받아 이른바 '그랜드슬램'을 달성했다는 언론보도가 나오기도 했다. 하지만 극심한 내수침체와 서민경제의 악화로 이 같은 기사는 빛을 보지 못했다.

'정부 출범 초기 광우병사태에 발목 잡혀'

기자 : "정부 출범 직후 광우병사태가 번지면서 정책을 펴는 데 어려움이 있었던 것으로 알고 있습니다. 실제 어느 정도 영향을 받았습니까?"

강만수 : "광우병사태로 출범 초기부터 정부의 권위가 떨어진 게 안타까웠습니다. 그런 과정에서 정제되지 않은 미디어를 통해 괴담이 퍼져나갔고, 그러다 보니까 잘한 부분은 가려지고 잘못한 부분만 부각된 결과를 가져왔습니다. 어느 정부나 초기에 이런 암초를 만난다는 것은 불행한 일입니다. 한창 정책수행에 힘을 받아야 할 중요한 시기니까요. 아무리 정치적 입장이 다르다 해도 사실이 아닌 것을 확대 재생산해 정치공학적 공격의 수단으로 삼는 것은 나라를 위해 불행한 일입니다. 광우병사태가 지나자마자 바로 미국 발 금융위기가 세계로 번져 세계 경제 전체가 어려워졌습니다. 우리나라 경제가 상대적으로 빨리 회복되긴 했지만 국내적으로 내수경기가 많이 위축된 건 사실입니다.

이 과정에서 청년실업이 늘어나고 서민들의 체감경기와 직결된 내수시장이 악화된 점도 안타까운 일입니다."

기자 : "미국 발 금융위기에 우리 정부는 어떻게 대응했으며, 어디에 우선순위를 두고 위기 극복에 나섰습니까?"

강만수 : "2008년 경제정책에 대해 국내외의 평가가 엇갈리고 있습니다만 IMF에선 한국의 경우를 교과서적 모범 사례로 소개했고, 많은 외국 언론들이 좋게 평가했습니다. 외국의 한 저명한 경제 저널리스트는 '서울의 경제 관료들에게 모자를 벗어 경의를 표한다'는 칼럼을 쓰기도 했습니다.

당시 위기를 극복하는 데 몇 가지 전략이 있었습니다. 국가경제의 위기관리에서 가장 중요한 것이 경상수지입니다. 이 정부 들어섰을 때 대외무역은 이미 적자로 기울어진 상태였습니다. 그걸 흑자로 전환시키는 과정에서 환율을 신경 쓰지 않을 수 없었습니다.

사실은 환율이 과거에 과대평가됐던 것을 정상화하는 과정이었는데, 이걸 놓고 고환율정책이란 오해를 받았습니다. 환율정책을 통해 수출을 늘리고, 규제완화를 통해 서비스산업과 투자를 증대하고, 감세정책을 통해 수요를 확대한다는 전략이었습니다."

그는 오랜 세월 지속된 전 세계적인 탐욕과 투기의 경제구조가 글로벌 경제위기를 초래했다고 말했다. 2007년 세계 무역규모가 17조 4,000억 달러였던 것에 비해 세계 외환거래는 830조 달러로 46배에 이를 만큼 세계 경제는 자본주의가 아닌 투기경제로 치닫고 있었고 전 세계적인 위기 직면은 필연이었다는 게 그의 생각이다.

2013년 경제 전망에 대해서도 비관적인 견해를 밝혔다. 유럽과 일본의 장기침체가 불가피하며 세계가 환율전쟁에 들어선 상황에서 최악의 경우 세계적인 경제공황사태에도 대비해야 한다고 했다. 국내 은행과 증권사들이 2013년에 사상 초유의 어려움을 겪을 수 있다는 말도 덧붙였다. 새로 출범하는 정부에 대해선 복지 확장과 서비스 성장에 대한 사회적 요구가 크지만 성장과 세조입 기반의 중요성을 산과해선 안 된다면서 스페인, 이탈리아 등 잘 나가던 유럽 국가들의 추락을 유념해야 한다고 강조했다.

논쟁의 핵심, 고환율 정책

이명박 정부 경제정책의 공과를 놓고 가장 뜨거운 논쟁의 대상은 바로 고환율 정책이다. 세계적인 경제위기와 경기침체기에 임기를 시작했던 MB 정부는 숙명적으로 환율정책에 대한 비판에서 자유로울 수 없다. 정부 내에서도 찬반이 엇갈렸으며, 앞으로도 경제정책의 주제와 사례로 깊이 다뤄져야 할 사안이다. 1997년 외환위기 당시 갓 부임한 재정경제원 차관으로서 누구보다 경상수지의 중요성을 뼈저리게 절감했던 강만수 장관은 2008년 3월 이명박 대통령에 대한 기획재정부의 첫 업무보고에서도 경상수지가 적자로 돌아서 외환위기 때와 유사한 추세를 보이고 있다고 직언했다. 이후 정부의 경제정책 최우선 순위는 경상수지의 흑자전환이었다.

기자 : "고환율정책이 가장 큰 쟁점이 됐습니다. 고환율정책 탓에 대기업들의 수출은 늘었지만 서민경제는 나빠졌다는 논리가 널리 퍼졌습니다. 이 때문에 경제양극화가 더욱 심화됐고, 중산층이 붕괴됐다는 비판이 많았습니다."

강만수 : "장관 재임 시 많은 비판에 시달렸습니다. 국가경제를 끌고 갈 때엔 우선순위가 있어야 합니다. 동시에 모두 해결하는 건 불가능하지요. 1997년 외환위기를 당했을 때 제가 정부에 있었습니다. 그때 절실하게 느낀 것이 결국 경상수지, 즉 해외로 나가는 돈과 들어오는 돈의 균형이 맞지 않으면 국가부도 사태가 온다는 사실이었습니다. 특히 우리나라같이 개방된 작은 나라는 대외무역을 통해 살아가기 때문에 경상수지가 적자를 내면 생존할 수 없습니다. 2008년에 모든 경제지표가 1997년 외환위기 직전과 비슷한 추세로 가고 있었습니다. 가장 시급한 문제는 경상수지를 흑자로 전환시켜야 한다는 것이었습니다."

그는 이명박 정부 임기 내내 여론의 비판을 받은 고환율정책에 대해 할 말이 많은 듯했다. 결과적으로 수출 위주의 대기업이 혜택을 보고 내수 위주의 중소기업과 가계가 어려워졌지만 세계경제의 추세에 따른 불가항력적 판단이었다는 게 그의 주장이다.

실제로 2000년대 들어 2007년까지 원화는 40.3% 절상됐지만 일본의 엔화는 16.7% 절상에 그쳐 해마다 1,500억 달러가 넘는 흑자를 내는 등 일본 경제가 호황국면을 맞고 있었다. 강만수 전 장관은 참여정부 말기부터 2008년 미국 발 금융위기 직전까지도 원화강세의 부작용이 곳곳에서 나타나고 있었다고 말했다. 일본이나 미국으로 나가는 한국인 관광객 수가 급증하는 등 경상수지 측면에서 환율의 조정은 자연스런 현상이었다는 게 그의 생각이다.

원화가치가 정상을 되찾아 가는 과정이었을 뿐 의도적인 고환율 정책은 아니었다는 게 강만수 주장의 핵심이다. 2008년 이후 일본과 중국 등 세계 대부분의 나라들에서 경제가 악화된 데 반해 그래도 대한민국 경제가 거의 유일하게 선전했다는 평가도 있는 만큼 이명박 정부, 강만수 경제사령탑의 환율정책은 장기적으로 연구와 평가의 대상이 되어야 할 것이다.

이명박 정부는 환율정책을 둘러싸고 야당이나 시민단체는 물론 한나라당 내부에서도 숱한 논쟁과 비판에 시달렸다. 당내 경제통이며 소장파인 정두언, 김성식 의원 등이 그 선봉에 섰으며 정두언 의원은 강만수 장관과 신문 지상을 통해 험한 말까지 주고받으며 첨예한 논쟁을 벌였다. 결국 '이명박 대통령 만들기'의 일등공신이며 초기부터 대선캠프에서 함께 일한 이들이 등을 돌리는 원인이 됐고, 이후 정두언은 이명박 정부에 대해 비판자 입장에 서게 됐다.

기자 : "정책을 펴는 과정에서 야당은 물론이고 같은 여당 내부에서도 거센 비판과 공세를 받았었는데요?"

강만수 : "착잡했지요. 인류역사를 봐도 내전이 훨씬 참혹하지 않습니까? 6·25전쟁, 코소보 전쟁, 미국 남북전쟁 등 같은 편에 있었으니 약점을 서로 더 잘 알고, 서로에 대한 룰도 없이 공격이 이뤄지고…. 국제간 전쟁은 협약에 의해 '민간인은 공격해선 안 된다, 포로는 인간적 대우를 해줘야 한다'는 룰이라도 있지만 내전은 이런 게 적용되지 않으니까요. 당시에 그들이 심사숙고해서 한 발언인지 정말 안타깝게 생각합니다. 환율정책, 감세정책에 대해서도 야당보다 여당 내부에서 먼저 비판이 시작됐습니다. 정부 정책에 대한 일방적인 비판이나 논쟁이 벌어지면서 한껏 힘을 받아야 할 이명박 정부의 동력이 상실된 게 아닌가 하는 아쉬움이 남습니다. 앞으로도 계속 새 정부가 탄생하겠지만 전술전략적 측면에서 깊이 생각해봐야할 부분입니다."

정부와 정권이 바뀌더라도 표를 의식한 정치인들이 인기에 영합하거나, 선거를 위해 무책임한 발언을 하거나, 대안이 없는 비판을 하는 것은 국민을 위해서도 결코 바람직하지 않다는 게 그의 생각이었다.

'양극화 문제, 자본주의 반성에서 시작돼야'

기자 : "이명박 정부 출범 초기 압도적인 지지를 받으며 출발했는데 정권말기엔 지지율이 크게 추락했습니다. 경제적 양극화가 주요 원인으로 지적되는데 양극화 문제, 나아가 대기업과 중소기업의 상생문제를 어떻게 풀어야 합니까?"

강만수 : "대기업과 중소기업의 불균형문제는 40년 전 제가 공직을 시작할 때부터 제기됐던 문제입니다. 세계적으로, 또 우리나라에서도 해결하기 어려운 난제입니다. 세계의 새로운 경제 환경에서 오는 문제인데, 제가 국회에서 '양극화도 하나의 시대 트렌드'라고 답변했다가 엄청나게 욕을 먹고 비난을 받았었는데 현실인식은 있는 그대로 냉정하게 해야 됩니다. 그래야만 정확한 대안이 마련될 수 있는 겁니다. 지식근로자와 비지식근로자, 인터넷 사용자와 비사용자, 원래 자산을 가진 자와 그렇지 못한 자 등의 사이에 양극화가 존재하는 게 엄연한 현실입니다. 이런 현상은 인류 문명의 발전과정에서 생겨난 불가피한 문제인데 세계 각국 정부는 물론이고, 인간 자체가 아직까지 이에 대한 대응책을 찾지 못했고, 앞으로 월가 점령시위 같은 게 더 확산될 가능성도 있습니다.

지금부터라도 대처방안을 만들어 문제를 해결해야 하는데 자본주의에 대한 반성에서 출발해 '따뜻한 자본주의'를 만들어 내기 위한 지혜를 모아야 합니다. 하지만 불행하게도 아직 누구도 뚜렷한 답안을 내놓지 못하고 있는 상황입니다."

기자 : "자본주의 4.0이 시대의 화두가 되고 있습니다. 하지만 선거 정국에서 표를 얻기 위한 포퓰리즘 경쟁이 심해지기도 하는데요?"

강만수 : "과거에 저도 대통령선거에 참여해 봤습니다만 미국이나 유럽의 선진국들도 선거철이 되면 포퓰리즘이 횡행할 수밖에 없습니다. 미국의 정치격언에 '대통령에 당선되는 순간, 선거공약은 모두 잊어라'란 말이 있는데 선거에 이기기 위해 서로 경쟁적으로 선심성 선거공약을 내놓다 보면 장기적으로 경제는 망가지게 돼 있습니다.

포퓰리즘을 막을 수 있는 유일한 주체는 유권자뿐입니다. 유권자들이 냉철하게 판단해서 표를 던져야 합니다. 젊은 청년들은 앞으로 우리가 낼 세금으로 왜 정치인들이 선심을 쓰는가 하는 문제의식을 가져야 합니다. 그렇지 않으면 수십 년 뒤에 손자가 낼 세금까지 당겨서 지금의 기성세대가 복지비용을 다 써버리고, 그 부담은 후대에 고스란히 전가되는 결과를 낳게 됩니다. 선심성 공약과 포퓰리즘에 대한 유권자들의 냉철한 판단이 없다면 대한민국이 이탈리아, 스페인, 그리스 등의 길을 따라가게 될 겁니다. 한때 유럽의 모범국가로 꼽히던 아일랜드의 추락이 좋은 본보기입니다.”

강만수 전 장관은 줄곧 중소기업보다 대기업, 서민보다 중산층, 내수 보다 수출 부문에 치중했다는 비판을 받아왔다. 그는 시골 산골의 어려운 형편에서 태어나 고학을 했고, 수십 년 경제 관료를 지낸 지금까지도 재산이라곤 아파트 한 채밖에 없는 자신이 가진 사람, 재벌을 옹호할 하등의 이유가 없다고 말했다. 그래서 그의 경제철학을 좀 더 알고자 출자총액제한제도에 대한 견해를 물었다.

기자 : “두 번씩이나 폐지됐던 출자총액제한제도의 부활을 놓고 다시 찬반론이 일고 있습니다. 출총제의 실효성이 없다는 주장이 있는 반면에 출총제 폐지 이후 실제로 대기업의 계열사 숫자가 늘었으며, 그 결과 대기업 계열사들이 중소기업의 영역을 침범했다는 견해도 있는데요?”

강만수 : “출자총액 규제 제도는 세계 어느 나라에도 없는 제도입니다. 일본에서는 맥아더 원수가 전쟁을 일으킨 일본의 재벌 해체를 위해 시행했다가 폐지된 전쟁고아로 표현되는 제도입니다. 대기업들의 이익은 80%

정도가 해외에서 발생합니다. 대기업을 규제하려면 해외 부문은 놔두고 국내 부문 20%에 대해서만 규제하는 게 맞지 않겠습니까?

국내기업들이 대부분 해외 유수의 기업들과 힘겨운 경쟁을 벌이고 있는 현실에서 이런 규제를 한다는 것은 우리 내부의 자충수일 뿐입니다. 우리보다도 훨씬 몸집이 큰 미국, 일본, 유럽 국가들, 나아가 중국의 거대기업들과 경쟁을 해야 하는 국내 대기업들의 손발을 묶어 놓고 나가서 싸우라고 하는 건 어리석은 일입니다. 재벌기업의 자녀들이 너도나도 빵집에 손을 대는 등의 문제는 공정거래 같은 차원에서 그에 맞는 처방을 내리는 게 현명한 겁니다."

재벌가 2, 3세들의 무분별한 문어발식 업종확장과 중소상권 침해에 대해선 법과 제도에 앞서 당사자들의 의식 전환이 우선돼야 한다는 게 그의 견해다. 대부분 대기업 계열사인 전업계 카드사들의 고금리 대출에 대해서도 재벌기업들이 서민을 상대로 고리대금업에 나서는 현실을 정부가 방관해선 안 된다고 비판했다. 재벌, 즉 대기업 집단의 일탈된 행위는 그에 맞는 대응책을 찾아야하지만 우리 경제의 경쟁력 자체를 훼손할 감정적 접근은 옳지 않다는 게 강만수식 사고다.

'IMF는 대량해고를 강요하지 않았다'

강만수는 1997년 외환위기 당시 경제정책을 총괄하는 재정경제원 차관을 맡고 있었다. 우리 경제에 먹구름이 몰려오던 시기에 경제정책을 담당했던 그로서는 IMF 구제금융을 받으면서 굴지의 기업들이 무너지거나 외국자본에 헐값으로 넘어가고, 그에 따라 하루아침에 수많은 사람들이 직장을 잃고 거리에 쫓겨났던 상황에 대해 만감이 교차할 수밖에 없다. 외

'IMF 외환위기' 당시 졸속으로 진행된 구조조정과 대량해고에 대해 객관적 평가가 필요하다고 말하는 강만수 회장.

환위기를 전후해 그가 가장 애석하게 생각하는 대목이 있다. 당시 졸속으로 이뤄졌던 대기업 구조조정과 대량해고에 대해 이젠 실상을 객관적으로 밝혀 기록으로 남겨야 한다고 그는 말했다. 그에게 외환위기 전후 사정을 물었다.

기자 : "1997년 외환위기 당시 IMF의 지원을 받는 과정에서 대기업 해체, 인원감축 등 구조조정을 지나치게 서둘렀다는 지적이 있습니다. 생존 가능한 기업이 헐값으로 매각되거나 애꿎은 직장인들의 무더기 퇴출, 즉 대량해고가 졸속으로 이뤄졌다는 반성론인데요, 비화나 소회를 듣고 싶습니다."

강만수 : "아직까지도 그때에 대한 공식적인 백서 하나 나와 있지 않습니다. 제가 당시 재경원 차관 이임사에서 '누가 불을 낸 사람이며 누가 불을 끈 사람인지 후배들이 소상하게 평가해달라'는 주문을 하고 떠났습니다. 정권이 바뀐 뒤 정치공세로 이 문제에 접근하다 보니까 정확한 기록이 돼있지 않습니다. 제가 가장 안타깝게 생각하는 게 있습니다.

미셸 캉드쉬 IMF 총재가 저한테 한국노총, 민주노총, 여야 정책위의장, 경제 관련 국회 상임위원장, 그리고 각 분과 간사들을 신라호텔에 모이게 해달라고 요청했습니다. 거기서 캉드쉬가 한 말은 '사람을 해고하지 말라, 많은 사람들을 해고하게 되면 결국 정부가 이들을 먹여 살려야 하고 부담이 더 커질 수밖에 없다. 대규모 해고는 정치적 반대세력을 만들어 낸다. 성공적인 구조조정을 위해선 해고를 최소화해라'라는 것이었습니다.

그러나 새 정부가 들어선 뒤 IMF 때문에 대량해고를 할 수밖에 없다고 주장한 사람들이 있습니다. 캉드쉬 총재는 분명히 무리한 해고를 하지 말라고 했는데 대량해고 사태가 있었습니다. 누가 왜 그렇게 했는지…. 정말 안타까운 일입니다. 대기업, 은행 등에서 하루아침에 해고된 사람들의 인생이 많이 바뀌었을 것인데 이에 대한 철저한 원인분석이나 책임규명은 어디에도 나와 있지 않습니다. 우리 국민들이 지금도 IMF하면 부정적인 생각을 갖고 있고, 심지어 IMF 때문에 해고됐다는 사람들도 있는데 분명한 것은 IMF는 부도 직전의 이 나라를 도와주러온 것뿐입니다.

외환위기 직후 고금리가 지속되고 이런 고금리는 중산층 붕괴의 원인이 됐는데, IMF는 단기적으론 고금리가 불가피하지만 중장기적으론 고금리정책을 쓰지 말라고 주문했습니다. IMF는 고금리가 오래 지속되면 빈익빈부익부가 심해지고 중산층이 어려워진다고 조언했습니다. 그런데도 고금리가 2년 가까이 지속되면서 자산소득자의 자산증가 속도는 더욱 빨라진 반면에 채무를 갖고 있는 중산층 이하의 서민들은 필요 이상의 고통을 감수해야 했습니다."

외환위기 직후 정치논리에 휘둘리거나 혹은 성과지상주의에서 졸속으로 기업을 해체했거나 대량해고를 감행한 부분이 있었는지에 대해 철저한 분석과 반성은 반드시 필요하다. 구조조정과 빅딜이란 이름으로 정부 주도하에 대기업간 업종맞교환이 횡행했던 시기에 많은 사람들이 과도한 대가를 치르고 인생이 달라졌을 수 있기 때문이다. 앞으로 다시는 이 같은 사태의 재발을 막기 위해서라도 당시 사태에 대한 객관적이고 중립적인 백서가 나와야 한다는 게 그의 주장이다.

정(情), 휴머니스트와 페미니스트의 면모

강만수는 해방이 되던 해 경남 합천의 두메산골에서 태어났다. 그의 고향 마을은 그가 결혼식을 올린 뒤인 1970년대 중반에야 전기가 들어왔을 정도로 문명의 혜택과 거리가 먼 산간 오지였다. 그의 KDB 산업은행 집무실엔 두 개의 유화가 걸려 있다. 하나는 고향집을 그린 것이고 또 하나는 학창시절 그가 고향집을 찾았을 때 마을잔치에 왔던 사진사가 우연히 찍어주고 남긴 흑백사진을 유화로 그린 어린 시절 모습이다. 공부를 해보겠다는 생각 하나로 중학교 시절 혈혈단신 부산으로 떠났던 강만수. 집을 떠나 부산으로 향하던 강만수가 언덕배기에 올라 눈물을 훔치며 바라다본 고향집이 지금 그림 속에서 그 시절 소년의 마음을 품고 있다.

고향을 떠나 부산의 경남고등학교와 서울대 법대를 다닌 강만수는 학창시절 내내 남의 집 입주과외로 어렵게 학업을 마쳤다. 고학생 신분의 혹독한 가난은 1970년 그가 행정고시에 합격해 공무원이 되고 나서야 점차 벗어날 수 있었다.

　겉으로 보이는 다부진 인상과 달리 강만수가 꼽는 인간 최고의 덕목은
정(情)이다. 정은 인생을 풍부하고 풍성하게 해준다는 그는 영어단어에선
찾아볼 수 없는 정이란 개념이 한국인만의 독특한 정서라고 말했다. 부연
설명을 부탁하자 정이란 남에 대한 관심, 남에 대해 할애하는 시간, 남에
대해 돈을 쓸 줄 아는 마음씨라면서 개인을 평가할 때도 이 정이란 가치를
높게 산다고 했다.

　강만수에겐 잘 알려져 있지 않은 휴머니스트와 페미니스트의 면모가
숨어 있다. KDB는 2011년 9월 메인스폰서를 찾지 못해 LPGA(**미국 여자프
로골프**) 활동에 어려움을 겪고 애를 태우던 박세리 선수와 후원계약을 맺었
다. 뜻밖의 제안에 감동했던 박 선수는 계약서에 서명을 한 뒤 눈물을 흘
렸다. 당시 국내외 골프계를 비롯해 많은 사람들이 의아해했다. 전 세계
로 중계되는 LPGA의 광고효과를 고려할 때 전성기를 지난 박세리보다
우승권에 근접해 있는 수많은 유망주들의 상품가치가 더 높았기 때문이
다. KDB 금융그룹 내에선 강만수 회장이 괜한 '고집'을 부린다는 시선도
있었다.

　기자 : "박세리 선수와 메인스폰서 계약을 맺을 때 화제가 됐습니다. 우
승 가능성이 높고 상품성이 있는 전도유망한 선수들도 많은데 이미 30대
중반을 넘긴 박 선수의 후원을 결심한 특별한 이유가 있습니까?"

　강만수 : "박세리 선수가 전성기를 지났다는 기사를 저도 많이 봤습니다

박세리는 2012년 9월 KDB 클래식 우승으로 후원 반대를 무릅썼던 강 회장에게 보답했다.

만 후원계약을 하게 된 데엔 두 가지 배경이 있습니다. 하나는 국민이 어려울 때, 외환위기 때인 1998년 국민들이 모두 실의에 빠져 있을 때 박세리 선수가 국민들에게 기쁨과 용기를 주지 않았습니까? 비록 전성기는 지났지만 그랬던 박 선수가 스폰서 하나 없이 국제무대에 선다는 것은 너무 매정한 것 아닌가 하는 마음이었고, 또 하나는 박세리가 누구도 예상 못한 US오픈에서도 우승했고 그랜드슬램을 1개 대회만 남겨놨는데 그걸 꼭 달성해서 국민들에게 큰 선물을 안겨달라는 의미가 있었어요."

오랜 부진의 늪에 빠져 있던 박세리는 2012년 9월 KDB 대우증권 클래식대회 우승으로 결국 강 회장의 기대에 보답했다. 박 선수가 국내 대회에서 우승한 것은 무려 9년 만의 일이었다. 박세리는 '어려울 때 믿고 기다려

준 강 회장과 KDB 덕분에 우승할 수 있었으며, 개인적으로 많이 힘들 때 나를 믿어주는 곳이 있다는 사실에 힘을 얻을 수 있었다'면서 '강 회장은 스폰서 대표라기보다 부모의 심정으로 힘들던 나를 도닥여주셨다'고 감사의 마음을 표하기도 했다.

어린 시절 극심한 가난을 이겨냈던 강만수는 형편이 넉넉지 않은 각 분야의 어린 유망주들을 뒤에서 후원해주고 있다. 성악의 양승우, 피아노의 하규태, 테니스의 이덕희, 골프의 고보경(리디아 고), 국악신동이라 불리는 판소리의 유태평양 등이 그들이다.

2남 1녀를 둔 그는 지난해 딸 하나를 둔 서른네 살의 고명딸 제연 씨를 암으로 떠나보냈다. 투병하던 병상의 딸이 손녀를 꼭 맡아달라고 부탁했으며, 지금도 딸 하나를 더 키우는 부모의 심정으로 초등학교 1학년인 손녀를 돌보고 있다는 강만수. 인터뷰가 있던 주간에도 두 건의 전 현직 여비서 결혼식을 손수 챙기는 그에게서 정 많은 친정아버지의 모습을 느낄 수 있었다. 강만수는 '시조문학' 2012 겨울호에 세상을 뜬 딸의 1주기를 맞아 세 편의 시를 올렸다. 제목은 '詩가 된 딸에게', '애비는 어이하라고', '애미 사랑 같으랴'. 뒤의 두 편 맨 마지막 구절이다.

'봄이면 싹이 트고 가을이면 낙엽지고
만나면 헤어짐을 그 누가 막으랴만
너 번서 천국에 가니 그것이 애날프구나'

-애비는 어이하라고

'씩씩하게 학교 가고 숙제도 잘하다가
엄마 있는 천국이 얼마나 먼지 물을 때는
세 식구 부둥켜안고 울기도 하였노라'

-애미 사랑 같으랴

강만수는 야인생활을 하던 2005년에 펴낸 책 '현장에서 본 한국경제 30년'에서 부하직원 가운데 김석동 금융위원회 위원장과 최중경 전 지식경제부 장관을 높이 평가했다.

강만수 : "수많은 상사들을 모시기도 하고 부하직원으로 데리고 있기도 했는데 공무원, 공복으로서 열성적으로 일하던 김석동 현 금융위원회 위원장과 최중경 전 지식경제부 장관이 많이 생각납니다. 외환위기 때 국가부도사태를 직접 관리한 사람이 김석동 과장이었고, 협상을 총괄한 사람이 최중경 과장이었습니다. 뉴욕이나 런던과 협상을 하려면 시차 때문에 하루 24시간을 꼬박 일하곤 했지요. 국가부도사태를 막기 위해서 낮엔 국내 은행들과 씨름하고 저녁엔 홍콩, 밤엔 런던, 뉴욕 이런 순서로 협상을 해가면서 밤낮 없이 일했던 부하직원들이었어요. 그런데도 경제가 나빠지면 욕먹는 걸 감수해야 하는 게 공복의 숙명이기도 하지요."

그는 공무원이란 자리가 아무리 열성을 다해 일하다가도 한순간 또는 불가항력의 일로 책임을 지고 욕을 먹기도 한다면서 재경원 차관 시절을 떠올렸다. 1996년 말 '노동법 파동' 무렵부터 우리 경제엔 적신호가 켜졌고, 이듬해 초부터 한보, 기아 등 대기업들이 무너지면서 대한민국 경제는 급속히 내리막길을 걷고 있었다. 관세청장을 거쳐 통상산업부 차관으로 있던 강만수는 먹구름이 몰려오던 시기인 1997년 봄에 재정경제원 차관에 임명돼 강경식 경제부총리 겸 재경원 장관을 보필했으나 외환위기의 책임을 지고 반년 만에 자리에서 물러나야 했다. 그리고 꼭 10년 동안 그는 야인생활을 했다.

'안국포럼 멤버들의 추락, 발전 과정의 진통이라 생각'

강만수는 이명박 대통령 후보 시절 대선 캠프 역할을 한 안국포럼에 대한 소회가 남다르다. 그와 함께 각 분야 원로 역할을 했던 사람들이 정권 말기 모두 불명예 퇴진을 하거나 옥고를 치르고, 검찰청에 불려 다니는 상황이 벌어졌기 때문이다.

기자 : "2007년 이명박 대통령 후보 대선 캠프, 즉 안국포럼 시절에 경제 정책의 총괄책임을 맡았는데, 당시 핵심멤버였던 최시중 전 방송통신위원회 위원장, 박희태 전 국회의장, 이상득 전 의원 등이 모두 좋지 않은 모습으로 공직을 떠났습니다. 어떤 느낌으로 이런 모습을 지켜봤습니까?"

강만수 : "제가 직접 캠프에 몸담았던 사람으로서 보통 사람들과는 다른 느낌을 받았습니다. 직접 그 문제에 답하기보다는 정치발전 선진국으로 가는 과정의 진통과 고통이라고 받아들이고 싶습니다. 역사적인 흐름으로 볼 때 긍정적으로 발전해 가는 과정에서 하나의 아픔이란 정도로 말씀드리고 싶습니다."

그의 인생 절반을 바친 공직을 마감하고 금융기관 CEO로 돌아온 강만수는 뱅커라는 호칭에 애착을 갖고 있다. 업무에 대한 특유의 정열과 적극성은 국책은행에 미물된 KDB 신입은행의 경쟁력 강화에서 또다시 발휘되고 있다. 은행 점포 없이 거래가 가능한 'KDB 다이렉트'는 출시 1년 만에 수신액 7조 원을 돌파해 은행권에 돌풍을 일으켰다. 2011년 9월 출범 당시 잡았던 목표액을 70배 이상 초과 달성한 것이다. 소매금융 시장을 선점했던 시중은행들은 강력한 경쟁자로 부상하고 있는 '강만수호의 KDB'에 긴장하고 있다. 소매금융 강화를 바탕으로 '아시아 대표 글로벌 리딩 뱅크'를 만들어내겠다고 취임 포부를 밝혔던 그가 고안해낸 다이렉트 뱅킹, 고졸사원 채용 등은 다른 은행이나 증권사 등으로 급속히 확산됐다. 정치 일정 등에 떠밀려 2012년 성사시키지 못한 IPO(기업공개)가 가장 아쉽다는 강 회장은 '아시아의 최고는 세계 최고'가 될 수 있다면서 2013년 KDB를 확실한 아시아 파이오니어 뱅크로 키우겠다고 새해 비전을 밝혔다.

뭔가에 흥미를 느끼면 강렬한 마니아가 되는 DNA를 소유한 강만수는 다양한 관심 분야를 갖고 있다. 그의 스포츠에 대한 열정은 널리 알려져 있다. 미술과 음악, 문학 등에도 조예가 깊고 역사, 철학, 예술 등 다방면의 독서가로도 유명하다. 그는 지금도 축구와 야구 유니폼에서부터 글러브, 배트 등을 챙겨 다니고 18년째 거르지 않는 테니스 레슨으로 아마추어 고수로 통한다. KDB 취임 이후 각 종목 사내 스포츠리그인 '원더풀 리그'를 만든 강만수 회장은 테니스와 탁구, 두 종목의 지주사 팀 선수로 뛰며 노익장을 과시하기도 했다. 정정당당한 승부와 땀의 결실이란 스포츠 정신은 그가 지향하는 가치다.

야구마니아인 그는 1982년 3월 27일 프로야구 출범 첫 경기인 MBC 청룡 대 삼성 라이온즈 경기의 입장권을 어렵게 구해 두 아들의 손을 잡고 직접 관람했다고 한다. 몇 해 전 기획재정부와 현대해상의 직장 야구경기에선 직접 투수로 나서기 위해 연일 연습투구를 하다 탈이 나 정작 마운드에 서지 못했지만 역시 야구광인 정몽윤 회장이 이끄는 상대팀에 승리를 거뒀다며 환한 미소를 지었다. 만능 스포츠맨인 그는 머리가 복잡하고 생각을 정리해야 할 때 혼자 산에 오른다고 했다. 전국의 웬만한 유명산은 오르지 않은 곳이 없다. 관가에서 알아주는 두주불사였던 그가 최근 절주

캠페인을 벌여 눈길을 끌기도 했다.

그는 고등학교 시절 문학에 빠져 글을 써보겠다는 생각에 1년 휴학을 한 적이 있다. 40년 경제 관료의 딱딱한 이미지와 달리 시조문학지에 '그리움'이란 시조로 등단한 엄연한 작가다. 고향인 합천문학회 회원으로도 활동하고 있다. 강만수 회장은 나라와 사회로부터 부여 받은 모든 임무와 소명을 마치는 날 고향으로 내려가 그동안 쌓였던 그리움을 글로 훌훌 털어버리겠다고 했다.

'꿈을 크게 갖고, 실패를 두려워 말라'

강만수 회장은 존 스타인벡의 장편소설 '분노의 포도(The Grapes of Wrath, 憤怒의 葡萄)'와 '탈무드', '백범일지'를 감명 깊었던 책으로 꼽았다. 고등학교 시절 '분노의 포도'를 읽고 문제의식을 키웠고, 탈무드에서 난관을 극복하는 지혜와 어떤 어려움에도 답은 있다는 깨달음을 얻었다고 한다. 백범 김구에게선 나라를 위한 열정과 가족에 대한 사랑을 일깨울 수 있었다고 했다.

그는 자신의 인생을 돌아볼 때 엄청나게 많은 좌절과 실패가 있었지만 그때마다 주저앉지 않고 용기를 내서 도전하는 과정이었다고 말했다. 젊은이들, 후배들에게 '꿈을 크게 가져라. 실패를 두려워하지 말라. 실패는 결과적으로 엄청난 자산이 된다'란 말을 전해주고 싶다고 했다. 도저히 학업을 계속할 수 없는 가난 속에서도 좌절하지 않았던 그는 공무원 생활을 하면서도 수없는 난관을 꺾었다고 했다.

부가가치세 시행에 얽힌 강만수의 일화 한 토막이다. 1977년에 도입된 부가가치세는 조세저항이 만만치 않았다. 1980년 신군부 출범 이후 재무부 과장이었던 강만수는 서슬이 퍼렇던 국가보위입법회의에 불려가 고초를 겪었다. 10 · 26의 원인이 된 부마항쟁이 부가가치세에 대한 시민들의 반감에서 시작됐고, 재무부가 대통령과 경제기획원 장관의 반대를 무릅쓰고 부가세를 시행해 결국 국가정변을 초래한 것 아니냐며 완장 찬 국보위 실세들이 강만수 과장에게 사표를 강요했다. 부가세 도입 당시의 고위직은 모두 빠져나가고 책임을 뒤집어쓴 강만수는 공무원 사직의 위기와 갈등, 굴욕감에 빠졌지만 특유의 긍정마인드와 굴하지 않는 용기로 어려움을 극복했다고 한다.

타협하지 않는 자신에 대한 비판과 관련해 그는 이렇게 심경을 밝혔다.

강만수 : "저에 대한 비판은 저와 생각이 같지 않은 사람들이나 그런 시각의 언론이 붙인 것이라 생각합니다. 나는 항상 어느 자리에서나 옳은 것을 옳다고 얘기했을 뿐인데 그것을 고집이라고 하고 강한 소신을 그렇게 평가 절하했던 게 아닐까요? 과연 내가 고집이 센 것인가 하는 생각도 해봤습니다. 하지만 저하고 함께 일했던 사람들 대부분은 저를 보고 같이 일하기 쉬운 사람이라고 그럽니다. 저는 가부가 분명하고, 지시를 분명히 하고, 지시가 잘못됐으면 내 스스로 즉시 수정을 합니다. 하지만 내가 옳다고 판단하는 것에 있어선 양보하지 않는다는 게 제 소신입니다."

오랜 세월 공직을 수행한 그는 '모든 공직자는 국민을 주인으로 생각하고 섬기는 공복(Public Servant)의 자세를 반드시 갖춰야 한다'고 말했다. 부하직원이 맘에 들지 않을 때 꾸짖기보다 글로 써서 전해줬더니 꾸중보다 더 어려워하고 변화하는 모습을 보면서 많은 것을 깨달았다는 경험담도 들려줬다.

경제 관료에서 뱅커로 돌아온 강만수는 새로운 도전에 열정으로 맞서 KDB 산업은행을 탈바꿈시키는 데 몰두해 있다. 40여 년 전 경주의 시골 세무서에서 처음 공무원 생활을 시작할 때의 자세와 심정일 수도 있다. 훗날 기회가 된다면 대한민국 경제발전사의 산증인인 그를 통해 이명박 정부 경제정책의 공과에서부터 그가 공직생활 중 가장 큰 보람을 갖고 있다는 부가가치세 도입의 배경, 금융실명제 실시에 따른 비화, 그리고 외환위기 전후의 이면사 등에 대해 좀 더 자세한 기록을 듣고 남길 수 있길 기대해 본다.

강만수 (姜萬洙)

1945년 6월 경상남도 합천 출생. 경남고, 서울대 법대, 미국 뉴욕대 대학원 경제학 석사. 1970년 행정고시 8회로 공무원 생활을 시작해 재무부 세제실장, 관세청장, 통상산업부 차관, 재정경제원 차관, 기획재정부 장관을 지낸 정통 재무 관료다. 현재 KDB 산업은행 은행장 겸 KDB 산은 금융그룹 회장이다.

제16대 대통령 노 무 현

산도 높고 골도 깊었던 정치역정

노무현 전 대통령은 1988년 제13대 국회의원 총선에서 정계에 입문해 2008년 2월 제16대 대통령직을 마쳤으므로 정치인으로 산 세월은 꼭 20년이다. 40여 년 세월을 정치인으로 보낸 김영삼, 김대중이나 보통 30여년씩 정치권 언저리에서 지낸 원로정치인들에 비해 노무현의 정치이력은 매우 굵고 짧았던 편이다. 기업인 이미지가 강한 17대 대통령 이명박조차 1992년 처음 국회의원이 되고 대통령 퇴임은 2013년이니 20년 넘게 정치인으로 지낸 셈이다. 하지만 길지 않았던 노무현의 정치역정은 역내 그 어느 정치인보다 굴곡이 심했고 드라마틱했다.

1995년 그가 부산시장 후보에 나섰을 때, 1996년 국회의원 총선을 앞두고 거취에 대한 고민에 빠졌을 때, 1998년 서울 종로 재보선에서 화려하게 부활할 당시, 그리고 우여곡절 끝에 대통령에 당선된 이후 등 정치인 노무현이 정치적 부침(浮沈)을 거듭하던 고비 고비에서 그를 지켜볼 수 있었다. 단순히 취재원과 기자의 입장을 떠나 10년 넘는 세월 문득문득 인간 노무현의 민낯을 볼 수 있었다.

　부산지역에서 노동자를 대변하는 인권변호사로 알려져 있던 노무현은 1988년 4월 제13대 국회의원 총선을 앞두고 김영삼에 의해 통일민주당 부산 동구 국회의원 후보로 영입된다. 12대 국회에선 부산 중구, 동구, 영도구가 하나로 묶인 단일 선거구로 야당인 민한당 김정길, 신민당 박찬종이 당선돼 민정당 후보를 낙선시킨 야당돌풍의 진원지였다. 13대 총선을 앞두고 소선구제가 시행되면서 중구에 김광일, 동구에 노무현, 두 변호사가 영입됐고 영도구엔 현역 김정길, 바로 옆 서구엔 김영삼, 사하구에 YS의 가신 서석재가 출마했다. 부산지역은 YS가 직접 출마한 통일민주당이 강세를 보여 민정당이 과연 몇 군데서 당선자를 낼 수 있을지 관심사였다.
　민정당 출마자 가운데 가장 강력한 후보는 노무현과 맞붙은 '전두환의 오른팔' 허삼수였다. 전두환 정권 초기 청와대 사정수석을 지낸 허삼수는 '장영자·이철희 사건' 처리와 관련해 강경론을 펴다 전두환의 눈 밖에 나 6년 가까이 야인생활을 했다.

　1노3김의 대선이 끝난 지 4개월, 6공화국 정권 출범 두 달 만에 치러진 13대 총선은 극심한 지역색으로 물든 가운데 민정당이 125석으로 제1당, 김대중의 평화민주당이 71석으로 제2당, 김영삼의 통일민주당이 60석으로 제3당, 그리고 김종필의 신민주공화당이 35석으로 제4당이 됐다. 영호남과 충청지역을 기반으로 한 전형적인 지역할거, 지역분할 구도였다. 득표율로는 민정당 41.81%, 평민당 23.75%, 통일민주당 20.07%, 신민주공화당 11.70%였다. 몇 달 전 대선에서 2위를 했던 김영삼으로선 낭패였다. 그나마 부산 15개 선거구 가운데 한 곳을 제외한 14개 선거구를 싹쓸이하고 경남 울산과 마산, 창원 등지에서 민정당에 밀리지 않았다는 것으로 YS는 위안을 삼을 수 있었다.(민정당은 부산지역에서 금정구의 김진재 1명만 당선) 이런 지역기반은 5년 뒤 김영삼이 여러 난관을 헤치고 청와대에 입성하는 데 확고한 밑천이 된다.

선거 초반 부산 동구는 노무현과 허삼수의 접전 양상이었으나 부산지역에 'YS 바람'이 몰아치면서 정치신인 노무현은 예상 밖의 압승을 거뒀다. 이해찬, 이상수(이상 평민당), 김광일, 이인제(이상 통일민주당) 등이 13대 국회에서 노무현과 함께 국회에 입성한 '국회 동기생'들이다. 노동운동이 본격화되던 당시 노무현은 평민당의 이상수, 이해찬과 함께 '노동위 3총사'로도 불렸다.

아직 촌티가 가시지 않았던 노무현은 1988년 말 전 국민적인 관심을 모은 '5공청문회'를 통해 참신하고 패기만만한 청문회 스타가 된다. 그가 1년 뒤 다시 언론의 주목을 받은 것은 이른바 '명패 투척 사건'이었다. 1989년 12월 31일 광주특위와 5공비리 특위의 마무리 수순으로 국회 증언대에 나선 전두환은 광주학살 대목에서 정당한 자위권 발동이었다고 발언했다. 평민당 이철용, 정상용 의원 등이 단상으로 뛰어나가 전두환에게 강력히 항의했고, 노무현은 전두환이 퇴장하는 시점에 자신의 명패를 바닥에 내팽개쳤다. 의사당 바닥에 산산조각 난 노무현의 국회의원 명패가 각 언론에 실렸고, 이는 노무현이 전두환을 조준해 명패를 내던진 것으로 잘못 알려졌다. 이후 '노무현 명패 투척 사건'은 그를 과격한 정치인으로 각인시킨 결과를 낳았지만 또 한편으론 인생의 고비마다 역발상으로 승부를 걸었던 노무현의 의도적인 행위였다고 보는 시각도 있다.

'큰 새는 바람을 거슬러 난다'

1990년 1월 민정당과 통일민주당, 신민주공화당의 3당 합당으로 노무현은 김영삼과 결별한다. 김영삼이 '3당 합당'으로 가는 과정엔 여러 요인이 더해졌다. 총선에서 제3당으로 추락한 뒤 몇 차례 재보궐선거에서 무기력함을 실감했던 김영삼 통일민주당 총재는 1989년 4월 강원도 동해시 국회의원 재선거에서 후보 매수사건으로 최측근인 서석재 사무총장이 구속되는 사태까지 벌어지자 비상한 정치적 탈출구를 찾게 된다. 1년 앞으로 다가온 14대 총선과 2년여 남은 차기 대선을 위해 김영삼은 정치적 도박을 건 셈이다.

노태우, 김영삼, 김종필은 1월 22일 3당 합당이라는 '구국의 결단'을 밝혔지만, 노무현의 시각에서 '3당 야합'은 도저히 받아들일 수 없는 일이었다. 노무현과 YS의 인연은 채 2년을 채우지 못했다. 민자당이란 거대 여당이 탄생하지만 통일민주당의 이기택, 박찬종, 김정길, 장석화, 홍사덕, 이철, 그리고 노무현 등은 김영삼을 따르지 않고 당에 잔류해 이른바 '꼬마 민주당'이 된다.

1992년 14대 총선을 앞두고 김대중의 평민당과 '꼬마 민주당'이 합당함으로써 노무현은 김대중 대표 체제의 민주당 후보로 거대여당 후보가 된 허삼수와 13대에 이어 리턴매치를 치른다. 상황은 4년 전과 정반대가 됐다. 부산지역에서 절대적인 지지를 받는 김영삼은 허삼수의 지원유세에 나섰고, 노무현은 부산에서 지지세가 약한 '김대중 당'의 후보로 출마해 완패한다. 4년 전 선거에서 노무현을 치켜세우며 허삼수를 향해 '전두환 독재의 하수인'이라고 질타했던 김영삼이 이번엔 허삼수 당선을 위해 부산 시내를 누비는 상황을 노무현은 바라만 볼 수밖에 없었다.

이때 노무현의 선거 팸플릿에 쓰인 선거구호는 '대붕역풍비(大鵬逆風飛) 생어역수영(生魚逆水泳)'이었다. '큰 새는 바람을 거슬러 날고, 살아 있는 물고기는 물을 거슬러 헤엄친다'란 뜻으로 백범 김구의 어록에서 차용한 것이다. 노무현은 이후 정치인생에서 이런 자세를 견지하기 위해 무던히 힘썼다. 그해 12월 제14대 대통령 선거에서 민자당 후보 김영삼은 민주당 김대중, 통일국민당 정주영, 신정치개혁당 박찬종을 누르고 당선된다.

노무현의 길고 험난한 정치적 시련이 시작된 것이다. 선거에 패한 김대중은 정계은퇴 선언과 함께 영국으로 떠나고, 이듬해 3월 민주당 전당대회에서 이기택이 대표로 선출된다. 원외에 머물던 노무현에겐 몇 차례 보궐선거 출마의 기회가 어른거렸지만 번번이 후보가 되는 데 실패한다. 경기도 광명시 보궐선거에선 민주당 내에서 지명도 있는 노무현을 출마시켜야 한다는 주장이 제기됐으나 이기택 대표의 측근 공천으로 노무현은 수도권 진출을 위한 첫 번째 기회를 잃게 된다. 김영삼 대통령이 영입한 손학규는 이 선거에서 처음 국회의원이 되고, 이를 발판으로 보건복지부 장관과 경기도지사를 거쳐 거물정치인으로 성장한다.

사직야구장에서 응원전에 나선 노무현

1995년 임시전당대회에서 부총재에 선출된 노무현은 그해 6월 지방선거에 부산시장 후보로 나선다. 많이 알려져 있지 않은 사실이지만 노무현은 부산시장 후보 자리를 썩 내켜하지 않았다. 부산 출신 김영삼 대통령의 여당 후보를 상대로 승산이 없는 싸움을 벌여야 한다는 걸 노무현은 잘 알

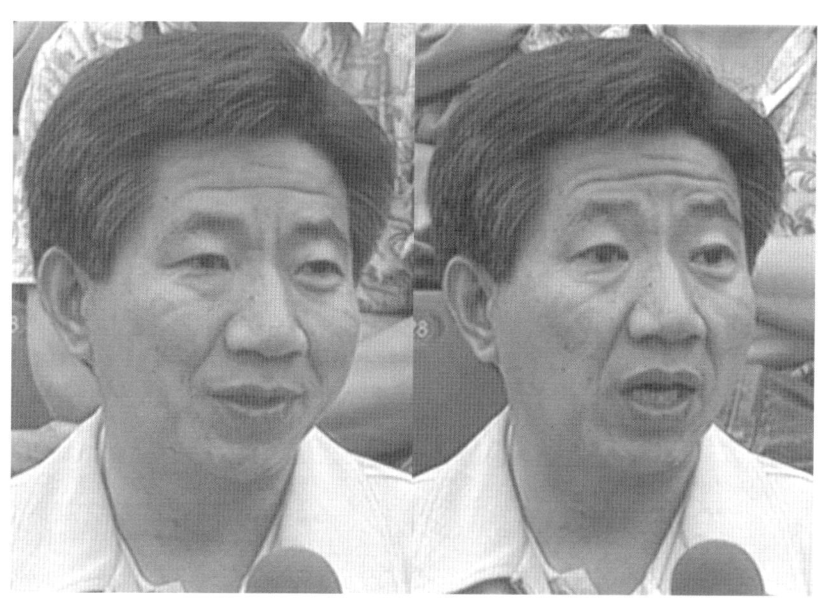

1995년 6월 부산시장 선거 때 사직구장 관중석에 앉아 인터뷰한 노무현 후보. 카메라 앞에 수줍어하는 '아직 숙련되지 않은 정치인'이었다.

고 있었다. 게다가 1992년 대선 패배 후 영국으로 떠났던 김대중이 돌아와 아시아태평양 평화재단(아태재단) 이사장을 맡으면서 이기택이 위탁 관리하던 민주당은 다시 김대중 체제로 옮겨 가고 있었다. 김대중이 실질적으로 정치에 복귀한 상태에서 '부산의 민주당 후보 노무현'은 선거를 치르기가 더욱 어려워진 것이다.

수도권 진출로 정치적 돌파구를 찾고자 했던 노무현은 당초 민자당 후보로 내정된 이인제에 맞설 경기도지사 후보를 원했다. 여야 후보를 망라한 사전 여론조사에서도 노무현은 1등을 했다. 민주당 경기도지사 후보 문제는 이종찬을 밀었던 김대중과 장경우를 고집한 이기택의 기세싸움으로 번지면서 노무현에겐 기회가 오지 않았다. 1988년 13대 국회에 입성해 김영삼의 통일민주당에서 함께 초선 의원을 지내다 3당 합당을 놓고 격하게 대립했던 노무현과 이인제의 첫 번째 맞대결은 이렇게 무산됐다.

또 하나의 수도권 진출 카드는 조순 서울시장 후보의 러닝메이트로서 정무부시장이 되는 것이었다. 여론조사에서 무소속 박찬종에게 줄곧 뒤진 민주당 조순의 약점을 보완하고자 '책사(策士)' 이해찬이 내놓은 이른바 '노무현 부시장' 카드는 민주당에게도, 노무현에게도 매력적인 대안이었다. 노무현은 훗날 '침이 꿀꺽 넘어갈 정도로 솔깃한 제안이었다'고 밝혔지만 부산시장 후보감이 마땅치 않았던 민주당은 결국 노무현을 부산에 출마시키기로 결정한다.

민자당 후보는 YS의 가신 출신으로 부산 북구에서 12, 13, 14대에 걸쳐 국회의원 3선을 기록한 문정수 의원이었다. 문정수는 김영삼의 전폭적인 지지 아래 집권여당의 사무총장과 부산시지부 위원장을 지내 정치적 중량감에서부터 원외인사 노무현과 차이가 났다. 거리 유세전도 대통령이 전폭 지원하는 민자당 문정수와 소수의 선거운동원과 움직이는 민주당 노무현은 화력에서 비교가 되지 않았다. 문정수 후보의 행사에는 최형우, 홍인길, 서석재, 김무성, 강경식, 박종웅 같은 현역의원들이 도열했으며 부산 발전의 청사진이라며 청와대의 메시지를 전달하곤 했다. 청와대와 YS가 밀어주는 문정수 후보만이 부산을 발전시킬 수 있다는 메시지는 가장 강력한 선거운동이었다.

가뜩이나 기운이 빠진 노무현 선거캠프에 또 다른 악재가 날아들었다. 김대중 아태재단 이사장이 전국을 돌며 지원유세를 시작함으로써 부산에서 고군분투하던 노무현 후보에 대한 '경상도 민심'을 더욱 싸늘하게 만들었다. 김대중 이사장은 한 발 더 나아가 어느 한 지역만 권력을 독점하거나 소외시켜선 안 된다는 이른바 '지역등권론'을 주장하면서 영남지역 민주당 출마자들에겐 더 큰 악재로 작용했다.

기자는 선거전 막바지 부산시장 여야후보를 대상으로 한 보도제작물을 만들기 위해 노무현 선거캠프를 맡았지만 도무지 '그림'이 나오지 않았다. 거대여당 문정수 후보는 제작에 어려움이 없었다. 가는 곳마다 인파가 몰렸고 문 후보 측 인터뷰에는 고위 관료 출신이나 청와대 실세, 현역의원들이 줄줄이 지원사격에 나섰다. 노무현에 비해 다소 낮은 지명도로 출발했던 문정수였지만 자체 여론조사는 여유 있는 우세를 유지하고 있었다.

반면 썰렁하기만 한 노무현 후보의 득표전 제작을 위해선 뭔가 연출이 필요했다. 당시 김용희 감독이 이끌던 부산의 프로야구 롯데 자이언츠가 상승세를 타고 정규리그 선두를 다투고 있었다. 연일 인파가 몰린 사직야구장은 '부산갈매기' 붐이 최고조를 이뤘다. 노무현 후보는 제작진에 이끌려 만원을 이룬 사직야구장 1루 측 관중석에 자리를 잡고 응원전을 폈다. 구호도 외치고 캔 맥주를 손에 든 아줌마들과 어깨동무를 한 채 '플레이 플레이 박정태', '나이스 피처, 나이스 피처 주형광'을 연호하기도 했다. 그를 알아보고 소주를 따라주는 사람들, 오징어를 손에 쥐어주는 사람들 틈에서 노무현은 어색한 웃음, 멋쩍은 제스처를 보였다. 아무리 봐도 득표를 위해 쇼맨십을 보이거나 마음에서 우러나지 않는 행동은 하지 못할 사람이란 게 한눈에 비쳐졌다. 관중들과 함께 파도타기 응원을 하면서도 영 쑥스러워하던 노무현이었다. 대중에 비쳐진 것과 달리 그는 수줍음이 많고 몹시도 낯을 가리는 인물이었다.

부산시장 선거는 노무현 자신도, 캠프도 이길 수 없는 선거라는 사실을 잘 알고 있었다. TV토론에서도 노무현은 시종 공세를 취했지만 지역발전을 위한 모든 공약을 손에 쥔 집권당 후보는 흔들리지 않았다. 결국 선거 결과는 민자당 문정수 51%, 민주당 노무현 37%. 그래도 상당한 선전이었다. 김대중 이사장이 선거에 개입하지 않았거나 지역등권론이 불거지지 않았다면 선거 결과는 어떻게 됐을까? 아마도 양측 모두 40% 정도 득표로 근소한 표차가 났을지 모른다.

'정치 1번지' 출마에 대한 집착과 고민

1995년 지방선거를 치르면서 경기도지사 후보 공천 문제 등으로 대립했던 김대중과 이기택의 감정싸움은 결국 분당사태로 이어졌다. DJ를 따르는 사람들이 민주당을 탈당해 새정치국민회의를 만들었고 민주당엔 이기택 계파 의원들과 김원기, 제정구, 이철, 김정길, 노무현 등이 이기택 퇴진을 조건으로 내걸면서 구당파(救黨派)로 남았다.

1996년 제15대 총선을 앞두고 노무현은 다시 고민에 빠졌다. 부산역 앞 허름한 건물에 사무실을 갖고 있던 원외인사 노무현은 부산에서 두 번 연속 낙선 이후 어떻게 재기의 돌파구를 찾을 것인가 고심하고 있었다. 훗날 노무현이 대통령에 당선된 뒤 청와대에 함께 들어가게 되는 젊은 참모들과 아침저녁으로 대책회의를 열었지만 뾰족한 해답은 얻지 못했다. 그들의 고민거리는 국회의원 총선 때 부산에서 다시 출마할 것인가, 아니면 떨어지더라도 명분을 내걸어 서울 한복판에서 붙어볼 것인가였다.

노무현은 서울 출신 기자들에게도 여러 가지 의견을 구했다. 항상 명분이 우선이었던 노무현은 '정치 1번지' 서울 종로구를 마음에 두고 있었고,

일부 참모들은 1996년 초 당명을 바꾼 YS의 신한국당과 DJ의 새정치국민회의에서 대표선수를 출마시킬 게 분명한 종로는 승산이 희박하다면서 다른 지역을 찾아보자는 의견으로 갈렸다. 부산에서 또 한 차례 무모한 도전을 하자고 주장하는 사람은 거의 없었던 걸로 기억된다. 정치적 동지인 김정길의 지역구와 노무현의 지역구가 합쳐지면서 그의 서울출마 의지는 더욱 강해졌다.

노무현 : "부산을 떠나 서울에서 승부를 한번 걸고 싶어요. '정치 1번지'인 종로에서 나오면 어떻겠습니까? 여기 참모들은 서울 사정을 잘 모르니 그쪽 분위기로 볼 때 서울수도권에서 나온다면 어느 지역이 승산이 있겠어요? 서울 출신인 기자들이 속 시원히 한번 의견을 내보세요."

기자 : "종로는 역대 선거에서 각 당의 대표선수들을 출전시키는 곳 아닙니까? 새정치국민회의는 그곳에서 4선을 한 이종찬이 나올 게 확실하고, 집권여당에서는 가장 센 인물을 찾아내 출마시킬 텐데 제3당의 입장에서 어려운 싸움이 되지 않겠습니까? 제가 초등학교, 중학교를 모두 종로에서 다닌 경험에 비춰보면 종로구는 토박이 의식이 상당히 강하고 주민들 연령대도 높은 편이고 중산층 의식도 어느 지역보다 강합니다. 더구나 서울에서도 가장 보수적인 곳입니다. 부산에서 다시 '계란으로 바위치기'를 하는 것보다는 서울이나 수도권에서 승부를 거는 편이 낫겠지만 종로보다는 야당 성향이 강한 서울 인접 지역, 예를 들어 부천이나 성남 등이 한번 해 볼 만하지 않겠습니까? 종로는 출마의 명분은 있겠지만 당선가능성으로 보자면 서울수도권의 어느 지역보다도 이기기 어려운 선거구라고 봅니다."

노무현

당시는 주로 이런 대화가 오갔다. 결론은 나지 않았고 경제적으로 넉넉지 않았던 노무현의 참모들은 딱히 답을 내리기 어려운 이런 대화 끝에 사무실 옆 허름한 식당으로 옮겨 김치찌개를 안주 삼아 소주잔을 기울이곤 했다. 답을 찾기 어려웠던 노무현은 골방 같은 사무실에 앉아 담배를 깊이 빨아들였다. 이마에 깊이 팬 주름이 그의 고뇌를 대변하는 듯하던 시기였다.

노무현은 결국 고심 끝에 서울 종로 출마를 결심한다. 아무리 봐도 고육지책이었고 승산이 있는 선택으로 보이지 않았지만 그는 역시 대의명분을 중시하는 사람이었다. 패하더라도 큰 판에서 장렬하게 쓰러지겠다는 그런 기개가 그의 핏속에 흐르고 있었다. 서울 종로에는 신한국당에서 현역 비례대표였던 이명박, 새정치국민회의에서 이종찬이 출마했고 민주당은 경쟁자 없이 노무현이 낙점됐다. 선거 결과는 이명박 당선, 2위 이종찬, 3위 노무현.

'3김 청산'과 '세대교체'를 내세운 노무현의 '서울 정치 1번지' 도전은 그에게 큰 좌절감을 안긴다. 이 패배 이후 노무현은 '제3당으로는 지역당을 타파할 수 없다는 사실을 뼈저리게 실감했다'고 말했다.

낙선 후 고깃집 서빙하던 노무현과 '통추' 멤버들

15대 총선에서 낭세가 크게 위축된 민주당은 전당대회를 앞두고 개혁성향 인사들이 공들여 영입한 인권변호사 홍성우를 이기택의 대항마로 내세웠으나 조직력이 약한 홍성우는 총재 경선에서 패하고 만다. 노무현을 비롯한 민주당내 개혁세력(김원기, 김정길, 제정구, 유인태, 박계동, 김원웅, 이철 등)은 '개혁과 통합을 위한 국민통합추진회의', 이른바 '통추'를 결성한다.

이 무렵 노무현을 비롯한 통추 소속 인사들은 서울 강남구 역삼동에 고 깃집 '하로동선(夏爐冬扇)'을 열어 하루씩 돌아가며 카운터에 나와 서빙을 하고 손님을 맞았다. 가게 이름을 하로동선이라 지은 연유는 여름날의 난로, 겨울날의 부채처럼 총선에서 다들 유권자의 부름을 받지 못했지만 계절이 바뀌고 때가 되면 다시 빛을 볼 것이란 의미였다. 식당에선 옷소매를 걷어 붙이고 잠시 고깃집 사장 역할을 하던 노무현과 박계동, 김원웅 등의 모습을 볼 수 있었다. 비록 원외인사들이었지만 대중적 인기가 현역의원 못지 않았던 이들을 보기 위해 하로동선을 찾는 손님들도 많았고, 때론 소주잔을 부딪치며 그들을 위로하고 재기의 희망을 북돋아주는 사람들도 많았다.

이 무렵 노무현은 매우 이색적인 경험을 하게 된다. 경상도 사투리가 진한 그가 SBS 라디오 시사프로그램 진행자로 잠시 활약을 하는데 '무척 흥미로운 경험이었다'고 소감을 말했었다.

1997년 15대 대통령 선거를 앞두고 통추와 민주당 인사들은 이회창의 한나라당, 김대중의 새정치국민회의, 그리고 이인제의 국민신당을 놓고 어디를 선택할 것인가 격렬한 논쟁을 벌인 끝에 한나라당과 국민회의 양쪽으로 나뉘어 각자 갈 길을 간다. 이들 중엔 도저히 DJ와는 정치를 함께 할 수 없다는 사람들도 있었고, 아무리 그래도 한나라당으로 들어갈 순 없다는 사람들이 있어 행동통일은 불가능했다. 이부영, 제정구, 이철, 하경근, 김부겸, 김홍신, 이미경 등이 조순 총재를 따라 한나라당으로, 노무현을 비롯해 김원기, 김정길 등은 국민회의로 흩어진다. 물론 신한국당과 민주당의 합당으로 의원직 상실을 피하기 위해 울며 겨자 먹기 식으로 조순 총재를 따라 한나라당을 선택한 비례대표 의원들도 있었다.

김대중의 집권을 위해 다시 한번 팔을 걷어붙인 노무현이지만 5·16 쿠데타 세력인 김종필과의 연합은 내키지 않았다. 노무현은 그의 '원칙'에 합당치 않은 DJP 연합에 대해 이렇게 밝힌 바 있다. '대통령 후보가 JP가 아닌, DJ가 된 이상 주도세력의 문제는 정리가 됐다고 본다. 야당도 선거를 위해선 중립지대에 있거나 과거 여당에 종사했던 사람도 찾을 수 있는 것이다. 정당을 순종만 가지고 할 수는 없다.'

노무현이 원칙만을 고집하는 사람은 아니고 상당 부분 전략적인 사고를 하는 정치인이란 점을 잘 보여주는 대목이다. 5년 뒤 불가능할 것 같던 정몽준과 단일화 때도 많은 기득권을 내주면서까지 이를 성사시켰던 것은 노무현 특유의 실용주의적 사고가 밑바탕이 됐을 것이다. 현실주의자로서 노무현의 면모는 대통령 재임 시 이라크 파병이나 한미 FTA 문제 등에서도 잘 나타난다. 마치 반미주의자로 비치기까지 했던 노무현은 대미관계에 있어서 '미국을 빼놓고 동북아 질서를 논의할 수는 없다. 동북아의 새로운 질서, 한반도의 질서 재편 과정에 미국은 결정적인 힘을 갖고 있기 때문이다'라고 솔직한 심정을 밝히기도 했다.

종로 재보선에 열성적으로 뛴 노정연

IMF 외환위기의 직격탄을 맞은 가운데 치러진 1997년 12월 대선에선 새정치국민회의 김대중이 한나라당 이회창, 국민신당 이인제를 누르고 네 번째 노선 끝에 대통령에 낭선된다. 이때부터 노무현에게 정치적 서광이 깃든다.

서울 종로 국회의원 선거에서 이종찬과 노무현을 누르고 당선된 이명박은 선거 참모의 부정선거 폭로 때문에 선거법 위반으로 기소되고, 당선 무효 확정 판결 직전 스스로 국회의원직을 사퇴한다. 이명박의 사퇴로 치러지게 된 1998년 7월 종로구 재보궐선거. 국민회의 종로지구당 위원장이었던 이종찬이 DJ 정부 출범과 동시에 국가안전기획부장(1999년 1월 **국가정보원으로 개편**)에 임명됨으로써 노무현은 자연스럽게 자리가 빈 종로구의 재보선 후보가 된다.

노무현은 바로 한 달 전 치러진 서울시장 선거에서 한나라당 최병렬 후보를 상대로 여당 후보가 되길 강력히 원했으나 정작 고건이 후보로 낙점돼 31대 서울시장에 당선되는 걸 지켜봤다. 경기도 광명시 보궐선거, 경기도지사 선거, 서울 종로구 국회의원 선거 등 '명분 있는 수도권 진출'을 그렇게도 바라던 노무현에게 종로 재보선은 회심의 기회였다. 두 번의 국회의원 선거와 한 번의 부산시장 선거 등 세 번 연속 낙선의 늪에 빠져 있던 그에게 종로 재보선은 이명박의 중도사퇴와 이종찬의 외도가 가져다준 뜻하지 않은 선물이었다.

1998년 한여름에 치러진 선거에서 노무현은 무개차를 타고 종로 골목골목을 누비며 선거전을 치렀다. 그냥 서있어도 셔츠가 흥건히 젖을 정도의 폭염 속에 치러진 선거였다. 전의가 꺾여 보였던 이전의 선거에 비해 그의 얼굴 표정이 한껏 자신감에 차있었다. DJ 집권 첫 해로 국민회의와 김대중 대통령에 대한 지지도가 고공행진을 하고 있었기 때문에 노무현의 종로 선거전은 순풍에 돛 단 듯했다.

그의 딸 노정연은 유세현장마다 따라다니며 코디네이터 역할을 하는 등 아버지를 도왔다. 노정연은 언론인들을 상대로 이번 선거에서 아버지가 꼭 당선되도록 밀어달라며 상냥하고 싹싹한 모습을 보였다. 유권자들 손을 잡고 한 표를 부탁하는 노정연의 한마디 한마디는 진심에서 우러나오는 간절함이 묻어났다.

노무현은 선거가 끝난 뒤 내성적인 아들 건호는 사무실에 앉아서 하는 기획이나 행정업무가 맞지만 활달한 딸 정연은 현장을 뛰어다니는 일이 어울린다면서 선거 과정에서 노정연의 활약상을 언급하기도 했다. 그는 또 "부산 동구에선 변호사가 나 한 사람밖에 없었는데 종로구를 다녀보니 법조인, 대학교수, 대기업 총수 등이 그렇게 많이 사는 걸 보고 놀랐다. 내가 대한민국 여론주도층의 한가운데 들어와 있다는 것을 실감했다."며 '정치 1번지' 종로에 대한 애착을 보였다.

'정치적 실패일 뿐 인간적 실패는 아니다'

노무현은 그가 내심 바라고 바랐던 서울 '정치 1번지'에서 당당하게 국회 복귀에 성공한다. YS의 3당 합당을 거부하고 '정치아웃사이더'의 길을 걸은 지 6년 만이었다. 하지만 종로 당선 불과 반년이 지난 1999년 2월 노무현은 1년 2개월이 남은 다음 총선에서 종로가 아닌 부산지역 출마를 선언한다. 동서화합을 실현하겠다는 대의명분이었지만 그의 무모한 도전에 '바보 노무현'이란 말이 만들어졌고, 부산 북·강서 을에 출마한 그는 결국 무명이었던 경기도 부천시장 출신의 한나라당 허태열에게 득표율 53% 대 35%로 대패한다.

노무현은 훗날 이 '무모한 도전'에 대해 이렇게 밝혔다. "내가 소신을 지키며 정치활동을 할 수 있었던 것은 행운이나. 나저럼 정분회 능을 봉해 정치적 자산을 축적해 놓지 않은 사람들은 그런 도전을 계속하기가 어렵다. 낙선하면 금세 정치적 자산이 소실돼 쉽사리 재기할 수 없기 때문이다. 나는 명성을 갖고 있었기 때문에 재기할 수 있었고, 재기했기 때문에 또 명성을 쌓고 다시 도전할 수 있었다. 선거에 떨어지더라도 정치적으로는 실패할지 모르지만 인간으로서는 실패하지 않을 수 있다는 자신감이 있었다."

　　노무현은 부산 선거에서 이길 가능성이 희박하다는 것을 알고 있었지만 그 이후의 '큰 그림'을 고려하면 그건 실패가 아니란 계산을 하고 있었다. 밖에선 '바보 노무현'이라고 걱정했지만 그는 훗날의 대사를 내다보고 있었던 것이다. 노무현은 다시 원외인사가 됐지만 김대중 대통령은 그를 해양수산부 장관에 중용해 행정 전반의 실무경험을 쌓을 기회를 제공한다. 노무현은 대통령 취임 이후, "장관 재직 시의 행정경험이 대통령 후보로 선거를 치르는 과정에서 큰 도움이 됐다."고 술회했다. 그래서 그는 대통령 재임 중 이해찬, 한명숙 전 총리를 비롯해 김근태, 정동영, 천정배, 김두관, 이재정, 정동채, 유시민, 정세균, 이상수 등 많은 정치인들을 장관으로 등용해 국정전반을 경험할 기회를 제공했다.

국민참여경선과 역발상의 승부사

　　새정치국민회의에서 당명을 바꾼 새천년민주당은 2002년 16대 대통령 선거를 앞두고 대한민국 정당 사상 처음으로 국민참여경선제도를 도입한다. 이인제, 한화갑, 김근태, 정동영, 김중권, 유종근 그리고 노무현 등 7명이 나서 전국을 돌며 치러진 경선은 당초 '이인제 대세론'과 '한화갑 조직력'의 싸움으로 점쳐졌다. 선거 초반 노무현을 지지하는 현역의원은 단 한 명도 없었으며 경선이 치러지는 와중에 천정배 의원이 홀로 노무현 지지를 선언했을 정도로 당선가능성은 높지 않았다.

　　2002년 3월 9일 제주도 첫 경선에서 한화갑 1위, 이인제 2위, 노무현 3

위의 결과가 나왔고, 다음 날 울산에서 노무현이 1위에 오르며 이변을 일으켰다. 경선 시리즈의 분기점이 된 광주에선 이 지역 우세가 예상됐던 한화갑을 3위로 밀어내고 노무현이 1위에 올랐으며, 이인제는 상당한 표차로 뒤진 채 2위에 머물렀다. 이후 이인제 후보는 김대중 대통령이 노무현 후보를 배후 지원했다는 음모론을 들고 나와 후보직을 사퇴하는 등 경선 후보들이 줄줄이 경선을 포기한 끝에 노무현은 새천년민주당 대통령 후보로 확정된다.

노무현은 대선 경선 참여 직전의 심경에 대해 이렇게 밝힌 바 있다. "2002년도에 느낀 위기감은 이회창이 아니라 이인제였다. 이인제가 민주당 후보가 될 수도 있다는 사실에서 위기감을 느꼈다. 그는 3당 합당에 따라가 도지사도 하고 경선 불복도 한 사람인데 그런 사람이 민주당에 와서 선거대책위원장이 되고 대통령 후보가 되려고 하니까 전통적인 가치를 지지하는 사람들, 즉 소신을 이익보다 더 소중하게 생각해오던 사람들이 얼마나 위기감을 느꼈겠는가?"

노무현은 비록 김영삼에 의해 정치에 발을 들이고 YS의 통일민주당에서 국회의원이 됐지만 '3당 합당'에 대해선 뼛속까지 사무친 감정을 갖고 있었다. 3당 합당이 6월 항쟁의 가치와 한국정치의 흐름을 망가뜨렸다고 생각한 그는 그래서 20년 동안 김영삼이 만들어 놓은 구도와 싸우게 됐다고 밝혔다. 당연히 3당 합당을 따르고 그 이후 영화를 누린 이인제가 같은 당에서 대통령 후보로 뽑히는 것을 용인할 수 없었다. 노무현은 대통령 재임 시 한 언론과 인터뷰에서 "내가 이인제 씨를 이기기 위해 노력하다 보니까 대통령이 됐다고 말할 수도 있겠다."란 말을 남기기도 했다.

파란만장한 정치인 노무현이 청와대로 가는 길은 후보 확정 이후에도 순탄치 않았다. 대통령 후보 주도로 치러진 2002년 6월 지방선거에서 참패한 민주당은 두 달 뒤 전국 13 곳의 전국 규모 8·8 재보궐선거에서 호남 지역 2곳을 제외한 서울, 경기, 인천 등 수도권과 제주, 부산, 마산 등지에서 전패한다. 민주당 대통령후보 노무현의 지지율이 급전직하하는 가운데 한일월드컵 열기를 등에 업은 대한축구협회장 정몽준은 대선 출마를 선언하고 '국민통합21'을 창당한다.

노무현에게 가장 아픈 기억일 수 있는 후보단일화추진협의회, 이른바 '후단협'이 결성돼 노무현으론 한나라당 이회창을 이길 수 없으니 후보를 교체해야 한다는 주장이 힘을 얻는다. 대선후보 경선에서 이인제를 지지했던 김민석 의원을 비롯해 민주당 원내외인사들의 이탈이 잇따르는 가운데 노무현은 정몽준과 여론조사를 통한 후보단일화에 합의하고 천신만고 끝에 단일후보로 확정된다.

유세기간 내내 껄끄러웠던 노무현과 정몽준 관계는 투표일 바로 전날인 12월 18일 서울 명동 공동유세 직후 국민통합21의 단일화 철회 선언으로 파국의 위기를 맞는다. 양측은 유세방식 등을 놓고 줄곧 의견대립을 보였으며 집권 이후 공동정권 운영과 지분 등에 대해 감정이 상할 대로 상한 상태였다. 김원기, 정대철 등이 나서 국민통합21 측을 달랠 방안을 마련하기도 했으나 노무현은 특유의 소신과 고집으로 타협안을 받아들이지 않았고 결국 사단이 벌어진 것이었다. 선거 결과는 노무현 48.9%, 이회창 46.6%. 대한민국 역사상 가장 드라마틱한 정치역정을 걸어온 노무현이 대통령에 당선된다.

'대화와 타협이 잘되지 않았다', 실패한 검찰개혁

이후 대통령직인수위원회에서 동분서주하던 대통령 당선인 노무현은 특히 지방분권에 역점을 뒀으며 동북아 중심국가로의 도약을 참여정부의 기치로 내걸었다. 선거 과정에서 공약으로 내건 수도이전에 대해선 많은 부담을 느끼고 있는 것으로 비쳐졌다.

향후 5년의 청사진이 마련되는 대통령직인수위 기간은 대형 기사가 쏟아지는 시기다. 그중에서도 가장 관심을 끄는 것은 조각(組閣)인사다. '정경유착, 반칙, 특혜, 특권이 없는 사회'를 공약으로 내걸었던 노무현 정부였기에 검찰 개혁을 진두지휘할 차기 법무부 장관은 기자들의 최대 관심사였다. 여러 인사가 거명된 끝에 어느 날부터 40대 중반의 재야 여성 법조인 강금실이 거명되기 시작했다. 인수위 출입기자들 사이에선 연막을 피우기 위한 버리는 카드란 주장이 많았지만 결국 '법무장관 강금실'이 현실화돼 참여정부의 검찰개혁은 더욱 주목을 받게 된다. 노무현은 청와대 비서실장을 지낸 문희상 등 인수위 내부에서조차 지나치게 모험적인 인사란 반대를 무릅쓰고 파격적 인선을 강행했다.

하지만 노무현은 퇴임 후 검찰개혁이 미흡했던 것을 크게 후회했다. 취임 직후인 2003년 3월 9일 세종로 정부청사에서 열린 평검사들과 토론에서부터 이런 조짐은 확연히 나타났다. 사법개혁의 본질은 도외시한 채 인사문제만을 놓고 맞서는 젊은 검사들의 태도를 보면서 노무현은 격앙됐고 퇴임 후 그는 무척 실망스런 결과였다고 아쉬워했다.

10년이 지난 지금까지도 검찰은 개혁의 대상이고 특권과 성역으로 남아 있다. 행정고시 출신이 5급 사무관으로 출발하는 데 비해 검사는 15년 이상 빠른 3급 부이사관의 대우를 받고, 1,800여 명의 검사 중 차관급만

2003년 1월 경제정책 간담회를 주재하는 노무현 대통령 당선인. 앞줄 왼쪽부터 박승 한국은행 총재, 이근영 금감위원장, 전윤철 경제부총리. 풀기자단으로 취재하던 모습(뒷줄 왼쪽에서 세 번째).

50명이 넘는 조직이 바로 대한민국 검찰이다. 기소독점권 논란이 십여 년째 계속되고 있지만 어느 정권도 손을 대지 못하고 있다. 노무현은 그 자신이 검찰청에 불려 다니면서 재임 시 검경수사권 조정과 공수처(고위공직자 비리수사처) 설치를 밀어붙이지 못한 것을 한없이 후회했다고 한다.

참여정부의 네 가지 국정 원리는 '원칙과 신뢰, 투명과 공정, 분권과 자율, 대화와 타협'이었다. 노무현은 대통령 퇴임 이후 이 네 개의 국정원리 중 '대화와 타협'에 대한 성과가 가장 부진했다고 아쉬워했다. 개성 강하고 고집 센 대통령 노무현. 한 번쯤 대한민국 사회에 개혁과 변화가 필요하다는 게 많은 국민들의 생각이었고, 그렇다면 노무현 참여정부가 제대로 해주길 원했던 게 그를 지지한 국민들의 소망이었다. 그러나 새천년민주당 소속으로 당선된 노무현의 지지 세력은 당을 깨고 열린우리당을 만들었으며, 이 과정에서 민주당 잔류파 또는 오랜 세월 김대중의 정치기반이었던 호남출신 구정치인들과 등을 돌리게 된다. 참여정부 출범 직후엔 유력인사들의 검찰 줄소환과 사법처리가 이어지면서 노무현 대통령이 이런저런 구설에 오르내리는 가운데 이들의 자살사건이 잇따랐다.

2004년 3월 12일엔 국회 출입기자로서 사상 첫 현직 대통령 탄핵소추안으로 최악의 난장판이 된 국회 본회의장에서 역사의 장면을 지켜봤다. 그날 아침 노대통령을 지지하는 한 시민이 자동차를 몰고 국회의사당에 돌진하는 사건이 일어나는 등 탄핵 당일의 국회는 극도의 긴장감 속에 어수선하고 혼미한 분위기였다. 노무현 대통령을 탄생시킨 새천년민주당이 탄핵소추안을 제출해 한나라당과 공조에 나섰고, 열린우리당 의원들이 격렬히 저항하는 가운데 탄핵소추안은 찬성 193표, 반대 2표로 가결돼 대통령의 직무가 정지되고 국무총리가 대통령 권한을 대행하는 헌정사상 초유의 사태가 발생한다.

되짚어 보면 대통령 탄핵안은 실현되지 않을 수 있었다. 한나라당과 민주당 내부에서도 총선을 목전에 두고 굳이 무리할 필요가 없다는 의견이 많았다. 그런데 열린우리당 의원들의 저항으로 탄핵안 1차 처리가 실패한 비로 다음 날 일이 벌어졌다. 시선이 집중된 가운데 기사회견문을 읽어 내려간 노무현 대통령은 여야의 기대와 달리 격앙돼 있던 한나라당과 민주당에 오히려 불을 지피는 발언으로 일관했다. 기자실에서 TV를 지켜보던 기자들 사이에선 정국이 돌아올 수 없는 다리를 건넜다는 말이 여기저기서 터져 나왔다. 그는 뇌물수수 혐의로 입건된 형 노건평 씨를 비호하면서

"좋은 학교 나오시고 크게 성공한 분들이 시골에 있는 사람을 찾아가서 머리 조아리고 돈 주고 하는 일이 없었으면 좋겠다."고 공개발언했고, 노건평 씨에게 3,000만 원을 건넨 혐의로 수사를 받던 대우건설 남상국 사장이 한강에 투신자살하는 사건이 벌어졌다. 여론은 더욱 악화됐고 야당 내에서도 대통령에 대해 강한 반감이 일면서 실현이 불가능할 것 같던 대통령 탄핵안은 국회 본회의를 통과한다.

당시 국회 본회의장에서 "대한민국 역사는 어떠한 일이 있어도 전진해야 합니다."라며 탄핵안 가결의 의사봉을 두드렸던 박관용 전 국회의장은 최근 "탄핵사태는 총선을 목전에 두고 노무현 대통령이 파놓은 함정이었다."고 술회했다. 야당과 여론을 자극했던 대통령의 기자회견이 과연 의도적이고 계획적이었었는지에 대해 아직 명확한 증언이나 증거가 나온 바는 없다.

미완성으로 끝맺은 '노무현 정치'

가결 두 달 만인 5월 14일 대통령 탄핵안은 헌법재판소 탄핵심판에서 기각 결정이 났다. 노무현은 대통령직에 복귀하지만 이후 그의 정책주도력은 눈에 띄게 힘이 빠졌다. 대통령 지지도는 날이 갈수록 하락곡선을 그렸고, 불필요해 보이는 논쟁이 거듭되는 가운데 임기 말을 맞게 된다. 결국 대통령 노무현은 경제정책, 정치개혁 모두 그를 열렬히 지지했던 많은 사람들의 기대에 미흡했다는 평가 속에 정권을 넘기게 된다.

참여정부가 출범 당시 기대와 달리 민심과 따로 갔다는 것은 거의 전패한 재보궐선거나 퇴임 직전 바닥까지 떨어진 지지율, 그리고 대통령 선거 사상 가장 큰 표 차로 참패한 2007년 대통령 선거 결과가 증명해 줬다. 임기 말 대통령 노무현이 추진한 대연정이나 개헌 등도 성과를 보지 못했다. 퇴임 후 그는 실패한 검찰개혁과 함께 '역사적 책무'로 생각했다는 언론개혁이 무산된 것을 애석해 했다. 노무현은 "언론이 독재시대엔 국가권력과 유착했지만 지금은 시장권력과 유착하고 있다."고 주장했었다. 자신의 임기 동안 정치개혁은 큰 진전을 봤지만 언론의 특권구조와 권위주의를 깨지 못한 점을 스스로 인정하면서 언론과의 갈등은 숙명이었다고 밝혔다.

노무현은 음영이 뚜렷한 정치인생을 살았다. 경남 김해 진영읍의 가난한 집안에서 태어나 불평등에 대한 거부감과 이를 해소해 보겠다는 의지로 한 평생을 산 그는 위기가 닥칠 때마다 '역발상의 전략'으로 기회의 발판을 마련하곤 했다. 하지만 퇴임 후 자존심이 상처 받고 명예에 흠집이 나면서 노무현은 저돌적인 인생의 마지막 고비를 넘지 못했다. 그가 남긴 마지막 글이다.

"너무 많은 사람들에게 신세를 졌다. 나로 말미암아 여러 사람이 받은 고통이 너무 크다. 앞으로 받을 고통도 헤아릴 수가 없다. 여생도 남에게 짐이 될 일밖에 없다. 건강이 좋지 않아서 아무것도 할 수가 없다. 책을 읽을 수도 글을 쓸 수도 없다. 너무 슬퍼하지 마라. 삶과 죽음이 모두 자연의 한 조각이 아니겠는가? 미안해하지 마라. 누구도 원망하지 마라. 운명이다. 화장해라. 그리고 집 가까운 곳에 아주 작은 비석 하나만 남겨라. 오래된 생각이다."

기왕에 오른 최고 정책결정권자의 자리에서 좌고우면하지 않고, 소소한 정쟁이나 논쟁에 휘둘리지 않은 채 그가 평소 갖고 있던 철학, 추진하고자 했던 개혁정책을 꿋꿋이 밀고 나갔더라면 더 많은 것이 달라지지 않았을까 하는 아쉬움을 지울 수 없다.

'노무현식 정치', '노무현의 철학'이 제대로 꽃을 피워보지도 못하고 논쟁과 정쟁으로 임기를 흘려보낸 게 두고두고 아쉬움으로 남는다. 그가 꿈꿨던 '사람 사는 세상'은 아직 멀게만 보인다.

노무현 (盧武鉉)

1946년 9월~2009년 5월. 경상남도 김해 출생으로 부산상고를 졸업한 뒤 군 복무를 마치고 1975년 사법시험에 합격해 대전지방법원 판사를 지낸 뒤 변호사 개업. 부산 지역에서 노동과 인권변호사로 활동하다 1988년 김영삼 총재의 통일민주당에서 13대 국회에 등원한 뒤 15대 국회의원과 해양수산부 장관, 제16대 대통령을 지냈다.

공감
소통
공유

노무현

노무현과 이인제의 악연

정치 고빗길마다 마주친 두 사람

정치인 노무현과 이인제는 그들의 정치역정 곳곳에서 마주쳐 서로에게 때론 상처를, 때론 패배감을 남긴 아픈 인연을 갖고 있다.

두 사람은 1988년 13대 국회의원 총선거를 앞두고 통일민주당 김영삼 총재의 손에 이끌려 함께 정치에 발을 들였다. 만 나이로 노무현이 마흔셋, 이인제가 마흔하나이던 때이다. 둘 모두 법조인 출신이었지만 이인제가 경복고-서울대 법대 출신으로 대전지법 판사 등 엘리트 코스를 밟은 반면 노무현은 부산상고를 나와 사병으로 군복무를 마친 뒤 사법시험에 합격해 당시 사시 합격자로선 매우 드문 이력의 소유자였다. 노무현은 대전지법 판사가 되지만 7개월 만에 스스로 판사직을 사퇴하고 변호사의 길을 갔다.

노무현이 1946년생, 이인제가 1948년생으로 두 살 터울이다.

사법시험은 노무현이 17회, 이인제가 21회이며 노무현은 사시 동기 중 유일한 고졸 출신 합격자였다.

노무현, 이인제 두 초선의원은 1988년 가을 전국에 생중계된 국회 '5공 비리 청문회'와 '광주 청문회'를 통해 스타 의원으로 발돋움하고 상대가 속망되는 유망주로 인정받는다.

1990년 3당 합당 과정에서 소장파 기대주인 두 사람은 김영삼의 노선을 놓고 심한 논쟁과 격한 의견대립을 보였다. 한 배를 타고 정치를 시작했던 두 사람이 처음으로 거친 언쟁을 벌인 장면이었다. 3당 합당을 따랐

던 이인제는 1993년 문민정부 출범과 동시에 노동부 장관에 임명되는 등
탄탄대로를 간 반면 김영삼과 결별한 노무현은 1992년 14대 총선에서 부
산에 출마해 YS가 이끄는 민자당 허삼수에게 패배한다.

1995년 지방선거에서는 이인제가 경기도지사로 당선되지만 노무현은
부산시장 선거에서 다시 낙선한다. 노무현은 당시 민주당의 경기지사 후
보로 출마해 이인제와 대결하기를 원했지만 공천에 따른 당내 복잡한 역
학관계 때문에 뜻을 이루지 못했다.

'통추'의 이인제 지원에 결사반대한 노무현

1997년 대통령선거를 앞두고 노무현은 이인제의 대선행보에 제동을
건다. 거칠 것 없이 앞만 보고 달려온 이인제가 정치적으로 중대 고비를
맞은 때였다. 국민통합추진회의, 즉 통추 소속 인사들이 이회창 한나라당
후보와 김대중 국민회의 후보를 모두 마땅치 않게 생각하면서 국민신당을
창당한 이인제 후보 측에 합류해 '제3의 길'을 가자는 주장이 힘을 얻어갈
즈음 노무현은 이를 결사반대하고 나섰다.

결국 이인제 쪽으로 기울었던 통추 인사들은 노무현의 강력한 반대에
뜻을 접고 일부는 한나라당으로, 나머지는 국민회의로 나뉘어 각자 갈 길
을 간다.

천군만마를 얻을 수 있었던 이인제는 당세를 크게 불릴 수 있는 절호의
기회를 눈앞에서 놓치고 만다. 통추인사들을 대거 영입해 대선 막판 참신
한 바람을 일으킬 수 있었던 이인제는 노무현의 강력 반대에 부딪쳐 뜻을
펴지 못했고, 이때부터 이인제는 탈당과 복당을 거듭하는 정치적 방랑의
길에 접어든다.

세월이 흘러 두 사람은 2000년 새해 벽두 당명이 바뀐 새천년민주당에

서 조우한다. 이인제가 입당해 2000년 4월에 치러진 16대 총선에 중앙선
거대책위원장을 맡게 된 것이다.

노무현은 이때 두 해 전인 1998년 재보궐선거에서 자신을 당선시켜준
서울 종로를 떠나 부산에 출마해 낙선하지만 이인제는 고향인 충남 논산·
금산에서 현역의원이던 자민련 김범명을 누르고 화려하게 3선의원이 된
다. 여기까지 정치인으로서 두 사람의 운세는 이인제가 노무현을 압도하
는 듯했다.

이인제 '햇볕' 비판에 '깽판'으로 맞선 노무현

두 사람이 외나무다리에서 정면으로 마주친 건 2002년 새천년민주당
대선후보 경선이었다. 이인제는 권노갑 등 동교동 주류를 비롯해 당내 다
수 의원들의 지지를 바탕으로 한 '이인제 대세론'으로 기선을 제압하며 유
력한 여당 대권주자로 꼽혔다. 노무현은 자신을 지지하는 단 한 명의 현역
의원도 없이 당내 경선을 시작했다.

언론은 선두다툼을 벌일 것으로 예상된 이인제와 한화갑에 초점을 맞
췄고 노무현은 큰 관심을 끌지 못했다. 이때 이른바 노무현의 '깽판 발언'
이 나온다. 이 발언은 이인제와 노무현의 해묵은 감정싸움 또는 신경전에
서 비롯됐다.

경선 유세에서 김대중 대통령의 햇볕정책에 대해 다소 미판석인 말언
을 한 이인제 후보에 대해 노무현 후보가 즉각 반박을 하고 나섰는데 그
표현의 방식이나 발언의 수위가 언론의 관심을 끌었다.

노무현은 이인제의 발언 직후 "남북관계 하나만 성공시키면 다 깽판 쳐
도 괜찮다. 나머지는 대강해도 괜찮다."고 말했고, 보수언론들은 이 발언

을 문제 삼고 나섰다. 노무현의 이 '깽판 발언' 이후 민주당 내부에서도 대통령 후보로선 점잖지 못하고 적절치 않은 언사라면서 비판에 나서는 의원들이 많았다. 노무현의 이런 발언이 모여서 대선 직전 '후단협'의 후보 교체 요구에 이르게 되고 한나라당으로부터 노무현은 과격하고 불안한 후보라는 공격의 빌미가 되기도 한다.

당내에 가장 강력한 지지세를 등에 업었던 이인제는 '노무현 돌풍'을 견뎌내지 못하고 중도에 후보를 사퇴한다. 이인제는 결국 노무현과 정몽준의 단일화 직후 대통령 선거전이 한창이던 12월 1일 민주당을 탈당한다.

이후 이인제는 자민련 등을 거쳐 2007년 대선에서 대통합민주신당 정동영 후보와 단일화를 시도했으나 실패한다. 정치적으로 우군도, 선택의 여지도 없어진 이인제는 결국 민주당 후보로 독자 출마해 16만여 표, 0.7% 득표에 그치는 저조한 성적을 낸다. 이명박, 정동영, 이회창, 문국현, 권영길에 뒤진 6위에 그침으로써 한때 대선 유력 후보였던 이인제는 군소 후보로 추락한다.

1997년 대선에서 한나라당을 탈당해 492만 표, 19.2% 득표로 돌풍을 일으키며 여당 후보 이회창을 낙선시킨 이인제. 그는 꼭 10년 만에 돌아온 대선에서 10년 전 득표의 20분의 1도 안 되는 저조한 성적으로 언론의 주목을 받지 못했다.

그러나 이인제의 생명력은 질기고 길었다.

노무현이 대통령에서 퇴임한 뒤 치러진 2008년 18대 총선에서 후보들이 난립한 가운데 무소속 이인제는 근소한 표차로 당선됨으로써 거의 끊어진 듯했던 정치생명을 연장했고, 2012년 4월 11일 19대 총선에선 자유

선진당 후보로 6선 고지에 올라 선수로만 놓고 보자면 국회의장급의 다선 의원 반열에 올랐다. 이인제는 자유선진당의 창당 주역인 이회창이 탈당한 뒤 당명을 선진통일당으로 바꾸고 당 대표를 맡았다.

그리고 신한국당을 탈당한 지 15년 만인 2012년 10월, 그의 정치적 고향인 새누리당과 합당함으로써 그는 13번째 당적을 갖는 진기록을 세웠다.

이인제는 김용준 전 헌법재판소 소장, 정몽준 의원, 김성주 성주그룹 회장, 황우여 대표 등과 함께 새누리당 공동선대위원장을 맡아 '박근혜 대통령 만들기'를 위해 전국을 누볐다.

노무현과 이인제의 엎치락뒤치락했던 정치역정이 한 사람은 이미 고인이 된 상태에서 아직 현재진행형인 또 다른 정치인의 앞날에 관심이 쏠린다.

영화감독 신 상 옥

"정일이가 민족 앞에 사죄할 수 있을 겁니다"

신상옥 | 영화감독

마지막 순간까지 불태운 영화를 향한 열정

2002년에서 2003년으로 넘어가던 겨울 영화감독 신상옥, 영화배우 최은희 부부는 안양에 신 필름 영화예술학교를 세우는 일에 몰두하고 있었다. 낡은 경찰서 부지에 영화학교를 만드는 일이었는데 두 사람은 한겨울 차가운 공사장에 매일 나와 세세한 부분까지 직접 챙기고 있었다. 실습실의 방음장치, 연극무대 등을 직접 설계한 신 감독은 비록 규모는 작지만 내실 있고 알찬 실기 위주의 아카데미를 만들어서 바로 현장 투입이 가능한 인재들을 배출해내겠다는 포부를 갖고 있었다.

유인촌 전 문화체육관광부 장관의 형이며 영화진흥위원회 위원장을 지낸 유길촌 씨가 현장에서 일을 돕고 있었다. 당시 팔순을 바라보는 나이에도 영화에 대한 왕성한 의욕을 보이던 신상옥 감독을 안양의 학교 건설현장과 강남구 신사동에 있던 그의 영화사, 그리고 경기도 분당의 자택을 오가며 인터뷰했다.

신상옥은 북한을 탈출한 뒤 상당기간 자신이 겪은 북한과 북한의 권력 핵심부에 대해 말을 아꼈다. 신상옥, 최은희 두 사람을 후대했던 김정일에 대한 연민과 함께 자신들이 일방적인 반공선전의 도구가 되고 싶지 않았기 때문이었다. 하지만 세월이 지나면서 김정일과 북한 핵심권력을 가장 가까운 곳에서 보고 들은 목격자인 만큼 북한의 실정을 있는 그대로 전함으로써 북한에 대한 왜곡된 인식을 바로 잡을 필요성을 느꼈다고 했다.

신 감독은 '민족의 치부'를 어디까지 드러내야 할 것인지 깊은 고민을 했다면서 자신의 경험이 민족 앞에 불쏘시개가 되길 바라는 심정이란 말도 덧붙였다. 그는 북한에서 이탈한 대부분의 인사들과는 달리 김일성이나 김정일에 대해 객관적이고 중립적인 평가를 하려는 입장이었다. 눈을 감는 마지막 순간까지 '영원한 현역'으로 영화의 현장을 지키겠다고 말했던 신상옥은 병이 깊어지는 시점까지 영화제작, 영화학교 설립, 후진양성 등에 왕성한 의욕을 보이며 젊은 사람들도 감당하기 힘들 정도의 바쁘고 분주한 나날을 보내다 인터뷰를 한 지 3년여 만인 2006년 4월 병상에서 눈을 감았다.

6개월 시차를 둔 납치와 '자진 월북' 시비

영화계 두 거물의 인터뷰는 그들이 북한에 납치되던 시점부터 출발하지 않을 수 없었다. 1978년 1월과 7월, 여섯 달의 시차를 두고 각각 북한에 납치된 두 사람에 대해 납치 당시는 물론 그들이 북한을 탈출한 이후에도 '자진 월북'에 대한 논란이 있었다. 하지만 신상옥, 최은희 두 사람을 인터뷰하고 각종 자료를 찾아보는 과정에서 과연 그런 일이 벌어질 수도 있겠구나 하는 개인적 의문을 풀 수 있었다.

두 사람이 납치될 무렵 신상옥 감독은 한국에서 운영하던 '신 필름'의 경영문제와 갈수록 열악해지는 검열 문제로, 최은희 역시 자신이 교장으로 있던 안양영화예술학교의 경영난으로 어려움을 겪고 있었다. 대한민국 땅에서 최고의 스타로 살아온 두 사람이었지만 이 나라에서 영화예술을 지속해야 할 것인지 회의와 번민이 차츰 더해가던 시기였다. 더구나 신 감독과 신인 여배우 오수미 사이에 두 명의 자녀까지 태어나면서 신상옥과 최은희 두 사람은 이혼한 상태였다. 오수미는 두 사람이 북한에 납치된 이후 신 감독의 두 자녀를 키우면서 사진작가 김중만과 결혼했으나 1992년 하와이에서 교통사고를 당해 42살에 세상을 떴다. 본명이 윤영희인 오수미와 관련해선 1980년대 톱스타 모델이었던 동생 윤영실 실종사건이 있다. 일부의 주장에 따르면 1986년 실종돼 아직까지 영구 미제로 남아 있는 이 사건이 권력과 연관돼 있고, 실종의 단서를 찾은 오수미가 하와이에서 증거를 손에 넣으려는 순간에 사고로 위장돼 살해됐다는 주장인데 아직까지 실체는 드러나지 않고 있다.

1978년 새해 벽두, 한국에서 어려움에 봉착해 있던 신상옥과 최은희는 각각 해외에서 돌파구를 찾아보기 위해 여러 사람들과 접촉하고 있었다. 신 감독은 미국에 망명해 있던 김형욱 전 중앙정보부장을 통해 미국에 이민신청까지 해놓은 상태였다. 영화제작 협의와 투자유치를 위해 1978년 1월 11일 김포공항을 출발한 최은희는 북한 공작원과 그늘에게 매수당한 홍콩 신 필름 관계자에 의해 납치돼 8일 만에 북한 남포항에 내린다. 당시 38세에 불과했던 영화광 김정일은 직접 남포항까지 나와 최은희를 맞았다.

기자 : "먼저 북한 땅에 내릴 때 상황부터 말씀해주시죠."

최은희 : "남포항에 도착했는데, 생각지도 못하게 김정일이 다가오면서 '오시느라 수고했습니다. 내레 김정일입니다'라고 하면서 다가서는데 그때 충격이 너무 컸지요. 북한에서 나를 어떻게 써먹으려 하는가? 죽이지는 않을까 착잡했지요. 그런데 시간이 가면서 그들이 대접해주는 걸로 봐선 죽이지는 않겠구나 하는 확신을 갖게 됐어요."

최은희 실종이 보도되자 신상옥은 홍콩으로 날아가 실종의 흔적과 단서를 찾으려 했지만 허사였다. 일본과 프랑스 등을 돌며 최은희의 종적을 수소문하던 신상옥은 빈손으로 홍콩에 돌아온 뒤 그마저 북한공작원들에게 납치된다. 최은희가 납치된 지 꼭 여섯 달이 지난 뒤였다.

기자 : "두 분이 6개월의 시차를 두고 각각 납치되면서 자진 월북 가능성이 제기되기도 했습니다. 납치 과정을 상세히 알지 못하는 사람들은 그런 오해를 할 수도 있다고 생각됩니다. 세월이 흐른 뒤 한국과 미국의 정보기관들도 자진 월북이 아니고 납치였다고 명확히 결론을 내렸습니다만 납치 당시의 정황을 말씀해주시죠."

신상옥 : "여러 가지 복잡한 일로 한국에선 더 이상 영화제작을 할 수 없다는 생각을 하던 무렵에 최은희 납치 사건이 벌어졌어요. 홍콩 현지에서 여러 곳을 수소문하고, 범행에 가담했던 사람들을 추궁한 끝에 최은희가 북한에 납치됐다는 걸 확인했어요. 나는 한국으로 돌아갈 건가, 서독에 망명을 할 건가, 아니면 이민신청을 해놓은 미국행을 선택할 건가 등을 놓고 머리가 아주 복잡했어요. 최은희 납치에 가담했던 북한 끄나풀의 유혹에 넘어가 그만 같은 수법으로 홍콩의 해변가에서 강제 납치돼 결국 결박된

상태로 북한 공작선 '수근호'에 태워졌지요.

자진 월북 여부에 대해선 북한 탈출 이후 미국 CIA와 한국의 당시 안기부 조사에서 모두 소명이 됐습니다. 그런데 이 과정에서도 미국의 정보기관은 아주 과학적이고 논리적으로 조사했던 반면에 한국의 정보기관은 이와 대조적인 모습을 보여서 아직도 한국이 이런 면에서 뒤처져 있구나 하는 생각이 들었어요. 미국 정보기관은 북한의 김일성, 김정일에 대한 상세하고 방대한 자료와 파일을 바탕으로 하나씩 짚어 들어가는데 그때 이미 그들은 상당한 정보를 축적해 놓고 있더군요."

탈출 실패와 김정일의 전폭적인 영화제작 지원

신상옥은 북한에 협력하라는 김정일의 지시를 거부하고 두 차례 탈출을 시도하다 정치범수용소와 가택연금 상태로 5년의 세월을 보낸다. 신상옥, 최은희 두 사람이 상봉한 것은 한국을 떠난 지 5년 만인 1983년 3월 평양의 한 연회석상이었다.

기자 : "몇 차례 탈출을 시도하다 붙잡혀 고초를 겪은 뒤 최은희 씨를 만나게 됐는데 그때 상황을 말씀해주시죠."

신상옥 : "막상 만나게 되니까 부둥켜안고 울고 그렇게 되질 않더구만요. 멍하니 서서 바라만 보게 되너라고. 이제까지 우리가 영화 만들고 연기하면서 살아왔지만 정말 그런 일이 있을 수 있을까하는 생각이 들고…. 영화에서처럼 도식적으로 껴안고 울고 그렇게 되질 않았어요."

신상옥, 최은희 두 사람을 차츰 신임하게 된 김정일은 이들에게 본격적인 영화제작을 맡긴다. 1983년 신상옥은 구한말 네덜란드 헤이그 만국평화회의에 고종의 밀사로 파견됐다 순사한 이준 열사의 일대기를 그린 '돌아오지 않는 밀사'를 제작한다. 신상옥은 이 작품으로 이듬해 체코 카를로비바리 국제영화제에서 특별감독상을 받았고 체제선전영화만 존재하던 북한에 새로운 바람을 불러일으킨다. 신 감독의 국제영화제 수상을 계기로 김정일은 그를 더욱 신임하게 되고 자금과 장비 등 영화제작을 위한 전폭 지원에 나선다. 신상옥은 그해 10월 한국에서 운영하던 '신 필름'을 북한에서 다시 설립해 본격적인 영화제작에 나서게 된다.

1984년 신 감독은 자신이 가장 애착을 갖고 있다는 '탈출기'를 제작한다. 신 감독이 메가폰을 잡고 최은희와 북한 최고의 인민배우 최창수가 열연한 작품이다. 1920년대 동반작가 계열의 최서해 원작을 영화화한 작품으로서 열차가 폭파되는 라스트신에선 실제 화차 전량을 폭파시키는 등 아무 제약 없이 영화에 몰입한 작품이라고 신 감독은 말했다.

신 감독은 북한을 탈출할 때 그가 북한에서 제작했던 영화를 대부분 복사해 챙겼다. 영화가 곧 인생 자체였던 신상옥에게 그가 만든 작품은 생명과도 같았기 때문이다. 그와 인터뷰를 하는 과정에서 신 감독이 북한에서 제작한 영화들을 모두 살펴봤다. '돌아오지 않는 밀사', '탈출기', '소금', 그리고 북한 최초의 괴수 영화라는 '불가사리' 등 북한에서부터 갖고 온 원본을 방송용 테이프로 전환해야 방송 프로그램을 만들 수 있었기 때문이다. 함께 작업했던 PD, 기자 등 많은 사람들은 놀랄 수밖에 없었다. 1980년대 초반 북한에서 그토록 완성도 높은 영화가 나올 수 있었을까 의문이 들었다. 남쪽에서 일반인들이 추측하는 북한의 체제 선전영화 수준을 훨씬 뛰어 넘는 작품들이었다.

기자 : "신 감독이 북한에서 만든 영화들을 모두 살펴봤습니다. 혼란스런 점이 있는데요, 우리가 보통 북한 영화라고 하면 온통 주체사상에 1인 숭배 같은 것만 영화의 소재가 될 것이라 생각했는데 신 감독의 작품들은 그런 정치적 색채를 거의 찾아볼 수 없는 데다 작품성과 예술성, 완성도가 높은 데 놀랐습니다."

신상옥 : "북한에서 영화의 영향력은 한국의 그것과 비교가 안 됩니다. 나는 나름대로 북한 사람들이 갖고 있는 개인숭배 같은 것에서 벗어나 새로운 가치관을 심어주길 바라는 마음으로 영화를 만들었어요. 그들이 사회체제 때문에 잊어버린 우리 전통의 아름다운 가치관을 되살리길 바라는 마음에서 영화를 찍은 겁니다. '심청전'을 찍을 때는 효성심을, '사랑 사랑 내사랑'을 만들 때엔 사랑이라는 개념을 그들에게 일깨울 수 있으면 좋겠다는 생각이 바탕에 있었지요.

김일성, 김정일이 당시 내가 만드는 영화에 재량권을 상당히 많이 준 덕분이기도 합니다. 북한에서의 영화제작엔 거의 김정일이 관여했는데 내 작품에 대해선 특별한 주문이나 요구사항 없이 내 뜻대로 영화를 만들 수 있게 해줬지요."

기자 : "'탈출기'에 특별한 애정을 갖고 있다고 하셨는데요?"

신상옥 : "'탈출기'만큼 완벽한 작품은 없다고 생각해요. 공산주의 본질을 생각하게 하는 작품이지요. 사람들이 왜 사회주의, 사회주의하는가? 정직할수록 못살게 되는 자본주의 사회의 구조, 모순 같은 것을 파헤친 작품입니다. 어떤 의미에선 한국 인텔리들이 꼭 봐야 하는 영화에요."

북한에서 영화 '소금'을 제작하던 때의 신상옥과 최은희. 신상옥은 김정일의 영화문헌고를 보고 큰 충격을 받았다고 말했다.

'탈출기'는 변변한 볼거리가 없던 폐쇄적 북한 사회에 큰 반향을 일으킨다. 1985년 작 '심청전'은 또 다른 측면에서 신상옥, 최은희 두 사람에게 전기를 마련해준다. 북한에선 마땅히 남아 있는 궁궐이 없어 촬영장소를 찾을 수 없던 신 감독은 중국 북경에서 궁궐 장면을 촬영했고, 수중촬영을 위해선 이례적으로 서독 뮌헨까지 날아가 수중 신을 찍었다. 해외촬영은 신 감독이 바깥세상과 통로를 만들 수 있는 계기였다.

최은희 : "심청전 찍을 때엔 담석수술을 하고 두 달도 채 안됐는데 압록 강 물에 들어가서 얼음을 헤쳐 놓고 촬영했지요. 중간에 주사까지 맞아 가 면서요. 위에서 강요한 건 아니었지만 당시엔 더 심한 것도 감수하겠다는 그런 마음이 있었어요. 남한에서 간 연기자로서 모범을 보여야 한다는 생

각도 강했던 것 같고요. 눈이 쌓여 무릎까지 빠지는 산중에서 무거운 나무를 등에 지고서 촬영을 하는데 한 번도 앉아 쉬지 않고 촬영했던 기억이 납니다. 왜냐하면 감정이 흐트러지기 때문에…. 사명감도 있었지만 영화에 그만큼 몰입할 수 있었던 분위기였다고 기억됩니다."

이 무렵 신상옥, 최은희의 '소금'은 사회주의 최고 권위의 모스크바 영화제에서 여우주연상을 받는다. 최은희는 공교롭게도 사회주의 중심부, 구 소련의 모스크바에서 여배우로서 최고의 순간을 경험했다고 밝혔다.

최은희 : "국내외에서 많은 상을 받아 봤지만 그때 모스크바에서 여우주연상을 받을 때 극장 객석을 가득 메운 청중들이 모두 기립해 박수를 치는데 그전에 어디에서도 느끼지 못했던 감동을 받았어요. 정말 배우로서 누리고 싶은 최고의 희열을 거기서 느꼈지요."

'김정일의 영화문헌고는 큰 충격이었다'

김정일은 두 사람에게 영화감독과 배우로서 완전한 신임을 보이며 평양 시내에 400평 규모의 스튜디오 2개, 200평 규모의 스튜디오 2개를 포함해 연건평 2만 평이 넘는 동양 최대 규모의 신 필름 영화제작소를 건립해준다. 북한사회에선 상상하기 어려운 거액 2,500만 달러를 들인 이 시설을 정작 신상옥은 사용하지 못했다. 공사가 지연되면서 그들이 북한을 떠나기 전까지 완공을 보지 못했기 때문이다.

김정일이 엄청난 영화광이란 사실은 신상옥, 최은희 두 사람을 통해 서방세계에 처음 알려졌다. 신 감독은 인터뷰 과정에서도 '영화광 김정일'의 실상과 그가 소장하고 있던 엄청난 양의 영화 필름을 설명하는 대목에서 가장 역동적인 모습을 보였다. 평양 시내 한복판에 있는 영화문헌고의 규모와 그들이 소장하고 있는 필름의 방대한 양에 신상옥은 충격을 받았다고 했다. 미국을 비롯해 서방국가와 공산국가, 인도와 파키스탄 같은 제3세계의 필름들이 소장돼 있었고, 한국에선 이미 구할 수 없던 희귀본 필름들이 모두 존재해 있었기 때문이다.

　　신상옥 : "영화문헌고라고 불리는 김정일의 개인 영화소장고에는 세계 각국의 영화 15,000여 편이 일목요연하게 정리돼 있었어요. 국가별로 방이 따로 나뉘어 있었는데 남조선실엔 한국영화 300여 편이 있었어요. 한국에선 구할 수 없었던 내 작품 '열녀문', '평양폭격대', '빨간 마후라'의 전반부 등이 모두 소장돼 있는 것을 보고 무척 놀랐습니다.

　　제작연도와 감독, 출연 배우 등이 아주 자세하게 기록돼 있는데 북한에서 내가 가장 놀랐던 장면 중 하나예요. 북한영화 보관실엔 온도와 습도를 조절하는 장치까지 완벽하게 만들어 놓았더라구요. 그걸 보는 순간 김정일이가 왜 우리를 납치해 왔는가? 그게 이해가 되면서 북한에서 펼쳐질 나의 과거, 현재, 미래에 대해 여러 생각이 떠올랐지요. 나를 함부로 대할 수는 없겠구나 하는 확신이 든 것도 그때입니다."

　　신상옥이 해외시장을 겨냥해 한국에서 영문 자막을 넣어 제작했던 심청전은 정작 평양의 영화문헌고에서 찾아낼 수 있었다. 신 감독은 홍콩에서 두 사람을 납치한 조직이 오래전부터 김정일의 지령에 따라 한국의 영화 필름들을 구해 평양으로 밀반입하는 임무를 하고 있었다는 사실을 평양에서 깨달았다. 그래서 이미 서울에선 자취를 감춘 희귀본 영화 필름들이 싱가포르 등을 거쳐 평양의 김정일 손에 들어가 있었던 것이다.

기자 : "북한에 계시는 동안 월북하거나 납북된 인사들, 특히 영화 등 문화예술인들을 만나거나 소식을 들을 기회는 있었습니까?"

신상옥 : "문예봉, 문정복 같은 월북 여배우들을 만날 기회가 있었지요. 문예봉은 내가 제작한 '돌아오지 않는 밀사'에 직접 출연하기도 했고요. 그들은 인민배우, 공훈배우 등의 칭호를 받고 있었지만 초라해 보였어요. 6·25 전쟁 전에 아주 잘나가던 배우들이었지요.

내가 특히 관심이 있었던 건 춘원 이광수 선생인데, 내가 알아본 바로는 춘원이 끝까지 북한체제에 협조하지 않고 지조를 지키다가 비참하게 생을 마감했다고 들었어요. 김일성이 당대 최고의 문인인 이광수를 회유해 체제선전에 이용하려고 당 문화부장까지 맡겼지만 춘원은 이를 끝까지 거절했고, 1963년 산골에서 쓰러져 숨을 거뒀다고 들었습니다. 춘원은 납북 이후 단 한 편의 작품도 남기지 않았지요.

무용가 최승희는 잘못 알려진 부분도 있는데, 월북 직후엔 김일성의 지원을 받으면서 예술 활동을 했지만 결국 1인 숭배 체제에 적응하지 못하고 딸과 사위를 데리고 중국 쪽으로 탈출을 감행하다 붙잡혀서 옥사한 것으로 전해 들었습니다."

신상옥, 최은희의 '탈출기'

1986년 1월 29일. 신상옥, 최은희 두 사람이 잊을 수 없는 날이다. 두 사람이 동독 베를린 영화제 참석을 위해 북한을 출발한 날이며, 이때 이들은 북한탈출을 결심한 상태였다.

신상옥 : "북한에서 김정일이 특별대우를 해줬고 따로 내준 사택에서도

여러 사람들이 매우 친절하고
순박하게 도와줬습니다. 벤츠
승용차를 타고 공항으로 떠나
는데 그들이 나와 일렬로 서서
잘 다녀오라고 손을 흔들며 인
사를 했지요. 그 사람들에 대해
만감이 교차했어요. 우리 곁에
서 생활하던 사람들이니까 우
리가 서방세계로 넘어간 사실

탈출 감행 직전 동독 브란덴부르크 문 앞에 선 두 사람. 이
들은 며칠 뒤 오스트리아 빈에서 탈출에 성공한다.

이 밝혀진 뒤에 혹시 모진 고초를 겪지 않을까 하는 생각이 들었어요. 그
들이 밝게 웃는 얼굴로 배웅하던 모습이 눈에 어른거렸지요. 북한에서 여
한 없이 영화 제작을 하기도 했지만, 단 하루를 살더라도 자유세계에서 마
음 편하게 살아보고 싶다는 욕망은 사라지지 않고 있었어요."

　　1986년 2월 15일 동베를린 힐튼호텔에서 열린 전야제에 참석한 두 사
람은 김지미를 비롯해 한국에서 온 영화인들과 재회한다. 두 사람의 가슴
속에선 대한민국과 서방세계에 대한 동경과 북한탈출의 욕망이 더욱 꿈틀
거렸다. 신 감독은 이 무렵 오스트리아 빈에 합작영화사 설립을 추진하는
등 서방세계와 영화 관련 업무가 빈번해졌다. 김정일은 유럽, 동남아시아,
일본 등으로 영향력을 넓히기 위해 영화를 앞세운 교류가 선행돼야 한다
는 판단을 하고 있었고, 그 첨병 역할을 신상옥에게 맡겨 전폭 지원에 나
섰던 것이다. 실제로 김정일은 어느 국제영화제와 견주어도 손색이 없는
평양국제영화제를 만들어 체제의 우월성을 증명해 보이겠다는 계획을 갖
고 있었다고 신 감독은 증언했다. 이런 과정이 없었다면 신상옥, 최은희의

북한탈출은 불가능했을 것이다.

　베를린 국제영화제 참석 일정을 마친 두 사람은 영화 관련 업무 협의를 구실로 오스트리아 빈을 경유하게 되고 그곳의 인터컨티넨탈 호텔에 묵게 된다. 북한 현지 공관 직원과 평양에서부터 동행한 관리자가 신상옥, 최은희를 밀착 감시하는 상태였지만 이미 최고 권력자 김정일의 최측근으로 인정받는 두 사람에게 불편을 주거나 불쾌감을 줄 수 없는 형편이었다. 이를테면 감시원은 두 사람의 앞방을 예약해 호텔 방 문을 열어 놓고 낯선 사람의 왕래 여부와 신상옥, 최은희의 동태를 살피는 수준이었다.

　두 사람은 이미 일본과 미국의 지인을 통해 전화연락을 주고받으면서 서방탈출의 결행 시점만을 기다리고 있었다. 탈출 과정에서 뜻하지 않은 차질이 생길 경우에 대비해 도움을 청할 미국과 일본 국적 인사들의 연락처도 항상 소지하고 있었다. 3월 13일 일본인 기자의 도움을 받아 호텔에서 택시를 잡아 탄 두 사람은 오스트리아 빈 소재 미국대사관으로 뛰어 들어감으로써 서울 김포공항을 출발한 지 8년 만에 다시 자유의 세계로 생환하게 된다.

　최은희 : "평생 영화와 함께 드라마틱하게 살아왔지만 그때의 긴박감은 영화와 비교가 되지 않지요. 누가 뒤에 와서 덜미를 잡을 것 같은 그런 긴장감의 연속이었지요. 미국행 비행기에 오를 때까지 노 분장사가 와서 중동여인으로 분장을 해줬습니다. 북한 공작원들이 뒤를 쫓고 있다는 첩보가 있었고, 마지막 순간 공항에서라도 북한의 테러 가능성이 있었기 때문이죠. 비행기가 뜰 때까지 북한의 추격전이 계속됐고, 자칫 외교문제로 커질 수도 있었기 때문에 그때 긴박하고 초조했던 심정은 말로 다 표현할 수

가 없어요. 신변보호를 위해 미국에 오래 머물다 귀국했지만 아직도 누군가에게 쫓기고 있다는 강박관념에서 자유롭지 못하지요."

미국에 정착해 미국 정부의 보호를 받던 두 사람은 1989년 귀국했으며, 미국 할리우드와 국내에서 몇 편의 영화를 제작해 화제를 낳기도 했다.

'정일이가 민족 앞에 사죄할 수 있을 겁니다'

아직까지 서방세계엔 신상옥, 최은희만큼 김정일을 지근거리에서 오랜 세월 지켜본 목격자가 없다. 미국과 한국의 정보기관은 두 사람을 통해 최첨단 장비와 최고급 첩보원들을 통해서도 얻을 수 없는 고급 정보를 통째로 확보할 수 있었다.

기자 : "어쨌든 김정일은 호의를 보이며 영화제작을 전폭 지원했었는데요, 김정일에 대한 생각에는 만감이 교차할 것 같습니다. 김정일에 대한 느낌, 소감, 소회를 말씀해주시죠."

최은희 : "김정일한테 깜짝 놀란 게 있어요. 한국에서는 외국국빈 등을 맞을 때 떡 버티고 서서 경직되고 뻣뻣하게 하는데 김정일은 그렇지 않았어요. 북한이 경직된 사회인데도 오히려 누구를 영접하든지 현관까지 마중 나가서 포옹을 하고, 호쾌한 매너를 보이고 하는 것에 처음엔 많이 놀랐습니다. 여기서 보지 못하던 광경이었으니까요."

신상옥 : "김정일한테 개인적 감정은 없습니다. 우리에게 잘 대해줬고, 최고 대접을 해줬고, 자금지원도 많이 해줬고, 어디 간다고 하면 사람 딸

려서 서방세계도 가게 해줬고, 영화도 마음껏 찍었으니까요.

개인적으론 상당히 친밀감을 느껴요. 김정일도 그럴 거예요.

그렇지만 공식적으로 보자면 좀 다르죠. 처음에 수기를 낼 때도 많이 망설였지요. 민족의 치부를 드러내야 하는지 말아야 하는지, 어디까지 드러내야 할 것인지…. 우리 민족의 치부이니까요."

이어지는 신 감독의 말이다.

신상옥 : "김정일은 이미 그 당시에 서방세계의 실체, 북한체제의 한계 같은 걸 상당 부분 알고 있었다고 봐요. 나중에 중국이나 소련에서 한 개혁, 개방 같은 것의 필요성을 알고 있었지만 북한체제를 유지하기 위해 어쩔 수 없이 폐쇄사회로 갈 수밖에 없다는 모순 같은 걸 알고 있었을 겁니다. 그러면서도 북한체제의 정통성 같은 것에 자부심이 있었던 것도 사실이고요.

영화를 이용해서 서방세계에 다가가고, 한편으론 자기들 체제의 우월성을 과시하고 싶었던 생각이 있었지요. 그렇지 않았다면 우리를 그렇게까지 대접할 이유도 없었고요. 한번은 김정일 앞에서 사람들이 경직된 자세로 경례를 하는 모습을 보면서 나에게 저건 다 쇼라고 말하기까지 했으니까요."

기자 : "지금이라도 김정일을 만난다면 어떤 말을 해주고 싶습니까?"

신상옥 : "정일이가 사는 길은 지금이라도 늦지 않았다. 사는 게 곧 죽는 것이고 죽는 게 곧 사는 것이다. 이제까지의 과오를 사죄하고 민족통일의

장에 나서야 한다고 말해주고
싶어요. 그걸 김일성이 할 기회
가 있었는데 갑자기 죽는 바람
에 못했지요.

김정일이 할 수 있으리라
봅니다. '일본 천황이 인간선
언을 했듯이 과거의 역사는 다
거짓이었다' 이렇게 선언하는
거지요.

분당 자택 부근 공원 그네에 오른 두 사람은 미국 망명 직후 워싱턴의 공원 그네에 올라 함께 자유를 외쳤다고 했다.

'민족 앞에 사과하면 다 풀릴 것이다' 이렇게 말해주고 싶습니다."

기자 : "북한에서 8년을 지내면서 김정일을 비롯해 북한 최고 권력을 아주 가까운 곳에서 관찰하셨는데 통일문제 등 남북한의 현실, 미래를 어떻게 예상할 수 있겠습니까?"

신상옥 : "김정일이 여는 연회에서는 남한의 대중가요를 많이 불렀어요. 패티김의 '이별', 최희준의 '하숙생' 이런 노래들은 그들이 모두 따라 부를 정도로 익숙하고요. 김정일의 집무실에선 한국의 TV 방송 별로 수상기를 놓고서 실시간으로 다 모니터를 하고 한국의 연기자들을 평하는 모습도 봤어요. 김정일이 한번은 탤런트 사미자 씨를 거론하면서 연기력을 높이 평가할 정도로 남한에 관심과 동경이 있었다고 봅니다. 우리가 여기서 생각하는 것보다 그들, 북한의 핵심권력은 서울의 사정에 훨씬 밝았다고 생각돼요. 그런데 그게 곧 두 체제의 이질감 해소 같은 것으로 바로 연결되긴 쉽지 않아요, 철저한 통제사회이니까요. 그리고 한국은 임기 5년의 정

권 차원에서 북한 문제에 접근하는 것이지만 북한은 절대 권력의 시각에서 아무런 시간의 제약 없이 몇 십 년을 두고 바라본다는 점이 근본적으로 다른 겁니다. 나를 잡아다가 세뇌를 시키는 과정도 그들로선 급할 게 하나도 없었지요. 5년 세월을 가둬 놓고 그 안에서 의식이 바뀔 때까지 한없이 기다린 셈이니까요."

'대중문화가 지나치게 오락성에 치우쳐 있어요'

인터뷰 당시 신 감독은 한국에 돌아와 치매 노인과 가족을 소재로 중견 연기자 신구 주연의 '겨울이야기'란 영화를 제작하고 있었다.

신상옥 : "모두 잘 모르고 안 보려고 하지만 노인문제가 심각합니다. 이런 소재로 사회성과 오락성을 함께 추구하려니 힘든 건데 벌써 만들어졌어야 하는 거죠. 한국이 세계에서 노령인구가 제일 빠르게 늘고 있지 않습니까? 노령인구 상당수가 이미 치매에 걸렸다고 봐야지요. 그걸 도외시하는 것뿐이지. 가족의 문제, 치매를 어떻게 다룰 것인가 그게 어려운 겁니다. 인간관계, 변화하는 가족의 개념, 그런 걸 조명하고 싶어요."

신 감독은 돈벌이만 된다면 말초적인 자극이나 의미 없는 눈요기로 흐르고 있는 대중문화에 대해 마땅치 않다는 말을 여러 차례 강조했다.

신상옥 : "최근 한국의 대중문화가 지나치게 오락성에 치우쳐 있어요. 영화는 최소한의 사회성, 예술성이 수반돼야만 생명력을 가질 수 있는데 한국 영화는 너무 오락성과 테크닉에 의존해 흥행에만 치우치고 있다는 게 유감입니다. 그러다 보니까 충분히 예술적 표현을 할 수 있는데도 불구하

고 흥행만 따라가다가 작품 자체가 저질화되는 현상이 나타나고 있어요.”

이장호, 배창호, 김기덕 등 대한민국 영화의 한 시대를 주름잡았던 명장들이 신상옥 감독 아래서 영화를 배웠다. 이장호는 대학생 시절 신 감독 밑에서 소품과 의상을 챙기는 것으로 영화계에 첫발을 들여 놨다.
두 사람을 인터뷰하던 당시 이장호 감독을 만나 신상옥, 최은희에 대한 그의 생각을 들어봤다. 이장호 감독은 1974년 ‘별들의 고향’으로 데뷔해 10년 넘게 한국영화계 최고의 영화감독으로 군림했었다.

이장호 : “두 분이 북한에 머물던 시간, 그리고 미국으로 탈출한 이후 그들의 활동이 단절됐던 게 아쉽지요. 젊은 사람들은 그들이 한국영화에 어떤 역할을 했고, 어떻게 영화의 주춧돌이 됐는지 모를 겁니다. 신상옥이 없었으면 한국영화, 또 TV드라마에서도 사극이란 존재가 사라져버렸을 겁니다. 옛것, 명작, 명장이 제대로 대우 받지 못하는 최근 우리나라의 문화적 풍조를 보면 안타깝지요. 신 감독님은 어떤 의미에서 지금 세대에 섭섭할 지도 모르죠. 어떤 자리가 됐든 그런 분이 참석하면 모두가 기립해서 맞을 수 있는 문화가 돼야 하는데 최근 우리 영화계, 문화계의 풍토는 그렇지 못하거든요. 우리 사회가 경박한 자본주의의 모습만 추구하다 보니 불과 몇 년 전 것만 해도 모두 잊어버려요. 그런 속에서 그분들은 굉장히 외롭지 않을까요?”

인터뷰 당시 팔순을 앞뒀던 신상옥에게 마지막 꿈이 무엇인가 물었다.

신상옥 : “현장에서 죽는 날까지 일하다 쓰러지는 게 결국 만족스런 죽

음이다, 이렇게 생각해요. 나는 한 10년을 세상에서 떨어져 있다 돌아왔으니까 일할 시간을 많이 놓친 거죠. 그러니까 쓰러지는 순간까지도 현장에서 일하다 생을 마감하는 게 보람 있는 삶이라고 생각합니다."

신상옥 감독은 인터뷰를 하고 3년 남짓 지난 2006년 4월 11일 병상에서 세상을 떴다. 1952년 16mm 영화 '악야(惡夜)'로 영화감독에 데뷔해 반세기가 넘도록 영화에 열정을 불사른 뒤였다. 북한을 탈출한 이후 김형욱 전 중앙정보부장 실종사건을 다룬 '증발', 1987년 대한항공 여객기 폭파사건을 다룬 '마유미' 등 몇 편의 영화를 제작했으나 이전 신상옥의 명성에 어울리는 걸작이나 대작은 나오지 않았고 흥행에서도 성공하지 못했다. 신상옥을 기리는 '공주 신상옥 청년영화제'가 2007년부터 2011년까지 해마다 개최됐다.

신상옥 (申相玉)

1926년 10월-2006년 4월. 함경북도 청진 출생으로 경성중학교, 일본 도쿄미술전문학교를 마친 뒤 1952년 영화 '악야'로 감독에 데뷔했다. 북한 납북 이후 1983년 체코 카를로비바리 국제영화제에서 특별감독상을 받았으며 대표작으로 '사랑방 손님과 어머니', '연산군', '빨간 마후라', '탈출기' 등이 있다.

최은희 (崔銀姬)

1926년 11월 경기도 광주 출생으로 1942년 극단 아랑에 입단하며 연기자 생활을 시작했고 1967년 안양영화예술학교를 설립해 교장 겸 이사장을 지냈다. 대종상 여우주연상 5회 수상, 아시아 영화제 여우주연상, 모스크바 국제영화제 여우주연상을 받았으며 '사랑방 손님과 어머니', '성춘향', '연산군', '돌아오지 않는 밀사', '상록수', '소금' 등의 대표작이 있다.

"앞으로 의료의
핵심은 뇌 과학입니다"
가천길재단 이사장 · 가천대학교 총장
이 길 여

'세계를 움직이는 여성 150인' 선정

2012학년도부터 경원대와 가천의과대학이 합쳐져 통합 가천대학교가 출범하면서 가천길재단 이사장이며 길병원 설립자인 이길여 가천대 초대 총장은 다시 한 번 세상의 주목을 받았다. 5년에 걸쳐 4개 대학이 통합된 가천대는 모두 14개 단과대학에 72개 학과에서 대학원생 포함 2만여 명의 재학생으로 수도권에서 세 번째 규모를 자랑하게 됐다.

그러던 2012년 3월 이길여 총장은 미국의 시사주간지 뉴스위크가 선정한 '세계를 움직이는 여성 150인'에 뽑혔다. 미얀마의 아웅산 수지 여사, IMF 첫 여성 총재인 크리스틴 라가르드, 배우 매릴 스트립 등이 선정됐으며, 국내에선 새누리당 박근혜 당시 비상대책위원장이 '여성 리더 150인'에 이름을 올렸다. 하루 일과를 분단위로 쪼개 쓴다는 이 총장은 시간이 많이 걸리는 방송 인터뷰에 난색을 표하다 결국 인터뷰에 응하겠다는 연

락을 해왔다. '150인 선정' 이후 수많은 인터뷰 요청이 있었지만 방송으로
선 첫 번째 인터뷰가 됐다.

'뉴스위크'는 이길여의 선정 이유에 대해 의사로 출발해 대한민국 여성
으로서 처음으로 의료법인을 설립하고, 의료취약지역에서 오랜 세월 병
원을 운영해왔으며, 특히 미개발국가의 심장병 어린이들에게 무료 수술을
하는 등 국경을 뛰어 넘는 봉사정신을 실천했다고 밝혔다. 서울대 의대 졸
업 후 50여 년 세월, 낙후했던 대한민국의 의료와 교육발전에 이바지한 그
의 인생이 국제적 공인을 받은 셈이다.

80년의 세월을 그토록 한결같이 열정과 도전으로 똘똘 뭉친 인생을 살
수 있는 사람이 몇이나 될까? 그녀의 어린 시절부터 직접 들어봐야만 이길
여 인생역정의 실타래가 풀릴 것이다.

1932년 전북 옥구, 지금의 군산 대야면에서 태어난 이길여. 2녀 중 차
녀인 이길여는 혹심한 남녀차별의 집안 분위기에도 불구하고 어머니의 끊
임없는 독려 덕분에 꿋꿋이 향학열을 불태울 수 있었다. 어릴 때부터 병들
고 다친 동물을 돌봤던 데서 '큰 의료인'의 싹이 튼 것일까?

기자 : "어린 시절부터 또래의 다른 아이들과 달리 봉사정신과 희생정신
이 있었다고 저서에 나와 있습니다. 어떤 모습이었습니까?"

이길여 : "어릴 때 동네에 병들거나 다친 동물들이 있으면 다른 애들은
놀리거나 장난치거나 그랬지만 저는 집으로 데려와서 씻겨주기도 하고 다
리가 부러진 강아지는 부목을 대주기도 하는 등 비록 전문적인 지식은 없

었지만 돌봐주고 치료해주고 그랬습니다. 치료한 뒤 며칠 같이 데리고 자기도 했는데 동물들이 금방 회복되는 모습을 보면서 큰 보람을 느꼈지요.

어릴 때 아이들과 놀아도 꼭 병원놀이를 했고, 병원놀이를 하면 꼭 의사 역할을 했습니다. 그런 것에 흥미를 가졌던 게 나중에 의사가 되기 위한 소질이 아니었나 생각합니다."

돌연한 아버지 죽음 겪으며 의사의 꿈 결심

그녀의 나이 열네 살. 손 한 번 제대로 써보지 못한 채 세상을 뜬 아버지를 보면서 의사가 되겠다는 이길여의 결심은 더욱 단단해진다. 아버지의 병세가 갑자기 악화되자 며칠 앓고 나면 감기가 떨어질 거라던 어른들이 허둥댔지만 시골에서 손을 써볼 도리가 없었다. 그 당시엔 그렇게 병명도, 원인도 모른 채 시름시름 앓다가 세상을 뜨는 사람들이 부지기수였다.

이길여 : "아버지가 처음엔 감기인줄 알고 며칠 누웠다 일어나실 거라고 다들 생각을 했었지요. 그런데 감기가 폐렴으로 발전됐던 것 같습니다.

한 열흘 앓으시다가 시골에서 제대로 치료 한 번 받아보지 못하고 돌아가셨지요. 일본에 계시던 친척이 하시는 말씀이 일본 같았으면 치료가 가능했고, 죽을 병이 아닌데 안타깝다고 하는 말을 듣고선 커서 꼭 의사가 돼야겠다, 그래서 병들고 다친 사람들을 꼭 고쳐줘야겠다는 생각이 굳어졌지요. 이후 단 한 번도 의사가 돼야 한다는 생각이 흔들린 적이 없습니다."

서울대 의대를 졸업하고 서울 적십자병원과 고향 군산의 도립병원을 거친 이길여는 터전을 인천으로 옮겨 자성의원이란 작은 산부인과를 연다. 이길여는 열악한 의료 환경에 한계를 느낀 끝에 1964년 미국 뉴욕으로 날아가 인턴과 레지던트 과정을 마친다. 그곳의 메리 이머큘리트 병원(Mary Emmaculate Hospital)과 퀸스 종합병원(Queen's Hospital Center)에서 일하던 시절은 이길여에게 '큰 의사'가 되기 위한 새로운 가치관이 정립된 시기이다. 국내에선 주사 바늘조차 구하기 어려워 재활용하던 시절, 미국의 선진 의료 환경은 서른을 갓 넘긴 의사 이길여에게 신세계를 열어 준다.

기자 : "미국 유학기간이 이 총장에겐 새로운 세계에 눈을 뜨게 되는 전환점이 됐던 것 같습니다."

이길여 : "그때 미국에선 이미 병을 고치는 단계를 넘어서 병을 예방하는 수준에 있었습니다. 의료에 대한 기본적인 인식, 사고가 확 달라지는 계기가 됐습니다. 어떤 방식으로 의료봉사를 하고 환자를 치료해야 하는가에 대한 생각이 많이 달라졌지요. 한국에 돌아가서도 꼭 그런 방식의 의료를 한 번 해보고 싶다는 생각에 가슴이 부풀었던 시기였어요.
그래서 그때만 해도 공부를 마친 뒤 미국에 잔류하는 사람들이 많았지만 저는 미련 없이 의료후진국인 우리나라로 돌아오게 됐지요."

귀국 후 이길여의 산부인과는 문전성시를 이뤘다. 보증금이 없으면 입원조차 불가능하던 시절, 이길여는 대한민국 최초로 보증금 없이 산모들을 받았다. 치료를 받다가 종적을 감추는 사람들이 많아서 어느 병원이나 보증금을 받고 환자를 입원시키던 시절이었다. 의사 이길여는 밤잠을 거르는 일이 비일비재했고, 형편이 어려운 사람들은 곡식이나 채소, 생선을 이고 와서 병원비를 대신하기도 했다.
이길여 총장은 이 시절 단 하루도 네 시간 이상 잠을 자본 적이 없다면서 지금도 젊은이들에게 그런 정신을 가져야 한 분야에서 성공할 수 있다는 말을 들려주곤 한다.

의료, 교육사업에서 인재양성으로

1978년엔 전 재산을 출연해 여성으로서 처음으로 종합병원인 인천길병원을 설립했으며, 1994년 신명학원을 인수하면서 교육의 길에 첫발을 내딛는다. 의료사업을 하다 보니 인재양성이 절실하다는 생각이 들었고, 그러기 위해선 교육에 힘을 써야 한다는 판단이 섰다고 이 총장은 말했다.

가천의과대와 경원대의 통합으로 탄생한 가천대학은 2012학년도 입학 정원만 3,880여 명으로 수도권에서 세 번째로 큰 규모다. 이길여는 초대 총장을 맡아 'G2, N3'란 슬로건을 내걸었다. 2개 분야에서 세계 1위, 3개 분야에서 국내 선두가 되겠다는 뜻을 담고 있다. 주로 의학 분야, 그 가운데서도 뇌 과학 분야가 '세계 톱'을 지향하고 있다.

사재를 포함 1,600여억 원을 학교에 투자해 뇌 과학 연구소와 암·당뇨 연구원을 설립하는 등 이길여의 도전은 쉼 없이 계속되고 있다. '쉴 새 없이 돌아가는 바람개비'를 강조하는 이길여 총장에게 그 속에 담긴 의미를 물었다.

기자 : "가천길재단의 로고에 바람개비가 그려져 있고, 이 총장이 쓰신 저서 제목도 '아름다운 바람개비'입니다. 바람개비는 이길여 총장에게 어떤 의미입니까?"

이길여 : "어린 시절 동네에서 수수깡으로 만든 바람개비를 많이 갖고 놀았어요. 바람개비는 구조상 맞은편에서 바람이 세게 불면 잘 돌아가고 바

람이 없으면 멎어버리지요. 어떤 애들은 바람이 불지 않으면 포기해버렸지만 저는 바람이 안 불어도 산 위에라도 올라가 뛰어 내려가면서 맞바람으로 바람개비를 돌리고야 마는 그런 성격이었어요.

어려운 상황일수록 정면으로 도전해 바람개비를 돌려야 한다는 그런 정신이 담겨 있습니다. 요즘 지치고 낙담하는 젊은이들에겐 그런 정신을 꼭 불러일으켜줬으면 하는 바람이 있습니다.”

이 총장은 그러면서 두 가지 이야기를 들려줬다. 하나는 프랑스 소설가 장 지오노의 ‘나무 심는 사람들’에 나오는 내용으로 한 인간의 꾸준한 희생과 헌신으로 불가능할 것만 같았던 숲을 완성했다는 것인데, 개인의 자질과 능력이 다른 사람과 사회 전체를 위해 쓰일 때 그 사회는 건강하게 발전한다는 교훈이다.

또 하나는 도가 경전의 하나인 ‘열자(列子)’ 탕문(湯問) 편에 나오는 ‘우공이산(愚公移山)’의 고사다. 어리석어 보이는 일이라도 한 가지 일에 몰두하여 끝까지 포기하지 않고 노력하면 언젠가는 목적을 달성할 수 있다는 뜻으로, ‘하늘은 스스로 돕는 자를 돕는다’는 영어속담과도 뜻을 같이하는 깨달음이다.

이길여는 이처럼 다른 사람이 불가능하고 어렵다고 생각하는 일에 먼저 팔을 걷어붙이고 나서서 결국은 그 일을 수행해 내고야 마는 도전정신과 의지를 온몸으로 증명해 보인 일평생을 살았다. 그래서 그가 일궈온 업적은 대부분 전인미답(前人未踏)의 신기록인 경우가 많다.

당초 경원대와 가천대, 두 대학의 통합에 대해 반대하거나 내부갈등을 우려하는 목소리도 있었지만 이 총장은 몇 년에 걸쳐 대학 통합작업을 성

인터뷰 도중 열린 총학생회 출범식을 보고 즉석에서 무대에 올라 마이크를 잡은 이 총장. 학생들은 총장의 선창에 맞춰 구호를 따라 외쳤다.

공적으로 이뤄냈다. 이 총장과 인터뷰를 하면서 캠퍼스 곳곳을 돌아보고 학생과 교직원들을 만나본 결과, 열정과 추진력을 앞세운 총장의 리더십에 대해 학생들과 교직원들의 신뢰는 단단했다. 그래서 총장과 마주친 학생들의 반응은 열광적이었다. 캠퍼스 곳곳에선 건물 신축이나 시설 리모델링이 이뤄지고 있었고, 학생들은 하루가 다르게 첨단 설비와 장비가 늘어가고 있다면서 이길여 총장이 학생들과 약속한 발전방안은 반드시 실현될 것으로 믿는다고 입을 모았다.

인터뷰 도중 때마침 중앙광장에선 총학생회 출범식이 열리고 있었다. 이 총장은 예정에 없이 연단에 올라가 즉석에서 마이크를 잡고 학생들을 격려했다. 학생들은 총장의 선창에 맞춰 힘차게 구호를 따라 외쳤다. 최루

탄이 난무하던 1980년대, 이데올로기가 과잉됐던 1990년대 회색빛 대학 캠퍼스에선 찾아볼 수 없던 신선하고 발랄한 장면이었다. 학생들의 박수소리나 표정에서 총장에게 거는 기대가 얼마나 큰 지 한눈에 알 수 있었다.

'앞으로 의료의 핵심은 뇌 과학입니다'

이길여는 '열정과 도전정신'으로 살아온 사람이다. 미국 하와이의 글로벌 캠퍼스를 만들 때도 밤새 아이디어가 떠오르면 바로 다음날 비행기 표를 끊어 현지로 날아가 진두지휘를 하고 돌아오곤 했다. 미국 각지의 우수한 교수진을 영입할 때도 수천 킬로미터를 마다 않고 구석구석의 대학과 연구소를 직접 찾아다니며 그들을 설득하고 이해를 구했다. 이 총장이 삼고초려 끝에 모셔온 가천대 의대 뇌 과학 연구소장 조장희 박사가 대표적인 경우다.

스웨덴 웁살라 대학에서 핵물리학을 연구한 조장희 박사는 세계 최초로 원형 양전자 방출 단층촬영장치(Ring PET)를 개발했으며, 이 분야 연구환경이 가장 좋은 곳 중의 하나인 미국의 캘리포니아 대학(UC 어바인) 교수로 있었다. 처음 이길여 총장의 영입 제의에 대해 조장희 박사의 반응은 신통치 않았다. 조 박사는 한국에선 아직 막대한 투자비용이 들어가는 뇌 과학 연구 분야가 시기상조라는 생각에 한국행을 망설였다. 하지만 이길여 총장은 애국심과 비전을 내세워 결국 그를 데려오는 데 성공했다. 그리고 1,000억 원을 투자해 세계 최고 수준의 뇌 과학 연구소를 만들었다. 미국 최고 권위의 학술원 정회원이기도 한 조장희 박사는 한국인 가운데 노벨상 수상에 가장 근접한 인물로 평가 받기도 한다.

서울대 노화고령사회연구소 소장으로 있던 가천대 이길여 암·당뇨연

구원장 박상철 박사도 이 총장의 끈질긴 설득 끝에 영입할 수 있었다. 박
상철 박사는 인간의 수명을 120세, 나아가 150세까지 연장할 수 있다는
이론을 펴고 있는 국내 장수학의 대가다.

수명 연장에 따라 뇌 과학 분야는 이 총장의 최대 관심 사항이다. 거의
모든 장기이식이 가능해졌고 암에 대한 연구와 치료법이 크게 발전한 데
비해 뇌에 대한 연구는 아직도 가야할 길이 멀다는 게 이길여의 생각이다.
이 총장이 그리고 있는 뇌 과학 분야에 대한 원대한 청사진은 알츠하이머
와 파킨슨병, 뇌졸중, 뇌경색 등에 대한 폭넓은 연구와 세계 최고의 연구
실적을 목표로 하고 있다.

기자 : "이 총장께서 뇌 과학 분야에 특별히 관심을 쏟는 이유가 궁금합
니다. 또한 가천대학은 국내에서 드물게 의대와 약대, 한의대를 모두 갖추
고 있는데 어떤 시너지효과를 기대하고 있습니까?"

이길여 : "제가 50년 넘게 의사를 하면서 앞으로 의료의 핵심은 뇌라
는 결론을 얻었습니다. 암이나 당뇨 같은 질환도 있지만 앞으로 난치병의
60% 이상이 뇌와 관련이 된다고 봅니다.

지금과 같은 속도로 노령인구가 증가한다고 볼 때 뇌 질환과 관련된 의
학수준이 빠른 속도로 발전하지 않고선 머지않아 사회적으로 큰 어려움을
맞게 될 겁니다. 대한치매학회에 따르면 2011년 우리나라의 치매 인구가
50만 명을 넘어선 것으로 조사됐습니다만 겉으로 드러나지 않은 숫자를 감
안한다면 엄청난 잠재 환자가 존재하는 셈입니다. 세계적인 뇌 과학자인
조장희 박사를 여러 차례 설득 끝에 모셔온 것도 그런 이유 때문입니다.

또 뇌 과학뿐만 아니라 독자적 신기술을 보유한 선진 의료기관이 되기

위해선 신약 개발 등을 맡을 약학대학이 꼭 필요하다고 생각했지요. 우리 연구 역량이 좀 더 커지면 의대와 약대, 그리고 한방 분야까지 협진체제가 이뤄지면서 모범적이고 선도적인 의료시스템을 탄생시킬 수 있습니다. 그 때가 되면 서양 유수의 의료기관도 갖추지 못한 한양방 협진시스템을 우리가 만들어 낼 수 있을 겁니다."

실제로 노인 인구의 급증에 따라 뇌혈관질환자의 숫자는 빠르게 늘고 있다. 2005년부터 2010년까지 치매 증가율은 212%를 넘었고 파킨슨병의 증가율도 83%에 이른다. 서울대병원 통계에 따르면 2012년 65세 이상 인구의 치매 유병율은 9%이지만 오는 2050년엔 13%를 넘어설 것으로 예측했다. 65세 이상 노인인구가 2005년 436만 7천 명에서 2010년 535만 7천 명으로 22.7% 증가한 데서 보듯이 급증하고 있는 노령인구와 뇌 과학

이길여 총장은 뇌 과학 분야에서 획기적인 결과물을 내고 싶다고 했다.

의 미래는 향후 대한민국의 사회복지와 사회안정에 밀접한 연관성을 가질 수밖에 없다. 그래서 이 총장은 이 분야에 대한 투자와 지원에 열정을 다하고 있는 것이다.

교육과학기술부가 '세계 수준의 연구 중심 대학(WCU)' 사업으로 선정한 가천뇌과학연구소, 이길여 암·당뇨연구원, 바이오나노연구원 등 3대 연구소를 중심으로 세계적인 석학과 권위자들의 영입은 지금도 계속되고 있다. 이길여 총장이 꿈꾸는 원대한 계획의 핵심은 바로 뇌 과학이다. 미국 텍사스 대학 MD앤더슨 암센터 시절 '미국 최고의 의사(The Best Doctors of America)'에 두 차례 선정된 김의신 박사는 '암 방사면역 검출법의 개척자'로 불리는 핵의학 전문가다. 아시아에서 최초로 인슐린 분비세포를 이식하는 췌도 이식에 성공했던 당뇨내분비센터장 김광원 교수는 내분비 내과의 권위자다. 이밖에 영상의학 분야의 이숭공 교수, 박재형 교수, 바이오나노 분야의 이은규 박사 등이 이길여 총장이 공을 들여 영입한 인사들이다. 의학 분야 외에도 연기예술학과에 원로배우 이순재 석좌교수, 교양학부에 언론인 출신 오대영 교수 등 수많은 전문가들이 속속 '이길여 플랜'에 동참하고 있다.

약학대학을 유치하는 과정에서도 이길여 특유의 도전정신과 승부사 기질이 발휘됐다. 의대와 의료 분야 육성의 필수 기초 학문인 약학대 유치를 위해 수도권 유수의 대학들이 학교의 명운을 걸고 경쟁을 벌였다.

당초 학계와 의료계의 예상과 달리 이길여는 당찬 도전과 뜨거운 열정을 불사르며 결국 약대 유치에 성공했다. 여러 부처와 기관을 찾아다니며 약대 유치의 필요성, 향후 계획, 비전 등을 설명했고 상대의 반응이 시원치 않으면 밤을 새가며 자료와 대응논리를 새로 만들어 부딪치고 또 부딪쳤다고 한다.

가천길재단의 설립 이념은 박애, 봉사, 애국이다.

기자 : "의료기관이나 교육기관의 이념으로서 애국은 좀 생소하다는 생각이 듭니다. 애국을 중시하는 어떤 특별한 배경이 있습니까?"

이길여 : "제가 6·25전쟁 나던 해 대학에 입학했습니다. 그때 또래의 남학생들은 전쟁에 징집돼서 전쟁터로 많이 나갔지요. 대부분은 돌아오지 못했고요. 전쟁터에 나가 돌아오지 못한 동료, 친구들에게 항상 감사하는 마음, 보답하는 마음을 잊을 수가 없었어요. 의사가 돼서도 그 친구들 몫까지 해야겠다는 생각, 나라를 위해 목숨을 바친 사람들을 잊지 말아야 한다는 생각이 늘 자리 잡고 있지요."

열여덟 시절의 이길여와 전쟁에 징집된 남학생들, 그리고 돌아오지 못한 젊음들 사이엔 이루 말할 수 없는 사연과 아픔이 얽혀있을 것이다.

잘 알려져 있듯이 이길여는 결혼을 하지 않았고, 특별한 일이 아니고선 자택을 공개하지 않는다. 하지만 예외적으로 학군사관(ROTC) 학생들을 1년에 한 번씩 단체로 집에 초대해 푸짐한 음식을 차려준다. ROTC 생도들이 군사학교에서 훈련을 마치고 임관식을 할 때면 언제나 성남의 육군학생군사학교로 달려가 일일이 그들을 포옹해 준다.

이길여 총장이 그 어느 것보다 앞세우는 가치인 애국심, 그리고 전쟁을

치르면서 나라를 지키겠다고 떠났다가 돌아오지 못한 동료들에 대한 의리
와 보답은 아직도 진행형으로 계속되고 있다.

이어령, '청진기에 스민 박애정신'

이길여의 의사 생활 50여 년 동안 3대째 신생아를 받아준 집안도 있고
네쌍둥이를 받아 네 자매가 모두 길병원 간호사로 들어온 진귀한 인연도
있었다. 2010년 초 나이팅게일 선서를 하고 길병원에 간호사로 들어온 네
쌍둥이 황설, 슬, 밀, 솔은 20여 년 전인 1989년 의사 이길여가 받아준 신
생아였다.

이길여 : "네쌍둥이의 아버지는 강원도 삼척의 탄광노동자였습니다. 출
산을 위해 친정인 인천에 와있던 산모가 예정일이 되기 전에 우리 병원에
실려 왔지요. 양수가 터진 상태였는데 새벽 3시에 산모의 생명이 위급하
다는 연락을 받고 제가 병원으로 달려갔어요. 당초 태백의 산부인과에선
전체 출산에서 확률이 70만분의 1일에 불과한 네쌍둥이 분만은 위험하니
한 명만 낳을 것을 산모에게 권유했다고 합니다. 단칸방에 살던 네쌍둥이
부모는 수술비는 말할 것도 없고, 출산을 한다고 해도 아이들을 키우기 힘
든 형편이었습니다. 저는 네 아이의 대학입학금과 등록금을 모두 책임지
겠다고 약속했지요. 그들 부모는 이후에도 생활보호대상자로서 어려운 형
편을 벗어나지 못했지만 네쌍둥이가 모두 간호학과를 졸업했고, 저는 이
들을 모두 길병원 간호사로 받아들였습니다. 내 손으로 받았던 네쌍둥이
가 모두 간호학을 공부하고 자기들이 태어난 길병원에 간호사로 들어와
일한다는 것에 한없는 보람을 느꼈지요."

이 땅의 심장병 어린이들이 의료혜택을 받지 못하던 시절. 한국을 방문한 미국 로널드 레이건 대통령 부부가 귀국길에 심장병 어린이들의 손을 잡고 비행기 트랩에 오르는 장면을 보면서 이길여는 남다른 결심을 했다고 한다.

지금은 30대 후반이 됐을 심장병 어린이들이 미국 대통령 전용기에 오르며 '산토끼' 노래를 부르는 장면이 아직도 자료화면에 생생히 남아 있다. 레이건 대통령은 그해 가을 소련 사할린 상공에서 벌어진 KAL기 격추사건과 바로 한 달 뒤 버마 아웅산 테러사건을 당한 한국을 방문해 위로하고 돌아가는 길이었다.

기자 : "1983년 11월 레이건 대통령이 미국에 돌아가면서 우리 심장병 어린이들을 데리고 가는 장면은 훗날 이 총장께서 저개발국가의 심장병 어린이들에게 무료수술을 해주는 계기가 됐습니다. 그 과정을 말씀해주시죠."

이길여 : "레이건 대통령과 낸시 여사가 비행기에 오르면서 그들의 손을 잡고 따라가는 우리나라 심장병 어린이들이 해맑게 웃으며 동요를 부르는 장면을 뉴스 화면으로 봤지요. 여러 가지 생각이 스쳐 지나갔습니다. 우리나라의 의료수준, 의사들이 빨리 발전해서 저런 어린이들을 이 땅에서 돌봐줘야겠다. 더 나아가 우리도 어려운 나라의 심장병 어린이들을 데려다 치료해줄 수 있는 것 아닌가 이런 생각을 했어요.

그러다 1991년 당시 아직 공산국가였던 베트남의 24살짜리 젊은 애기 엄마를 데려다 심장병 수술을 해줬지요. 처음엔 다 죽어가던 사람이었는데 우리 의료진으로부터 수술을 받고 나중에 완전히 회복된 얼굴을 보면서 큰 보람을 느꼈습니다.

그때 제가 생각한 게 1983년에 우리가 가졌던 그런 고마운 마음을 우리보다 못사는 나라의 사람들도 가질 수 있겠구나, 그런 마음을 세계에 전해줘야 한다는 생각이 들었어요. 그래서 베트남, 캄보디아, 우즈베키스탄, 카자흐스탄, 몽골 등의 나라들에서 일 년에 몇 백 명씩 아이들을 데려다 20년째 수술을 해주고 있습니다.”

어린 시절 부농이었던 이길여의 집엔 늘 밥을 굶은 걸인들이 찾아왔다고 한다. 이길여의 어머니는 소반에 국과 밥을 차려 어린 이길여에게 나르게 하면서 ‘비록 걸인이라도 내 집에 찾아온 손님은 소홀히 하지 말아야한다’는 가르침을 줬다고 한다.

그런 때문이었는지 의사가 된 이길여는 1960년대부터 통통배에 간호사와 미용사를 태우고 서해 낙도를 돌며 의료봉사를 시작했다. 이후 여성을 위한 무료 자궁암 검진을 실시했고, 1980년대엔 오지와 다름없던 경기도 양평군, 강원도 철원군에 길병원을 세워 매년 적자에도 불구하고 헌신적인 의료봉사에 나섰다. 1995년엔 문을 닫을 위기에 처한 백령도 적십자병원을 떠맡아 2001년까지 백령길병원을 운영하며 섬 주민들을 돌봤다. 자비를 들여 섬 주민들의 건강을 돌보다 국가기관에 그 의무를 넘겨줄 땐 벅찬 가슴으로 보람을 느꼈다고 했다.

문화부 상관을 지낸 이어령 선생은 의사 이길여에게 ‘청진기에 스민 박애정신’이란 표현으로 경외감을 표했다. 어느 겨울날 산모를 돌보며 차가워진 청진기를 가슴에 품었다가 진료를 했다는 이길여. ‘건국 이후 가장 크게 성공한 자수성가형 여성 CEO’란 평가를 받고 있는 이길여 총장은 이런 말을 젊은이들에게 들려주고 싶다면서 인터뷰를 마쳤다.

"누구나 살다 보면 위기를 맞습니다. 그런 의미에서 위기는 삶의 일부입니다. 중요한 것은 그 위기를 어떻게 넘기느냐에 따라 인생의 방향이 결정된다는 것입니다. 위기 앞에 좌절하고 포기하면 그걸로 끝입니다. 그러나 당당하게 받아들이고 지혜롭게 극복하는 사람에게는 위기가 오히려 기회가 됩니다. 저는 위기 때마다 절대로 포기해서는 안 된다는 생각으로 맞서왔습니다. 모험과 도전에 익숙해진 탓인지 저는 위기를 즐기며 기회로 바꾸기 위해 끊임없이 노력해왔습니다. 나아가야 할 방향과 목표에 확신이 서면 난관을 무릅쓰고 설득하고 또 돌파하면서 헤쳐 나왔습니다.

바람개비는 바람이 불수록 힘차게 돌아가듯이 역경과 저항은 저에게 용기와 도전정신을 불어 넣어줬습니다. 저는 의료인으로서 환자를 따뜻하게 돌보고 또 교육자로서 학생들을 사회와 국가, 인류에 기여할 인재로 길러내야 한다는 사명감으로 수많은 고비를 넘어왔습니다. 아직도 넘어야 할 산이 많습니다. 저는 계속해서 그 산을 넘을 것입니다."

이길여 (李吉女)

1932년 5월 전라북도 군산(옛 옥구) 출생. 이리여고, 서울대 의대 졸업, 미국 뉴욕 메리 이머큘리트 병원(Mary Emmaculate Hospital) 인턴, 퀸스 종합병원(Queen's Hospital Center) 레지던트, 일본 니혼대 의학 박사. 1978년 인천 길병원을 설립하고 1992년 새생명찾아주기운동본부를 설립했으며 1995년부터 서울대 의대 총동창회장을 5회 연임했다. 현재 가천길재단 이사장이며 2012년 통합 가천대 초대 총장에 취임했다.

공감
소통
공유

이길여

"네, 이제는 때가 됐습니다"

프로야구 선수 · 감독   최동원

최동원 | 프로야구 선수·감독

일주일 사이에 세상을 뜬 장효조와 최동원

2011년 9월 7일과 14일, 1주일 사이에 대한민국 프로야구 초창기 대표적인 두 명의 스타가 세상을 떴다. '타격의 달인', '안타제조기'로 불린 타격 부문의 장효조, 투수 부문의 '한국시리즈 4승 신화', '무쇠팔' 최동원이다. 두 사람은 각각 투타 양쪽에서 최고봉에 올랐지만 은퇴 이후 10년이 넘는 세월, 지도자로서 꿈을 펼치지 못하고 장외에 머물렀다. 각각 대구 삼성 라이온즈와 부산 롯데 자이언츠의 대표적인 '프랜차이즈 스타'였으나 디의에 의해 라이벌 구단으로 드레이드되면서 마음고생이 많았다는 공통점을 갖고 있다. 그리고 뒤늦게 2군 감독을 지내다 불치의 병을 얻어 투병 생활을 했으며, 끝내 병마를 이기지 못하고 50대 중반의 이른 나이에 생을 마감했다.

이들과 같은 시대에 현역생활을 하고, 이들에 앞서 프로야구 코칭스태프와 감독을 지낸 한 인사는 이렇게 말했다.

　"장효조와 최동원은 아마추어 야구의 전성기였던 1970년대와 프로야구 초창기였던 1980년대에 국내 최고의 선수였습니다. 그들이 일주일 간격으로 별세했다는 소식을 접하고 참 여러 생각이 들었습니다. 두 사람은 국내 정상의 위치를 오래 지키면서 자존심도 강하고 개성도 강한 선수들이었습니다. 현역시절 실력으로 치면 당장 프로야구 코칭스태프가 돼야 할 사람들이지만 이상하게도 각 프로구단들은 두 톱스타에게 영입제의를 하지 않은 것으로 알고 있습니다. 현역 시절 저 멀리 뒤처져 있던 선수가 프로야구 감독을 맡고, 후배들이 코칭스태프로 구장을 누비는 모습을 지켜보면서 두 사람은 많은 갈등과 스트레스를 받았을 것입니다. 10년 넘는 긴 세월을 그렇게 보낸다는 것은 쉽지 않은 일이죠.

　정규시즌이 끝나고 각 구단이 감독과 코치 진용을 개편할 때마다 장외에서 대기하고 있는 예비 지도자들은 정말 애가 탑니다. 이 팀 저 팀에서 설만 무성하다가 정작 선택을 받지 못하는 심정은 말로 다 표현할 수 없지요. 속이 까맣게 타들어 갑니다. 몇 개 팀에서 프로야구 감독까지 지낸 저도 신문 지상에서 영입설 등 확정되지 않은 기사가 나돌다 잠잠해지면 실의와 상실감에 폭음도 하고 아예 야구판을 쳐다보기도 싫어 애써 외면하기도 합니다.

　프로야구 주변에선 두 사람이 곧 어느 어느 구단에 영입된다거나 물밑 협상이 이뤄지고 있다는 풍문이 무성했지만 10년 넘게 성사되지 못했고 그럴 때마다 톱스타였던 장효조, 최동원 두 사람은 실망과 낙담을 반복했을 겁니다. 어지간히 정신력이 강한 사람이라고 해도 견뎌내기 어려운 일이죠. 장효조와 최동원은 이런 세월을 견디고서야 뒤늦게 프로야구 2군

감독이 됐는데, 조금 더 빨리 프로야구에 합류했다면 그들의 실력을 발휘하고 건강도 챙길 수 있었을 것이란 마음에 안타까움이 더합니다."

실제로 누구보다 자존심이 강했던 장효조와 최동원 두 사람은 최정상에서 선수생활을 했던 자신을 언젠가는 지도자로 불러줄 것이란 생각에 구단이나 선배들을 찾아 아쉬운 소리를 하지 않은 공통점이 있었다.

'뿌리 깊은 나무는 옮겨 심으면 안 됩니다'

1984년 한국시리즈에서 혼자 4승을 올리며 전무후무한 기록을 세웠던 최동원은 현역 은퇴 이후 의류사업도 해보고 잠시 정치와 방송 분야에도 관심을 가졌으나 그의 마음은 늘 프로야구 지도자, 그것도 고향인 롯데 자이언츠 복귀를 향하고 있었다. 최동원의 그런 의욕이 한창 샘솟던 1995년 겨울, 그의 모교인 연세대학교와 그가 출연하던 방송현장 등을 돌며 그와 밥도 먹고 술도 마시면서 속 깊은 이야기를 들었다.

기자 : "아마추어와 프로야구에서 숱한 기록을 남기며 국내 최고의 투수로 평가 받았었는데 1988년 시즌이 끝나고 롯데에서 삼성으로 트레이드된 뒤 두 시즌 동안 부진한 성적을 내다 돌연 은퇴했습니다. 많은 야구팬들이 의아해했고, 은퇴 이후에도 한번 정도는 고향 팀 롯데에서 현역으로 복귀하시 않았나 생각했지만 다시는 마운드에 선 보습을 볼 수 없었습니다. 당시 상황을 말씀해주시죠."

최동원 : "당시 선수협의회 만드는 문제로 롯데 구단과 갈등이 있었던 것은 잘 알려진 이야기이고요. 아직 어디에서도 공개적으로 말하진 않았

최동원이 프로야구 지도자의 꿈을 키우던 1995년 겨울 그의 모교에서 인터뷰 장면.

지만 삼성으로 트레이드된 이후 하고 싶은 의욕이 안 났습니다. 뿌리 깊은 나무는 다른 곳에 옮겨 심으면 잘 자라지 못하는 그런 이치입니다. 저는 부산에 뿌리가 너무 깊다 보니까 다른 데서 다시 뿌리를 내리기가 어려운 상황이 아니었나 하는 생각을 해봅니다. 부산 사직구장에서 공을 던지는 것과 대구구장 마운드에서 공을 던진다는 게 제 마음 속에선 전혀 다른 느낌이었어요. 이렇게까지 하면서 운동을 해야 되나 하는 회의감도 들었고요. 그러다 보니까 야구인생의 마무리가 만족스럽지 않았습니다."

그렇다. 경남고와 연세대, 실업야구와 각종 국제대회, 그리고 프로야구 롯데에서 선수생활을 하며 늘 초특급, 최고 수준에 올라 있던 그에게 화려한 대미를 장식하지 못하고 마운드를 내려온 데 대한 회한이 늘 그의 마음

에 자리 잡고 있었다. 라이벌 팀 삼성 라이온즈에 트레이드돼 두 시즌을
보낸 최동원은 요즘 흔해진 은퇴식조차 없이 선수생활을 마감했다. 최동
원은 1980년대 후반 1억 원이 넘는 연봉을 받는 등 프로야구에서 가장 많
은 연봉을 받는 선수였다. 그가 왜 프로야구 선수협의회 발족에 깃발을 들
었을까?

최동원 : "저는 당시에 운동선수, 연예인 등을 다 합쳐서 가장 많은 연봉
을 받는 입장이었습니다. 불만족스러울 게 없었지요. 그렇지만 그 당시 주
전급을 제외한 프로야구 선수 대부분은 연봉 1,000만 원이 채 되지 않았
습니다. 주변에서 보면 사고를 당하거나 은퇴 이후 아무런 보장을 받지 못
하는 것이 프로선수들이었어요. 아무리 프로선수라 해도 젊을 때 한 시절
반짝하는 게 운동선수인데 이래선 안 되겠다는 생각에 선수협의회 결성에
나서게 된 겁니다.
　그 당시 선수들과 구단의 위상은 구단 쪽에 지나치게 힘이 실려 있었고
일방적이어서 불평등하기도 했고요. 선수협의회라는 게 선수들의 권익보
호와 은퇴 이후 복지를 생각하는 정도의 차원이었는데, 각 구단들은 선수
노조로 발전할 것이라며 너무 민감하게 대응을 하면서 서로 감정이 나빠
졌습니다."

실제로 선수협의회 파동이 있던 해 1988년 여름, 해태 타이거즈의 유
망주 투수 김대현이 교통사고로 사망하는 불행한 일이 벌어지면서 선수들
이 자구책을 마련해야 한다는 분위기가 무르익었다. 하지만 각 구단과 한
국야구위원회 KBO는 서로 이해가 맞아 떨어지면서 선수노조의 전 단계
인 선수협의회 구성에 강경한 입장을 보였다. 각 구단과 KBO는 서울올림

픽 이후 봇물 터지듯 한 노사분규와 노동운동의 물결이 프로야구에 영향을 주지 않을까 노심초사했다.

더구나 그 무렵 KBO 총재는 청와대에서 낙점을 받았으며, 국방부 장관 출신의 서종철에 이어 문공부 장관을 지낸 이웅희가 한국야구위원회 수장으로 있었기에 정부의 눈치를 살필 수밖에 없었다.

문재인, '최동원은 선수 권익옹호에 나선 선각자였다'

최동원이 주도한 선수협의회는 25%로 제한돼 있던 선수 연봉인상 상한제 폐지와 연금제도 도입 등을 주요 과제로 내세웠다. 최동원은 1988년 9월 대전 유성에 각 구단을 대표하는 주요 선수들을 불러 모은 뒤 공식적인 대의원 대회를 열기로 결의했다. 하지만 몇 달 뒤 인천에서 열린 대의원 대회엔 각 구단의 방해 작업으로 3개 구단 선수 대표들이 불참하면서 정족수 미달로 결실을 보지 못했다. 그리고 바로 다음 시즌 롯데 구단이 최동원을 삼성 라이온즈로 트레이드함으로써 '선수협 파동'은 미완성으로 막을 내렸다.

최동원이 주도했던 선수협의회 결성 문제엔 경남고 선배이기도 한 문재인 변호사가 법률 지원과 자문 역할을 맡았었다. 문재인은 최근 "최동원은 프로야구 선수들의 권익옹호를 위해 선수노조 결성을 생각했던 선각자였다."고 평가한 바 있다. 문재인은 선수노조의 전 단계인 선수협의회 조차 뜻을 이루지 못한 것은 구단들의 방해와 협박 때문이었다면서 최동원이 롯데 구단의 보복 조치로 강제이적을 당하고 끝내 고향 팀으로 돌아오지 못한 채 선수생활을 마감한 데 대한 안타까움을 표하기도 했다.

최동원은 인터뷰에서 1990년대 들어 프로야구 선수들의 연봉이 크게 상승하고 구단의 대우가 눈에 띄게 달라진 것은 힘겹게나마 선배들이 선수협의회 등을 추진했던 덕을 본 것이라고 말했다. 프로구단들은 최동원 등이 주도했던 '선수협 파동'을 거치며 선수들의 복지와 권익에 눈을 뜨게 됐고, 이후 미국 메이저리그와 일본 프로야구에 직원을 보내 선진 야구 시스템을 도입하는 계기가 됐다. 최동원이 선수협의회를 추진하던 때의 프로야구는 아마추어 실업야구와 일본 프로야구의 중간 형태에 불과한 태동기로 볼 수 있다.

눈앞에 어른거린 이틀 연속 노히트노런

최동원의 야구이력을 살펴보자. 경남고등학교 2학년 때인 1975년, 그 해 고교야구 3관왕을 차지한 경북고등학교를 상대로 노히트노런 기록을 세운다. 고교야구가 최고의 인기 스포츠였던 시절, 매년 가을 한 해 동안 전국대회 4강에 들었던 팀들을 대상으로 열린 전국 우수고교초청야구대회에서 올린 대기록이다. 더욱 놀라운 것은 노히트노런 기록을 세운 바로 다음 날 선린상고와 경기에서 8회까지 또 노히트노런 경기를 함으로써 야구사에 '이틀 연속 노히트노런'이란 믿기지 않는 진기록의 주인공이 될 뻔했다. 이듬해 청룡기 대회 결승전에선 바로 한 달 전 열린 대통령배 우승팀으로 김용남, 김성한 등이 버티던 군산상고를 상대로 탈삼진 20개를 빼앗으며 '조고교급 투수'란 별칭을 얻는다.

거물급 투수들이 무더기로 배출됐다고 일컬어지는 1976년엔 경남고 최동원, 군산상고 김용남, 대구상고 김시진, 부산상고 노상수, 이윤섭, 서울고 선우대영, 인천고 인호봉, 경북고 성낙수에다가 비록 3학년은 아니

었지만 선린상고 이길환, 신일
고 김정수, 광주일고 이상윤,
부산고 양상문 등이 어우러져
고교야구 사상 가장 우수한 투
수들이 자웅을 겨뤘던 시기로
회자되곤 한다. 또 포수 부문
에선 프로야구 감독에 오른 대
구상고 이만수, 공주고 김경문,
대구 대건고 조범현(후에 서울 충
암고 전학)과 선린상고 정종현 등
이 2학년생으로 맹활약했다.
이들은 모두 프로야구 초창기
각 팀의 기둥 역할을 했으며,
지금도 지도자로 왕성한 활동
을 벌이고 있다.

고등학교 2학년 때 전국 최강 경북고에 노히트노런 기록
을 세우던 당시 역투하는 모습.

연세대에 입학한 신입생 최동원은 4학년이던 이광은과 투톱으로 마운
드를 지키며 대학야구에 한양대와 더불어 양강시대를 열었다. 고교야구
스타들이 대학에 진학하면서 대학야구는 최고의 전성기를 맞고 있었다.
김연준 총장의 진두지휘 아래 전폭적인 야구부 육성정책에 나섰던 한양대
는 고교야구 최고의 선수들을 무더기로 스카우트하면서 최강의 진용을 갖
춘 국가대표 상비군에 준하는 강호였다. 최동원과 동기인 투수 김시진과
김용남을 스카우트한 데 이어 실업팀의 호타준족 김일권까지 데려오면서
기존의 장효조, 장정호, 김한근 등과 함께 한양대는 최강의 전력을 자랑하

고 있었다. 이듬해엔 대구상고 출신 포수 이만수 등을 스카우트해 투타에서 실업팀을 능가하는 라인업을 구성했다. 전체 전력에서 열세였던 연세대는 최동원의 역투에 힘입어 한양대와 우승을 주고받는 치열한 공방을 벌였다. 최동원은 이때 대학야구 23연승이란 대기록을 세우기도 했다.

대학을 졸업한 최동원은 1981년 아마추어 롯데에 입단하면서 17승 1패라는 경이적인 성적으로 그해 실업야구 최우수선수상, 신인상, 다승왕을 거머쥔다. 그리고 최동원 야구인생에서 가장 위력적인 투구를 보였다는 그해 캐나다 대륙간컵 대회에선 8이닝 퍼펙트게임 등 눈부신 활약 끝에 대회 최우수선수상과 최우수투수상을 받았다. 최동원은 프로야구 개막 첫해인 1982년 서울에서 열린 세계야구선수권 대회 출전 때문에 김재박, 이해창, 유두열 등과 함께 프로 합류를 유보하고 대한민국 우승의 주역이 된다.

전무후무한 기록 '한국시리즈 4승'

'최동원 야구'의 최정점은 그가 프로야구에서 두 번째 시즌을 맞은 1984년이다. 정규리그에서 최동원은 51경기에 출전해 27승 6세이브 13패를 기록했고, 이 중 14번이나 완투하면서 최우수선수상과 다승, 탈삼진 등 투수 부문 개인타이틀을 석권했다. 선발, 중간계투, 마무리로 역할이 분화된 지금은 상상할 수 없는 초인적인 역투였다. 최동원은 한국시리즈에서 미국과 일본을 통틀어 현대야구에서 찾아보기 어려운 진기록을 세운다. 막강 타선의 강력한 우승후보 삼성 라이온즈를 상대로 혼자 4승을 올린 것이다. 이 가운데 1차전 완봉승, 3차전과 7차전은 완투승으로 프로야구에서 깨지기 힘든 기록의 드라마를 연출하며 4승 3패로 우승의 견인차 역할을 한다. 1984년 한국시리즈는 30년 프로야구사에서 가장 드라마틱했던 명승부로 꼽히고 있다.

　　기자 : "아마추어 시절을 포함해 숱한 명승부를 치렀는데, 그중에서 가장 기억에 남는 경기를 꼽아주시죠."

　　최동원 : "누가 뭐래도 1984년 한국시리즈에서 혼자 4승을 거둔 것을 잊을 수 없지요. 당시 삼성은 최강팀이었습니다. 삼성은 전후기리그를 모두 우승할 수 있는 전력의 팀이었는데, 후기리그 시즌 막판 삼성 김영덕 감독의 바로 직전 소속팀이었던 OB 베어스와 한국시리즈에서 맞붙는 게 거북했던 삼성이 의도적인 져주기 게임을 했어요. 결국 OB 베어스가 탈락하고 우리 롯데가 어부지리로 한국시리즈에 진출하면서 삼성의 상대가 됐던 것입니다. 삼성이 한국시리즈 상대로 만만한 롯데를 고른 셈인데 투수력, 타력 모두 삼성과 롯데의 전력은 차이가 많았죠. 우리 팀 롯데엔 마무리투수는 고사하고 2선발, 3선발 투수조차 마땅치 않았습니다.

　　강병철 감독이 한국시리즈 들어가기 전에 저를 불러서 1, 3, 5, 7차전을 무조건 책임지라고 하셨는데, 모두들 4, 5차전 정도에서 삼성의 승리로 끝날 것으로 예상했었죠. 그러니까 저는 두세 경기만 전력을 다해서 던지면 내 몫은 다하는 것이라고 예상을 했어요. 다음 경기는 고려할 필요 없이 당일 경기에 모든 힘을 다해 던지면 되겠구나 생각을 한 거죠. 7차전까지 가면서 계속 완투를 하게 될 것이란 예상을 못했습니다.

　　7차전에서도 삼성의 막강한 타선은 컨디션이 좋아 보였고, 계속 점수를 뽑으면서 롯데에 앞서가는 상황이었습니다. 저는 체력이 바닥난 상태에서 삼성에 점수를 내줄 수밖에 없었고요. 타격에선 롯데가 삼성에 비해 한 수 아래였기 때문에 이만하면 우리 팀이 할 만큼 했다는 생각들을 하고 있었는데, 8회초 유두열 선수의 역전홈런이 터지면서 드라마가 만들어졌지요.

아마추어 선수로선 대학교 1학년 때 참가했던 1977년 니카라과 슈퍼월드컵대회 우승도 기억에 남습니다. 김응용 감독이 팀을 이끌었는데 김포공항에 도착한 뒤 추운 날씨에 카퍼레이드를 했었죠. 제가 큰 활약을 했던 캐나다 대륙간컵 대회도 기억에 남고요. 고등학교 2학년 때 서울운동장에서 고교최강이던 경북고를 상대로 노히트노런을 한 것도 잊을 수 없고요."

최동원이 최고의 명승부로 꼽았던 1984년 한국시리즈 롯데와 삼성 전. 당초 삼성의 완승이 예상됐으나 두 팀은 3승 3패로 맞선 채 서울 잠실구장에서 마지막 7차전을 벌였다. 연전연투로 체력이 소진된 최동원은 삼성의 막강 타선에 계속 점수를 내줬고, 롯데는 4대 3으로 뒤진 상태에서 8회초 공격에 들어갔다. 김용희와 김용철의 연속안타로 1사 1, 3루의 찬스를 잡았으나 타석엔 한국시리즈 6경기에서 17타수 1안타의 극심한 부진을 보이던 유두열이 들어섰다. 당연히 대타가 나서야 할 상황이었지만 선수층이 두텁지 못한 롯데의 강병철 감독에겐 선택의 여지가 없었다.

삼성의 에이스 김일융의 3구째를 3점 홈런으로 장식한 유두열은 '공포의 1할 타자'란 별명을 얻었고, 한국시리즈 MVP를 차지했다. 최동원은 혼자 4승을 거두며 전무후무한 기록을 세웠지만 한국시리즈 MVP는 유두열에게 돌아갔다.

1984년에 최동원이 세운 기록 가운데 아직도 깨지지 않는 대기록이 하나 있다. 최동원이 정규시즌에서 기록한 223개 최다탈삼진인데 경기수가 많이 늘어난 2012년 시즌까지도 그의 기록은 단일 시즌 최다탈삼진으로 남아 있다. 1996년에 롯데 후배인 주형광이 221개를 기록했고, 선동열은 1986년 214개를 기록했으며, 현역으론 한화의 류현진이 2012년 시즌 210개의 삼진을 잡아냈지만 최동원의 최다 탈삼진 기록은 30년 가까이 깨지지 않고 있다.

병역문제로 메이저리그 진출 무산

최동원은 우리 야구 역사에서 최초의 메이저리그 진출 선수가 될 기회를 병역문제 때문에 아깝게 놓쳤다. 최동원은 1980년 일본 동경 세계야구선수권대회와 1981년 캐나다 대륙간컵 대회에서 그의 활약상을 눈여겨본 메이저리그 토론토 블루제이스로부터 영입제의를 받는다.

기자 : "메이저리그 진출이 거의 성사 단계였었는데 입단이 무산되면서 당시 갖가지 설이 떠돌았습니다. 세계 야구선수권대회를 유치한 상태에서 최고의 에이스 투수를 외국에 보낼 수 없어 정부에서 브레이크를 걸었다는 설도 있었고, 심지어 청와대에서 외국 진출을 반대했다는 얘기도 있었는데요, 실상은 무엇입니까?"

최동원 : "토론토 블루제이스 관계자들이 한국에 들어와서 계약서에 사인까지 다 마친 상태였습니다. 결국 병역문제, 군대문제 때문에 나가지 못했는데 많이 아쉬웠죠. 그때는 메이저리그 진출이라는 게 얼마나 대단한 것이고, 어떤 의미를 갖는지에 대해 그렇게 절실한 생각은 없었어요. 다들 우물 안 개구리였다고나 할까요. 운동하는 사람들의 돈 욕심도 지금같이 많지는 않았고요. 메이저리그에 진출하기만 했어도 국내에서 상상할 수 없는 높은 연봉을 받았겠지요.

당시에 어느 어느 기관에서 최동원이를 외국에 보내지 말라고 지시를 내렸다는 등 여러 소문이 있었지만 선수인 저로선 더 깊은 진실이 무엇인지는 알 수 없는 입장이었으니까요. 아무튼 바로 1년 뒤에 서울 세계야구선수권대회를 치러야 하는 대한야구협회나 체육 업무를 책임지던 문교부가 저의 외국진출을 원하지 않았던 것은 당연했을 겁니다. 실제로 서울 대회에선 대학교 2학년생이던 선동열이 혜성같이 등장해 우승의 주역이 됐지만 저의 메이저리그 진출설이 있을 당시엔 최동원 없이 세계대회를 치른다는 것은 상상하기 어려웠을 테니까요.”

최동원의 메이저리그 진출이 무산된 후 그의 연세대 선배로 공군에서 활약한 박철순이 밀워키 브루어스의 마이너리그 팀에 진출해 화제가 되기도 했다. 그러나 한국 선수의 본격적인 메이저리그 입성은 최동원의 계약서 파동이 있고 10년이 훨씬 지난 뒤 박찬호가 LA 다저스에 입단하면서 물꼬를 트게 된다.

‘지금 운동하는 선수들은 시대의 복을 받은 것’

최동원이 주도했던 선수협의회 파동 덕분이었는지 1990년대 들면서 프로야구 선수들의 연봉 등 대우가 크게 개선됐고, 각 구단의 지원체계도 본격적인 프로구단의 모습을 갖추기 시작했다. 프로야구 역사에서 첫 억대연봉 시대를 열었던 최동원은 후배들의 초고액연봉 시대를 어떤 눈으로 바라보고 있었을까?

기자 : “롯데 시절 프로야구 최초로 연봉 1억 원을 받는 선수였습니다. 요즘 후배들의 몸값이 예전에 비해 많이 높아졌는데, 이런 현상을 보면서 어떤 생각이 듭니까?”

최동원 : "당시 구단은 총액 1억 원을 맞춰주기 위해서 수당 등으로 조정을 했었죠. 다른 선수들과 워낙 차이가 많았으니까요. 요즘엔 억대 연봉 선수들이 나와도 큰 화제가 안 되지만 이런 상황은 모두 어떤 계기가 있었기 때문에 가능했던 것이라고 생각합니다. 비록 크게 빛을 보지는 못했지만 현실을 바꿔보려던 선배들의 작은 노력들이 더해져서 지금의 결과를 가져왔다고 봐야죠. 요새는 선수들 연봉 계약할 때 쉽게 억, 억 하는데 그 정도로 팀이 필요로 하는 선수라면 선수 입장에서도 과감하게 배팅을 하는 게 옳다고 봅니다.

우리가 프로선수를 할 때는 그 시대에 맞게 받았던 것이고, 시대가 변하기 때문에 지금 선수들은 또 그 시대에 걸맞게 그만큼의 보수를 받는 것이라고 생각합니다. 저는 되도록 선수들이 많은 돈을 받고 가길 바랍니다. 운동 선수, 특히 프로 선수라는 것이 젊을 때 한때이거든요. 아마추어 시절에 전성기를 보내다 프로야구 초창기에 잠시 프로에 몸담고 은퇴한 선배들은 프로야구의 세계를 제대로 맛보지 못했지요. 생활이 어려운 분들이 대부분이고요. 그런 면에서 고등학교나 대학을 졸업하고 프로에 들어와 마음껏 운동에만 전념할 수 있는 후배들은 시대의 복을 받은 겁니다."

현역 은퇴 이후 길고 긴 기다림과 방황

롯데에서 1984년 27승, 85년 20승, 86년 19승, 87년 14승을 거둔 최동원은 삼성으로 트레이드된 뒤 1989년 1승 2패, 1990년 6승 5패의 저조한 성적을 남긴 채 현역에서 은퇴했다. 프로야구 통산성적은 8시즌 동안 248경기에 나와 103승 74패 26세이브를 기록했고 평균 자책점은 2.46, 탈삼진은 모두 1,019개를 잡았다.

현역에서 은퇴한 최동원은 1991년에 치러진 지방자치선거에서 야당인 민주당으로 부산 서구에 출마했으나 민자당의 김영삼 바람에 밀려 낙선하고 만다. 야구인 최동원이 잠시 외도를 한 시기다.

기자 : "갑자기 정치에 뛰어들어 선거에 나선 것도 그렇고, 부산에서는 당선 가능성이 낮은 야당 민주당으로 출마한 것도 의외였습니다. 당시 상황을 설명해 주시죠."

최동원 : "아시다시피 민자당으로 3당 합당을 한 김영삼 씨는 저의 경남고등학교 선배이십니다. 경남고 출신 정치인들이 민자당에 많았고, 입당하라는 제의도 있었습니다. 지나간 이야기입니다만 바로 다음 해 1992년에 치러질 국회의원 선거에 지역구를 주겠다는 제안도 있었고요. 그런데 당선 가능성을 떠나서 3당이 합당해서 몸집이 커진 민자당엔 마음이 가지 않았습니다. 제가 출마했던 민주당도 김대중 계파 세력이 모두 떠나고 노무현 의원 등 현역의원 소수가 남은 소위 꼬마 민주당이었는데, 부산시 광역의원 선거에 나가서 나름대로 최선을 다했지만 당선이 되지는 못했지요."

최동원은 그 선거에서 '건강한 사회를 위한 새 정치의 강속구'라는 슬로건으로 표밭을 뛰어다녔지만 낙선의 고배를 마셨다. 부산에서도 대통령을 만들어 보자는 지역바람에 '왕년의 부산 스타 최동원'은 '차기 대통령 김영삼'을 극복하지 못했다.

기자 : "지방선거 낙선 이후에도 최동원이 부산지역 국회의원 선거에 출마할 것이란 설이 끊이지 않았었는데요, 승부사 최동원이 기왕 정치에 발을 들여 놓은 이상 승부의 끝을 볼 거란 의미였던 것 같습니다. 정치에 대

해 어떤 생각을 갖고 있었습니까?"

 : "어릴 때부터 정치에 대한 생각은 어렴풋하게나마 가슴속에 갖고 있었습니다. 지금 자세히 밝힐 수는 없지만 처음 선거에 나왔을 때 민주당을 선택했던 것에 대해 여러 생각을 해보기도 했지요. 때가 되고 기회가 주어진다면 정치의 길도 한 번 생각해 볼 수 있습니다."

선거에 나선 게 즉흥적인 결정이 아니었다는 것이 최동원의 증언이다. 인터뷰 당시엔 불과 넉 달 뒤에 치러질 국회의원 총선에 그가 경남고 선배인 김영삼 대통령의 부름을 받아 선거에 출마할 가능성도 있겠구나 하는 생각을 갖게 했으나 최동원이 다시 선거에 나설 기회는 주어지지 않았다.

최동원의 꿈과 야망에 대한 일화 하나다. 최동원의 학창시절 장래희망은 특이하게도 대사업가로 적혀 있다. 항상 최고를 지향했고, 남과 다르다는 자부심에 충만했던 그는 길지 않았던 일생을 그런 자신감으로 살았다. 장래희망은 그냥 사업가가 아닌 대사업가였고, 현실도 그냥 야구선수가 아닌 초특급선수였다. 그래서 남들이 가지 않은 길을 갔고, 끝까지 자존심을 지키며 아쉬운 소리는 누구에게도 하지 않았다.

'네, 이제는 때가 됐습니다.'

정치 외도 이후 최동원은 의류사업에도 손을 대보고, 방송해설이나 연예 프로그램에 출연을 하기도 했지만 성취감을 맛볼 수 없었다. 인터뷰를 했던 무렵 프로야구는 한창 세대교체의 와중에 있었다. 프로야구 초창기에 선수로 활약했던 사람들이 현역생활을 마감하고 막 코칭스태프에 편입되던 시기였다.

기자 : "최동원 선수와 고교야구 시절부터 함께 경쟁했던 김시진, 김용남 등이 지금 프로구단의 코칭스태프로 자리를 잡았습니다. 프로야구 각 구단의 1, 2년차 코치진들이 비슷한 또래의 프로야구 초창기 선수들로 세대 교체되고 있는데 지도자의 길을 걸을 계획은 없습니까?"

최동원 : "해야죠. 송충이는 솔잎을 먹어야 하는데 지금 제가 잠시 해설도 했고 방송활동을 하고 있지만, 다른 분들이 볼 땐 제가 외도를 하고 있다고 생각할지 모르지만 그렇지 않습니다. 제 마음 속에는 꼭 하나를 가지고 있습니다. 뭘 가지고 있느냐? 어쨌든 제가 야구선수 생활은 은퇴해 유니폼을 벗었지만 제2의 야구인생을 위해서 다시 유니폼을 입어야 하지 않겠습니까? 다시 유니폼을 입을 때에 과연 어디서부터 유니폼을 입을 것이냐? 그걸 생각할 때 그래도 당연히 내가 뿌리가 있고 내가 커 온 곳, 그리고 최동원이라는 이름 석 자를 키워준 부산에서 첫 유니폼을 입고 첫 장을 열어야 한다고 봅니다.

그런 것을 생각하고 지금 기다리고 있는 입장입니다. 제가 열심히 해왔기 때문에 이제는 지도자로서 어디를 가더라도 괜찮지 않겠는가 하고 스스로 평가를 하고 있습니다. 지금은 마음을 오픈시켜 놨습니다. 뭐 지도자로 가더라도 좋은 모습을 보여드려야죠."

기자: "이제는 때가 됐다는 말씀인가요?"

최동원 : "네, 이제는 됐습니다."

최동원은 입술을 굳게 다물며 '이제는 때가 됐다'는 말에 강하게 힘을 줬

다. 아직도 생생한 인터뷰 영상
에서 최동원은 바로 다음 시즌
유니폼을 입고 롯데 자이언츠
를 호령할 듯 강한 의욕과 자신
감이 충만한 표정을 지어 보였
다. 롯데 구단에 대해 애증이 얽
힌 복잡한 감정에도 불구하고
최동원은 지도자를 한다면 당
연히 고향 팀 롯데에서 시작해
야 한다며 강한 의지를 밝힌 것
이고, 자신의 포부가 머지않아
실현될 것을 굳게 믿고 있었다.
　　인터뷰 도중 롯데가 언젠가
는 자신을 불러줄 것이고, 자신

최동원은 막바지 투병을 하면서도 '조금만 기다려 달라'
고 말하며 누구에게도 힘든 내색을 하지 않았다.

의 지도자 생활은 롯데에서 시작될 것이란 강한 믿음도 여러 번 내비쳤다.
하지만 이후 16년의 세월이 흐르는 동안 최동원의 롯데 복귀는 성사되지
않았다.

　　다만 야인생활을 한 지 10년 만인 2001년 김인식 감독의 부름을 받은
최동원은 한화 이글스의 투수 코치로 다시 유니폼을 입고 마운드를 밟았
다. 그리고 한화 이글스의 2군 감독을 맡고 있던 2007년 그는 대장암 판정
을 받았다. 최동원은 병세의 호전과 악화를 반복하면서 투병생활을 했으
나 끝내 병마를 떨쳐버리지 못했다.
　　생의 마지막이 다가오던 2011년 여름, 강원도 산골에 들어가 혼자 막바

지 투병을 하면서도 그는 병마를 이기고 다시 유니폼을 입을 것이란 믿음을 버리지 않았다고 한다. 간간이 연결되는 휴대전화 너머에서 그는 "몸 상태는 괜찮다. 조금만 기다려 달라."는 말을 남기곤 했다. 최동원은 정신이 혼미해지는 순간까지 누구에게도 힘든 내색을 하지 않은 채 눈을 감았다.

롯데 자이언츠 구단은 2011년 9월 30일 구단 역사상 처음으로 최동원의 등번호 11번을 영구 결번으로 지정하고 사직야구장에서 영구 결번식을 거행했다. 그의 2주기에 맞춰 2013년 9월엔 사직구장 정문 앞에 최동원 동상이 세워질 예정이며, 미국의 전설적인 투수 사이 영을 기려 만든 '사이 영 상(Cy Young Award)'과 같은 '최동원 투수상' 제정도 추진되고 있다.

야구의 신, 야신(野神)으로 불리는 김성근 감독은 최근 역대 대한민국 야구 사상 가장 위대한 투수를 꼽아달라는 질문에 주저 없이 선동열과 최동원이라고 답한 바 있다.

최동원 (崔東原)

1958.5~2011.9. 부산 출생으로 경남고, 연세대 졸업. 아마추어 롯데, 한국전력, 프로야구 롯데 자이언츠, 삼성 라이온즈에서 선수 생활을 했으며 1977년부터 1982년까지 국가대표를 지냈다. 1984년 프로야구 MVP, 다승왕, 탈삼진왕, 투수 부문 골든글러브 수상. 한화 이글스 투수 코치, 2군 감독에 이어 한국야구위원회(KBO) 경기감독관 역임.

"북한의 우수한 노동력,
어떻게든 활용해야"

신원그룹 회장 박 성 철

'명품 하나는 자동차보다 높은 부가가치 창출'

베스띠벨리, 지크, 씨, 비키, 반 하트, 이사베이 등 우리나라 성인 누구나 한 번은 입었을 법한 패션의류 전문회사가 있다. 지난 2004년 개성공단 첫 번째 입주업체 15곳 중 하나로 선정되면서 매스컴에 널리 알려지기도 했던 주식회사 신원이다. 이 회사의 박성철 회장을 인터뷰한 바탕엔 세 가지 점에서 주목을 끄는 대목이 있었기 때문이다.

하나는 개성공단 입주 업체 가운데 가장 성공적이고 모범적으로 운영되고 있는 기업이란 섬이고, 또 하나는 이른바 IMF 외환위기 당시 가장 먼저 워크아웃 즉, 기업재무구조 개선작업에 들어갔다가 가장 빨리 워크아웃을 졸업한 자체 구조조정의 성공 사례로 꼽힌다는 점이다. 무엇보다 관심을 끄는 것은 '글로벌 명품 브랜드 창출'을 가장 앞장서서 추진하고 있는 대표적인 기업이란 점이다. 명품이란 단어가 여러 분야에서 남용되고 있지만 신원은 의류패션 분야에서 실제로 유럽 명품과 한판 승부를 벌이겠다며 총력을 기울이고 있는 기업이다.

한 분야에서 40년 세월 공력을 쌓은 신원의 박성철 회장은 스스로 '명품 창출 포럼'의 초대 회장을 맡아 대한민국이 왜 명품 브랜드 경쟁대열에 합류해야 되는지를 설파하고 있었다.

저렴한 노동력이나 수출 물량으로 세계시장에서 우위를 점하던 시대는 이미 지나갔으며, 대한민국이 성장 동력을 찾아야 할 곳은 부가가치가 높은 명품 브랜드란 게 박성철 회장의 굳은 신념이었다. 때론 자동차 한 대를 수출하는 것보다 명품 브랜드 한 개가 더 높은 부가가치를 만들어 낼 수 있다는 게 그가 40년 기업가 인생에서 내린 결론이라고 말했다.

'기자 출신은 기업인으로 성공하지 못 한다'는 언론계와 업계의 속설을 깨고 신문기자 출신으로서 맨손으로 기업을 일군 박 회장은 몇 년 안에 반드시 한국을 대표하는 글로벌 패션 브랜드를 만들어내겠다며 인터뷰를 시작했다. 패션 분야에서 한 우물만 파고 있는 이랜드, 형지, 한세, 세정 등의 패션 전문 그룹 중에서도 박성철 회장은 최고참 선배 격이다. 패션의류 한 업종에만 역량을 집중해 여러 브랜드를 갖춘 패션 전문그룹으로 성장한 표준과도 같은 회사란 게 업계의 한결같은 평가다.

기자 출신의 성공한 기업인

먼저 박성철 회장의 인생 이력부터 살펴본다. 1940년 전라남도 신안에서 태어난 그는 목포중학교와 목포고등학교를 거쳐 한양대에서 행정학을 전공했다. 7년 동안 신문기자 생활을 하면서 경제부와 정치부 등을 두루 돌았지만 당시 새로운 수출 주력산업으로 떠오르던 섬유 분야를 맡아 취재했던 것이 이후 사업을 하는 데 도움이 됐음 직하다.

언론인 시절 동향의 거물 정치인 김대중을 알게 됐고, DJ가 대통령 후보로 나선 1971년 제7대 대통령선거에서 권노갑, 한화갑 등 동교동계 참모들과 함께 전국의 유세장을 누비게 된다. 박성철은 언론 경력을 살려 김대중 후보의 공보 비서 역할을 맡았다. 하지만 김대중 후보는 불과 8% 포인트의 근소한 차이로 박정희 대통령에게 패하고 만다. 아직 40대 중반에 불과하던 김대중이 차기 대권을 위한 조직 정비에 나설 무렵 청천벽력 같은 정변이 발생한다. 1972년 10월, 박정희 대통령 영구집권의 길을 튼 유신헌법이 선포되면서 정치권은 빙하기에 접어든다. 중앙청 앞엔 탱크와 장갑차가 진을 쳤고 정치인들의 정치활동은 전면 봉쇄됐다. 박성철이 모시던 주군 김대중은 정치 망명의 길에 올랐고, 그를 따르던 참모들은 뿔뿔이 흩어졌다. 풍운의 꿈을 품고 있던 30대 초반의 청년 박성철도 갈 길을 잃었다.

이때 운명처럼 그의 앞에 다가선 게 옷을 만들어 파는 사업이었다. 말이 사업이지 다락방 같은 곳에 직물 편직기 몇 대 갖다 놓고 옷을 만들어 시장에 내다 파는 정도의 호구지책이었다. 정치를 하려면 자금이 필요하다는 사실을 절감했던 박성철이 잠시 정치권을 떠나 섬유업의 길에 들어선 순간이다. 목돈을 만들어 정치 상황이 호전된 뒤 정치판에 돌아오겠다는 생각이었다.

박성철은 1973년 영세 의류업자들이 다닥다닥 붙어 있던 서울 을지로에 십여 명의 직원을 모아 스웨터를 만드는 신원통상을 차린다. 손바닥만한 작업장에선 미싱이라 부르던 재봉틀 돌아가는 소리가 밤낮없이 이어졌다. 그의 인생에 첫 번째 분기점은 이렇게 시작됐다.

기자 : "대통령 후보의 참모 역할을 하다가 김대중 후보가 대선에서 패한 뒤 유신헌법이 선포되면서 진로에 대한 갈등이 많았을 것 같습니다. 황망했던 상황에서 어떻게 의류사업으로 돌파구를 찾게 됐습니까?"

박성철 : "신문사 기자 시절 국회 출입을 했는데 젊은 정치인 김대중 씨가 패기도 있고 유망해 보여서 그의 대통령 선거에 동참하게 됐지요. 김대중 후보는 대선에 실패했지만, 차기 대선에선 얼마든지 승산이 있겠다는 희망을 갖고 있었어요. 그런데 선거에서 박빙의 승부를 벌인 박정희 대통령은 다음 선거를 직선제로 해선 야당 후보에게 이기기 어렵다고 판단했는지 1972년 10월 유신을 선포했습니다. 개헌이 되면서 대통령 선거는 간접선거제도로 바뀌고, 그런 대통령 선거제도하에선 야당이 이길 수 없는 체제가 돼버렸지요. 정치활동은 크게 위축됐고, 김대중 씨도 외국으로 떠나게 되면서 나같이 그를 따르던 사람들은 갈 길을 잃고 아주 막막한 상황이었습니다. 정치를 하기 위해선 돈이 있어야겠다는 생각에 을지로에서 스웨터 만드는 일을 시작했는데, 하다 보니까 제법 사업이 잘되고 그러다 보니까 무역회사 등록도 하게 된 것이 오늘 날까지 이어졌습니다."

기자 : "정치에서 뜻대로 되지 않은 것이 오히려 전화위복이 된 셈이군요?"

박성철 : "처음부터 원대한 사업계획을 세운 건 아니었지만 지금 멀리 와서 생각해 보면 그때 정치와 발을 끊고 사업에만 전념했던 게 잘된 일이라 생각합니다. 정치를 하다 보니까 사람들이 아침에 한 말 다르고, 저녁에 한 말 다르고…. 양지만 찾아 따라다니기도 하고요. 자기 이해에 따라 이리저리 편을 갈라 몰려다니고 하는 게 나에겐 맞지 않았던 것 같아요.

사람들이 변하고 아첨하고 그런 모습을 보면서 '참으로 정치판에서 버텨 낸다는 것이 쉽지 않은 일이겠구나' 하는 생각을 갖게 됐지요."

수출쿼터제가 있어서 신생 영세업체들은 수출시장에 발을 들이기 어렵던 시절 청년사업가 박성철은 규모가 있는 수출업체에 납품하는 형태로 시작해 거래선을 확장해 나갔다.

승승장구와 부도위기

대한민국이 최고의 수출 호황을 누리던 1970년대 후반부터 1980년대를 거치며 박성철은 승승장구했다. 1979년 울마크 획득을 시작으로 이듬해 수출공로상과 국무총리 표창을 받으며 국내 의류업계에서 주목을 받기 시작한다. 수출물량이 급증하던 1984년엔 5,000만 달러 수출의 탑과 동탑산업훈장을, 1987년엔 금탑산업훈장을 받는다. 서울올림픽을 앞뒀던 1988년 8월엔 신원홍콩유한공사를 설립해 처음으로 해외시장에 교두보를 마련한다. 우리나라 전체 수출액이 600억 달러이던 1988년, 신원은 스웨터 한 품목으로 1억 달러 수출 기록을 세웠으며 1990년대 중반엔 미국의 월마트, 갭 등 유수의 브랜드에서 납품 의뢰가 쇄도했다. 1994년엔 미국 경제전문 포브스지가 선정한 '세계 우량 100대 중소기업'에 오르는 등 성공가도를 내달렸다.

1990년엔 여성복 브랜드 '베스띠벨리'와 '씨'를 만들어 의류제조 차원을 넘어 처음으로 패션사업에 직접 뛰어든다. 이탈리아어로 '가장 아름답다', 'yes'란 뜻의 두 브랜드는 국내시장에 돌풍을 일으키며 기성복 브랜드가 정착되는 전기를 마련한다. 여성복에서 자신감을 얻은 신원은 남성복으로 사업을 확장했으며, 패션과 의류사업에 이어 건설에서 전기, 유통에 이르기까지 업종을 넓혀 갔다. 하지만 1997년 IMF 외환위기는 박 회장과 신원을 비켜가지 않았다.

1997년 초 신원의 계열사는 모두 17개, 해외 계열사도 8개로 늘었고, 연간 총매출 규모는 2조 원에 이르렀다. 사업에 발을 들인 이후 실패를 모르고 승승장구한 박성철은 국내외 경제 상황을 지나치게 낙관했다. 당시 대부분의 국내기업들이 그랬던 것처럼 신원 역시 사업 확장을 위해 끌어다 쓴 외화부채가 눈덩이처럼 불어났다. 경기가 좋고 수출 증가세만 지속된다면 아무 문제가 없을 것이라 판단했지만 1997년에 들어서면서 경제 상황은 급변했다. 환율과 금리가 연일 폭등하면서 부채 규모는 감당할 수 없을 만큼 커졌다. 당시 재계 순위 31위까지 올랐던 신원은 존폐의 기로에 서게 된다. 이 위기에서 기업인 박성철의 승부사 기질이 발휘된다.

박성철 : "의류사업이 잘되다 보니까 사업영역을 좀 더 확장해야겠다는 욕심이 생기더라고요. 건설 회사를 했던 게 결국 화근이 됐습니다. 외환위기 직전인 1997년 6월 경부터 여러 기업들이 위태로워졌고, 우리 회사도 그때 워크아웃을 신청했어요. 하루가 다르게 치솟는 이자 부담에 더 이상 버틸 수 없었던 거죠. 스스로 다시 일어서겠다는 생각으로 비주력 부문의 계열사는 모두 팔았습니다. 애착을 갖고 만들었던 골프장도 팔고, 대전의 지역 방송국도 팔고 비주력 분야는 모두 매각을 해서 일단 위기를 넘겨야겠다고 판단했습니다.

우리 회사가 워크아웃에 가장 먼저 들어갔지만 졸업도 제일 먼저 했습니다. 다행히 이후 수출도 잘되고 환율도 생각보다 빨리 정상화됐지요. 이제 사업이 정상화된 이상 이 땅에 본이 되는 기업으로 만들어야겠다는 확고한 신념이 생기더군요. 그런 시련을 겪으면서 기업의 사명이 청지기의 사명이란 생각을 갖게 됐습니다. 제가 교회 장로이기도 하지만 그 당시 어려움을 겪는 과정에서 기업과 사회를 보는 눈이 많이 달라졌어요.

'믿음 경영, 선도 경영, 정도 경영'을 해야 한다는 결심이 굳어졌지요.”

신원은 뼈를 깎는 구조조정 끝에 2003년 워크아웃을 졸업했다. 박 회장은 자신의 지분을 모두 내놓으며 배수의 진을 쳤고 2,500명이던 직원은 700명으로 줄었다. 외환위기 이전 15개였던 의류 브랜드도 11개로 축소됐다. IMF를 거치며 수많은 패션의류 기업들이 문을 닫거나 매각됐지만 한때 부도설까지 나돌았던 신원은 이렇게 가까스로 회생의 길을 찾았다.

'북한의 생산성, 오히려 남쪽보다 높습니다'

국내시장과 해외시장에서 다시 입지를 다진 박성철 회장의 신원은 지난 2004년 의류업체로는 처음으로 북한 개성공단에 법인을 설립하고 남북경협사업의 첨병에 나선다. 신원은 개성공단 진출 1호로 선정된 15개 기업 가운데서도 규모나 실적에서 단연 최고로 꼽히고 있다. 국내외 언론들은 개성공단, 나아가 남북경협의 성공사례를 다룰 때 주식회사 신원과 박성철 회장을 가장 먼저 찾는다.

개성공단 진출은 그에게 또 한 번의 선기를 마련해 줬다. 박 회장은 처음에 낯설고 익숙지 않았던 북한 노동자들의 모습이 하루가 다르게 변모해 가는 데 놀랍기도 했고 보람도 느꼈다고 한다. 경직된 분위기에 마음을 열지 않던 북한의 노동자들이 이젠 서로 안부도 주고받고 음식도 나눠 먹으면서 정을 나눈다고 한다. 미숙하고 서툴던 북한 노동자들은 어느 정도

개성공단 진출 1세대인 박성철 회장은 경직된 북한 노동자들을 매일 아침 공장 정문에 나가 손을 흔들어 맞이했다.

적응기간이 지나면서 꼼꼼한 손재주를 발휘했다. 그는 지금 개성공단에서 생산되는 제품들이 세계 어느 공장에서 출하되는 제품보다 불량률이 낮고 품질이 좋다고 말했다.

박성철 : "개성공단 인력의 우수성은 여기서 생각하는 수준을 훨씬 뛰어넘습니다. 우리 공장에서 일하는 개성 노동자의 80% 정도가 고등학교 졸업자이고, 대학교 출신이 전체의 4분의 1입니다. 중국이나 동남아시아, 중남미 등지에서도 사업을 하고 있지만 북한 인력은 말이 통하니까 기술 습득력이 빠르고 생산성이 다른 나라와 비교가 되지 않을 정도로 뛰어납니다. 운반에 두 시간밖에 걸리지 않는 물류비 등을 감안한다면 개성공단

의 경쟁력은 중국이나 동남아시아와 비교가 되지 않아요. 처음엔 남과 북의 장벽이란 어려움도 있었지만 오히려 지금은 생산성이 남쪽보다 높습니다. 북한 노동자들을 처음 대했을 때 이건 중국이나 인도네시아 공장에서 봤던 그런 느낌이 아니었어요. 말도 통하고 같은 민족인데 서로 너무 굳어 있었지요.

그래서 매일 아침 공장 정문에 나가 출근하는 개성 노동자들에게 악수하고 손 흔들어주고, 점심 때 따뜻한 고깃국 대접하고 초코파이 같은 간식도 아낌없이 제공하면서 먼저 마음을 열었지요. 물론 그걸 먹지 않고 식구들 갖다 주겠다는 생각에 싸가는 사람들이 더 많았지만 그런 과정을 거치면서 그들도 서서히 마음이 움직이는 게 보였어요. 남북의 실마리는 그렇게 풀어가야겠다는 생각이 들었고, 순수한 마음으로 다가서야 일이 하나씩 풀리겠다는 판단이 섰습니다."

남북경협, 나아가 남북문제는 숱한 우여곡절을 겪었다. 아직도 금강산 관광사업 등 풀어야 할 난제들이 많다. 하지만 결국은 가야 할, 넘어야 할, 피해갈 수 없는 산이란 게 박성철의 생각이다. 그는 의류 제조에서 가장 난이도가 높다는 비접착 방식의 슈트 제작기술의 경우에도 북한이 세계 최고라는 이탈리아에 비해 조금도 뒤지지 않는다면서 북한 노동자들의 손재주를 한 번 더 치켜세웠다.

'북한의 중국 의존, 방치하면 안 됩니다'

신원은 개성공단의 대표적인 남북경협 사업체다. 모두 18개 라인에서 북한 노동자 2,200여 명이 하루 평균 5,000벌, 월평균 10만 벌의 의류를 생산하고 있다. 언어 장벽이 없고 물류비용 측면에서 현저한 이점이 있으며, 무관세 혜택까지 덤으로 얻을 수 있어 대한민국의 미래 경제발전 방안을 북한노동력 활용에서 찾아야 한다고 말하는 박성철 회장. 따라서 북한문제는 우리에게 비용 개념이 아니라 미래 경제발전의 플러스 요인으로 접근해야 한다고 그는 강조했다. 10년 가까이 북한주민들을 지켜본 그는 북한의 변화가능성을 어떻게 전망하고 있는지 궁금했다.

기자 : "신원은 2004년 개성공단에 입주하기 전부터 대북사업을 해왔으니 박성철 회장이 북한 사람들을 접한 것은 10년 가까운 세월입니다. 시간이 흐르면서 그들도 변화하고 있다는 것을 느꼈습니까? 또 남과 북이 서로 '윈윈' 하고 남북경협이 확대되기 위한 조건은 무엇입니까?"

박성철 : "무엇보다 서로 이해해야 됩니다. 서로 참아주고 용서해주고…. 남북은 특수성이 있습니다. 국가와 국가 간의 문제로 봐선 절대 풀릴 수 없습니다. 단일민족이라는 특수성을 바탕으로 해서 먼저 이해하려고 해야지요. 북한 사람들이 전적으로 경제를 중국에 의존하면서 중국과 사업을 하고 있습니다. 어찌 보면 중국이 북한이나 북한사람들을 낮춰보는 상황인데 마음이 아프죠. 세계로부터 고립된 북한은 그럴수록 더 중국에 의존할 수밖에 없는데, 이런 현상은 남과 북 모두에게 바람직하지 않다고 봅니다. 북한이 중국에 의존해서 경제지원을 받고 있는데, 그렇게 하느니 남쪽하고 그런 교류를 한다면 서로 이로운 것인데, 지금 그렇게 되고 있지 못하니까 안타깝죠.

미국, 중국 등이 연관된 국제 문제이기도 하지만 가난하고 먹고 살기 어려운 북한이 저렇게 중국에 끌려 다니도록 놔둬선 곤란합니다. 조심스런 얘기지만 북쪽의 고위층이라든지 특수한 외교적, 경제적인 업무를 맡거나 외국 유학 경험이 있거나 이런 사람들은 생각들이 많이 다르고 변화하고 있다고 판단하고 있습니다. 폐쇄된 사회이긴 하지만 바깥세상을 접해본 사람들이 하나둘씩 늘면서 북한에도 변화의 가능성이 열려 갈 겁니다."

한때 중국의 저렴한 인건비를 겨냥한 우리 기업들의 중국진출 붐이 있었지만 현재 중국의 인건비는 국내의 80%에 육박해 있다. 그래서 아직도 국내 인건비의 40% 수준에 머물고 있는 북한의 인건비와 노동력은 우리 경제의 활력소가 될 수 있다. 박성철 회장은 저출산, 고령화현상에 따라 이미 대한민국의 경제활동인구가 정체 또는 감소세에 접어든 상황에서 잠재돼 있는 북한의 노동력 활용은 한민족의 미래를 위해서라도 반드시 풀어야 할 숙제라고 말했다. 또 수천조 원에 이를 것으로 추산되는 북한의 지하자원과 광물자원, 북한을 통과해야만 하는 러시아의 가스전 활용 방안 등 이제 북한을 껴안지 않고선 북한의 잠재력을 통째로 중국에 내줄 수밖에 없다는 말도 덧붙였다.

'중국시장은 곧 제2의 내수시장'

의류패션 한 분야에서 세계 최고가 되고 싶다는 그가 최근 승부를 걸고 있는 것은 명품 브랜드를 만들어 내는 일이다. 그는 유럽 패션 명품의 부가가치는 단순한 매출 수치로 따질 수 없다면서 세계 명품 시장에서 어깨를 나란히 하는 대표 브랜드를 키우는 게 시상목표라고 밝혔다. 자동차 한 대 수출하는 것보다 명품 의류 브랜드가 더 높은 부가가치를 창출하고 있는 유럽의 패션산업을 보고 배워야 한다는 말이다.

2012년 2월 박성철 회장은 지식경제부가 만든 '명품창출포럼'의 초대

회장에 추대됐다. 지식경제부 기술표준원장을 비롯해 9개 업종 100개 기업 대표와 학계, 장인, 디자인과 품질 전문가들이 모여 세계 1등 제품을 만들자는 게 포럼 창설의 취지다. 포럼에는 화학 업종에서 도레이 첨단소재 등 10개 사, 전자 업종에서 LS산전 등 9개 사, 전기 업종에서 금호전기 등 18개 사, 생활용품 분야에서 쿠쿠전자 등 14개 사를 포함해 패션, 섬유, 기계, 금속, 건자재 등 모두 9개 업종의 대기업 30개 사와 중소기업 70개 사 대표들이 참여하고 있다. 허경 기술표준원장은 이 포럼의 존재 이유에 대해 "이제 원가와 품질, 시간 우위를 바탕으로 하는 경영만으로는 세계 시장에서 최고가 되기 어렵다. 새로운 수요를 창출하고 세계 최고 기업이 되기 위해선 명품에 승부를 걸어야 한다."고 명품 브랜드의 필요성을 강조했다.

박 회장은 2012년 7월, 핸드백 하나에 2,000만 원을 호가한다는 이탈리아의 명품 브랜드 '로메오 산타마리아'의 지분 100%를 인수했다. 신원이 해외 브랜드를 통째로 인수한 것은 회사가 생긴 지 40년 만에 처음이다. 신원은 또 이탈리아에 현지법인 'S.A. 밀라노'를 세워 유럽을 거점으로 동남아시아와 중국으로 시장을 확장한다는 계획이다. 2013년에도 유럽의 대표 브랜드를 M&A(기업 인수합병)한다는 방침 아래 협상을 진행 중이다.

박성철 : "작년에 고급 남성복 브랜드를 론칭하면서 이탈리아의 패션 거장이라 불리는 알바자 리노라는 디자이너를 영입했습니다. 세계를 대표하는 한국인 디자이너를 육성하는 것도 중요하지만 당장 실현이 어렵다면 '패션의 히딩크'를 영입해서 패션산업을 발전시키는 것도 한 방법이 될 수 있겠다는 생각을 했습니다. 수백 년 전통을 가진 유럽의 명품 브랜드는 대부분 숙련된 장인의 수작업을 거쳐서 탄생됩니다. 대량생산, 대량유통에

길들여진 우리 패션산업이 이러한 과정을 빨리 배우고 받아들여야 합니다. 실제로 그들의 핸드백이 2,000만 원, 3,000만 원을 받고 팔리고, 의류도 수천만 원짜리가 있는데 그 부가가치가 얼마나 높겠습니까? 이제 대한민국 의류패션산업의 승부는 유럽시장이 선점해 왔던 고부가가치 명품 브랜드 영역에 걸어야 합니다.”

신원은 베트남의 송콩과 빈푹, 인도네시아, 과테말라, 중국 등지에 해외법인을 세웠으며 미국과 중국, 이탈리아에선 지사를 운영하고 있다. 곧 미국 LA에도 현지법인을 세워 본격적인 미국 시장 진출에 나설 예정인 박 회장은 미래 성장 동력의 핵심은 중국이라고 말했다. 잠재력이 큰 중국 고급브랜드 시장 선점을 위해 3년 안에 베이징, 상하이, 청두, 저장, 우안, 안위 등의 지역에 1,000개 이상의 매장을 열어 5,000억 원 이상의 매출을 올린다는 게 박 회장의 계획이다. 신원이 명품 브랜드를 창출하고 경쟁력을 유지해야만 이룰 수 있는 목표이다. 박 회장은 중국시장이 곧 제2의 내수시장이며, 중국시장의 본격진출은 ‘제2의 창업’이란 말도 덧붙였다.

2013년에 창업 40년을 맞는 신원은 업계에 흥미로운 징크스를 갖고 있다. 신인 시절 신원의 모델로 활동한 연예인들은 모두 톱스타가 된다는 속설인데 이나영, 전지현, 김태희, 이민정 등이 신원의 모델을 거쳤다. 그래서 신인급 연기자 중에선 신원의 CF 모델에 욕심을 내는 연예인들이 많다며 박 회장은 미소를 지었다.

박 회장은 또 최근 우리 사회에 불고 있는 ‘경제 민주화’ 바람에 대해 그 취지에 충분히 공감한다면서 이런 말을 남겼다.

박성철 : “신원은 대표적인 대한민국의 중견 기업입니다. 규모가 어느

'신인 시절 신원의 모델을 하면 톱스타가 된다'는 업계와 연예계 속설이 있다. 행사장에 함께 선 박 회장과 신원 모델 김태희.

정도 되는 대부분의 기업들은 국내시장 이전에 외국 기업들과 생사를 건 무한경쟁을 벌이고 있습니다. 어떤 일이 있어도 IMF 외환위기 때 경험했듯이 자식처럼 키운 기업을 외국자본에 헐값으로 갖다 바치는 일은 없어야 합니다. 제가 누구보다 그 고통을 뼈저리게 체험했던 사람 아닙니까? 우리 기업들이 국제 경쟁력을 키워야 할 시점에 선거를 앞두고 지나치게 정치논리에 빠져들어선 안 될 것입니다."

독실한 크리스천인 박성철 회장은 하루도 빠짐없이 매일 새벽 3시에 일어나 4시에 서울 신길 교회의 새벽기도로 일과를 시작한다. 오전 6시엔 마포의 회사에 나와 다시 사내 기도실에서 하루의 계획과 구상을 한다. 그는 또 인도네시아, 베트남, 과테말라, 중국 등의 생산시설을 돌며 현지 직원들을 격려하는 것으로 휴가를 대신한다고 한다. 부지런한 사람들이 숱하게 많다는 기업인들 가운데서도 근면함과 꾸준함에서 박성철을 따를 사람은 없다는 게 업계의 평가다. 차남 정빈, 3남 정주 씨가 아버지 사업을 돕고 있으며, 장남은 목사의 길을 가고 있다.

최근 우리나라에 반기독교 정서가 있다는 것을 잘 안다고 말하는 그는 늘 '청지기 사명'을 가슴에 품고 있다고 했다. 박 회장은 이 땅의 재산이 내 것이 아니고 하늘의 재산일 뿐이며, 단지 한 사람으로서 그것을 위탁해 있다가 하늘로 돌아간다는 생각을 새기고 있다면서 생이 다하는 날까지 '청지기 사명'을 완수하는 마음으로 살겠다고 말했다. 개성공단을 통해 직접 몸으로 체험한 남북교류, 남북경협은 선택이 아니라 필수 과제이고, 우리나라의 지속적인 경제발전도 이를 전제로 해야만 경제도, 안보도, 평화도 담보할 수 있다는 것이 박성철의 신념이었다.

독일은 통일 이후 동서독간 경제불균형으로 10년 넘게 막대한 경제비용을 감수했다. 그렇지만 결국 같은 언어에 역사를 공유하고 있던 저렴한 동독의 노동력은 통일독일의 경제성장에 밑거름이 됐다. 독일은 혹독한 대가를 치렀지만 지금 유럽의 최고 경제강국이 됐으며, 세계적으로도 가장 안정적인 성장기반을 갖고 있다. 누구보다 북한 사정에 밝은 박성철 회장의 고언에 귀를 기울이고 싶다.

박성철 (朴成喆)

1940년 6월 전라남도 신안 출생으로 목포고, 한양대를 다녔다. 산업경제신문 기자와 논설위원을 지낸 뒤 1971년 제7대 대통령 선거에서 신민당 김대중 후보의 공보 참모를 했다. 1973년 (주)신원통상 설립, 1998년 한국섬유산업연합회 회장, 2000년 대북투자협의회 회장을 지냈다. 현재 신원 그룹 회장과 명품창출포럼 회장을 맡고 있다.

"다양한 분야의 소양은
위대한 음악가의 바탕"

바이올리니스트 　장 영 주
사라 장, Sarah Chang

필라델피아에서 만난 15세의 '신동'

'바이올린 신동', '음악 천재'라고 불린 바이올리니스트 사라 장(Sarah Chang). 한국 이름이 장영주인 그를 미국 필라델피아의 한 호텔에서 처음 만나 인터뷰한 것은 그가 한창 성가를 높이고 있던 1995년 3월이었다. 1980년 12월생인 장영주의 나이 열다섯 무렵으로 세계 유수의 교향악단과 콘서트홀로부터 협연이나 독주회 요청이 물밀듯 쇄도하던 때였다. 세계 음악계의 샛별로 막 꽃망울을 터뜨리던 장영주에게 미국은 물론 유럽 각지에서 콘서트 제의가 폭주하고 있었다. 인터뷰 후엔 필라델피아에서의 짧은 휴식을 마치고 뉴욕 링컨센터에서 뉴욕 필하모닉 오케스트라와 협연을 한 뒤 곧바로 유럽으로 날아가야 하는 일정이 기다리고 있었다.

이후 방송이나 신문 등을 통해 그녀의 음악, 일상, 꿈 등이 널리 알려졌지만 그때만 해도 '바이올린 신동'에서 '바이올린 거장'으로 막 발돋움하던 장영주가 한국말로 의사소통은 제대로 할 수 있을지, 방송녹화에 적응은 잘 할 수 있을지 미지수였다. 그러나 방송 인터뷰 녹화가 시작되면서 솔직하고 거침없는 말솜씨, 예상을 뛰어 넘는 우리말 실력에다 어린 나이에도 오히려 멀리 한국에서 날아온 취재팀을 배려하는 매너에 장영주의 또 다른 모습을 볼 수 있었다.

장영주를 만나 보니 흔히 말하는 '한국식 스파르타 교육', 이른바 주입식 조기교육이 만들어낸 '조기성장형 신동'이 아닐까 하는 생각은 100퍼센트 기우였음을 확인할 수 있었다. 대한민국이 압축, 고속성장을 했듯이 부모의 과잉 교육열에 힘입어 어린 나이에 일찍 꽃을 피웠다가 빨리 시들고 마는 조기영재들을 국내외 여러 분야에서 얼마든지 찾아볼 수 있기 때문이다.

장영주는 어린 시절 체조를 시작으로 유아원에 다닐 때엔 배구와 축구, 수영도 했고, 특히 롤러스케이트와 자전거를 즐겨 타는 등 여러 스포츠에 재능을 보였다. 장영주의 부모는 장영주가 바이올린에 앞서 스포츠에 먼저 소질을 발휘했다고 말했다. 또 청소년이 되면서 부턴 방송과 영화 등으로 취미와 관심 분야의 폭이 넓어졌다고 했다.

장영주는 이런 다양한 분야에 대한 관심과 호기심, 간접체험이 자신의 연주를 더욱 깊고 넓게 하는 데 큰 도움이 됐다고 밝혔다. 실제로 인터뷰를 하면서 장영주가 바이올린만 할 줄 아는 게 아니라 문학, 역사, 대중문화 등에 대한 소질과 흥미가 충만한 소녀란 사실을 알게 됐다. 지금도 짬이 날 때 그가 가장 즐기는 취미는 영화 보기다. 그 바탕엔 특유의 호기심이 있었다. 음악과 미술 등 예술 분야의 대가들 중에선 인문교양적 기반이 탄탄한 사람들이 의외로 많다는 사실을 장영주를 보면서 새삼 깨닫게 됐다.

기자 : "이미 바이올리니스트로서 이름이 세계에 널리 알려졌고, 연주 스케줄도 어느 성인 연주자 못지않게 빡빡하게 잡혀 있는데 어떤 점이 가장 힘든가요?"

장영주 : "저는 지금 필라델피아에서 부모님과 동생과 함께 생활하고 있는데 주말마다 자동차로 3시간쯤 걸리는 뉴욕까지 가서 줄리어드 예비학교에서 수업을 듣고 있습니다. 음악 수업은 시간 가는 줄 모르게 재미있지만 새벽 4시에는 일어나야 토요일 아침 8시부터 시작하는 뉴욕 줄리어드의 수업에 참여할 수 있기 때문에 그런 게 많이 힘들어요. 어머니가 주로 운전을 해주는데 필라델피아와 뉴욕을 오가야 하니까 집에서 새벽 5시에 출발해 수업 마치고 돌아오면 밤 10시쯤 되죠. 학교에선 바이올린과 피아노 레슨을 하고 화성법, 청음법 등 음악 전반의 다양한 수업을 듣습니다.
연주 여행도 힘들 때가 있는데 연주나 여행을 즐기지만 짧은 시간에 여러 곳을 옮겨 다녀야 해서 체력적으로, 정신적으로 어려울 때가 있습니다. 시차적응은 가장 힘든 일이고요. 때때로 컨디션이나 감정 조절의 흐름에 영향을 받기도 하죠. 또 하나는 제가 무척 낙천적이긴 하지만 간혹 기분이 아주 나쁠 때에도 무대에 올라 연주를 해야만 할 때가 있는데, 이럴 땐 스스로 마인드 콘트롤을 한다고 해도 최상의 연수를 위한 좋은 조건을 만들기가 어렵습니다."

장영주의 어머니는 당시 펜실베이니아 대학교에서 작곡 부문의 박사과정을 밟고 있었다. 어머니 이명준 씨는 익숙지 않은 영어에 박사 과정을 따라가는 것조차 힘든 시절이었다. 하지만 주말마다 장영주를 뉴욕까지 직접 운전해 통학시키고 그곳에서 하루 종일 기다리는 고달팠던 일이 머지않아 큰 보람과 성취감으로 돌아왔다고 했다.

집중력, 지구력에 낙천성과 투지를 갖춘 아이

장영주는 미국에서 태어나 미국 본토 교육만을 받은 10대 치곤 한국말을 썩 잘했지만 인터뷰 내내 옆에 앉은 어머니가 도움을 줬다. 한자어로 된 어려운 단어나 한국적인 표현법에 있어선 간혹 어색한 부분이 있었기 때문이다. 장영주는 기자와 어머니가 나누는 이야기 중 이해가 되지 않는 단어나 표현에 대해선 반드시 되묻고 확인을 한 뒤에 답을 하는 주도면밀하고 호기심 넘치는 행동특성을 보였다. 1993년 뉴스위크지가 뽑은 '20세기 열 명의 천재'에 선정되는 등 이미 이름과 얼굴을 널리 알린 탓인지 호텔에선 인터뷰 내내 특별대우를 해줬고 오가는 사람들은 사라를 알아보고 반가워하며 인사를 나누기도 했다.

1980년 미국 펜실베이니아 주 필라델피아에서 바이올리니스트이며 음악교사인 아버지 장민수와 작곡을 하는 어머니 이명준 사이에서 태어난 장영주. 장영주의 부모는 그가 태어나기 직전인 1979년 미국으로 유학을 떠난 유학생 부부였다. 두 사람 모두 학생 신분으로 경제적으로 넉넉지 않았던 그의 부모는 아침 등굣길에 장영주를 세인트 메리 교회 유아원에 맡겼다가 밤이 돼서야 아이를 찾아 집으로 돌아가는 힘겨운 일상을 보냈다. 그런데 자유방임형 교육을 하던 그곳에서 일찍이 장영주의 남다른 집중력을 알아본 사람이 있었다.

세인트 메리 유아원에서 어린 아이 장영주를 지켜본 미국인 담임선생은 무엇이 됐든 자기가 흥미를 느끼는 일엔 무서운 집중력과 실증을 내지 않는 지구력을 갖고 있다면서 아이가 원하는 것을 시키면 좋은 성과가 있을 것이라고 부모에게 조언해 줬다. 장영주는 어릴 적 지켜본 미국인 교사의 말대로 '집중력과 지구력에다 낙천적인 심성에서 우러나오는 투지까지 겸비한 아이'였다. 얼핏 바이올린이란 섬세한 악기와 어울리지 않게 씩씩해 보이는 아이였지만 내면엔 '바이올린 신동'이 되기 위한 이런 장점들이 내재해 있었다.

보통 사람들로선 믿기지 않는 이야기지만 장영주는 두세 살 무렵부터 음악적 재능과 영특한 음감을 보였다고 한다. 필라델피아 교외의 영재학교에 입학한 네 살배기 소녀는 자기보다 서너 살씩 많은 아이들과 함께 듣는 수업을 모두 소화해 냈고 음악뿐만 아니라 언어와 수리, 미술, 그리고 각종 체육수업에서도 재능을 보였다.

기자 : "아주 어렸을 때부터 음악에 재능을 보였는데, 본격적으로 바이올리니스트의 길에 들어서게 된 계기가 궁금합니다."

장영주 : "다섯 살 때 아버지가 평소 친분이 있던 줄리어드 예비학교의 도로시 딜레이 선생님에게 저를 데리고 갔습니다. 제 연주를 들어본 그 선생님이 선액 상학금을 수시겠다면서 술리어드 예비학교와 아스펜 음악 페스티벌에 초대해주셨는데 그게 바이올리니스트가 되는 직접적인 모멘트가 됐어요. 그 선생님은 잊을 수 없는 스승이시죠. 바이올리니스트의 길을 걷게 해 준 그분에게 항상 감사하는 마음을 갖고 있어요."

세상의 수많은 원석이 그 가치를 알아본 주인에 의해 운명이 달라지듯 자신의 재능과 소질을 한 눈에 알아본 도로시 딜레이 선생을 만난 것은 장영주에게 큰 행운이었다. 무한한 재주와 잠재력을 갖추고도 그 가치를 알아보는 스승을 만나지 못해 평생 범재로 살다가 생을 마치는 사람들이 대부분이기 때문이다.

미국 필라델피아에서 인터뷰에 나섰던 열다섯 살의 장영주. 영화, 스포츠 등 여러 분야에 관심을 갖고 있었다.

주빈 메타,
예정에 없이 찾아온 행운

미국의 음악무대에 사라 장을 제대로 알리기 시작한 건 장영주가 8살 때 주빈 메타가 지휘하는 뉴욕 필하모닉 오케스트라와의 협연이었다. 거장 주빈 메타가 지휘하는 뉴욕 필하모닉과의 협연은 계획에 없이 우연히 이뤄졌다. 뜻하지 않은 행운이 넝쿨째 굴러들어와 운명을 바꾼 셈이다. 장영주는 도로시 딜레이 선생의 손에 이끌려 주빈 메타 앞에서 예정에 없던 테스트를 받는다. 천재성이 엿보이는 '바이올린 소녀'가 있는데 한 번 연주를 들어보라는 권유에 주빈 메타는 별 생각 없이 장영주의 연주를 듣게 됐다. 주빈 메타 정도의 거장에겐 늘 그런 오디션 부탁이 들어온다고 한다.

눈을 감고 잠시 연주를 듣던 주빈 메타에게 전율이 흘렀다. 작은 몸집에 앙증스런 얼굴로 4분의 1 사이즈 바이올린을 켜는 동양 소녀 사라 장. 일찍이 들어보지 못한 순수하고 꾸밈없는 연주에 반한 주빈 메타는 바로 다음 날로 잡혀 있는 뉴욕 필 정기연주회에 불과 여덟 살짜리 소녀를 솔리스트로 초대했고, 리허설도 없이 무대에 오른 사라의 연주가 끝나자 객석에선 10분 넘게 기립박수와 커튼콜이 이어졌다. 뉴욕의 클래식 애호가들이 객석을 가득 메우고 있었지만 여덟 살짜리 사라 장이란 이름을 들어본 사람은 아무도 없었다. 뉴욕 타임스가 이름지어준 닉네임, '바이올린 신동'이 혜성과 같이 탄생한 순간이었다.

이후 미국의 저명한 음악인들, 평론가들로부터 찬사가 이어졌고 전통 있는 콘서트홀에서 연주 제의가 잇따랐다. 세계 유수의 음반사들로부터 레코딩 계약을 하자는 주문도 폭주했다. 이때부터 필라델피아 장영주 집의 전화와 팩스는 쉴 새 없이 울려댔다.

기자 : "주빈 메타가 지휘하는 뉴욕 필하모니와 협연은 바이올리니스트 장영주에게 두 번째 행운을 가져다줬습니다. 이후 활동 영역을 어떻게 넓혀 갔습니까?"

장영주 : "1991년 11살 때, 유명한 레코드 회사인 EMI에서 저의 첫 앨범인 '데뷔'를 녹음했습니다. 1992년부터 발매된 이 앨범이 빌보드 클래식 차트에서 좋은 성적을 보이면서 미국 이외의 지역, 특히 유럽 쪽으로 부터 연주회 제의가 아주 많이 졌습니다. 이 무렵부턴 1년에 연주회가 150번을 넘게 됐고, 세계 각지를 며칠에 한 번씩 옮겨 다니는 매우 바쁜 스케줄을 소화하게 됐습니다. 저에게서 사생활이 사라진 게 이때부터였어요."

세계적으로도 그렇게 어린 나이에 마에스트로 급 대우를 받고 지구를 돌며 무대에 선 경우는 흔치 않다. 장영주는 세계 클래식 음악계에 많은 기록을 써내려가며 명성을 얻게 된다.

우주에서 영원히 빛나란 뜻의 '영주(永宙)'

장영주는 필라델피아에서 인터뷰를 한 이듬해 한국에서 그와 특별한 인연이 있는 주빈 메타 지휘로 빈 필하모닉 오케스트라와 멘델스존의 바이올린 협주곡을 협연했다. 국내 음악팬과 음악관계자들은 '음악 신동'이 어느덧 '바이올린 거장'의 대열에 들어섰다는 찬사를 보냈다. 바로 일주일 뒤엔 베를린 필하모닉 오케스트라와 같은 곡을 녹음하는 행운을 누렸다. 열다섯 나이에 세계 3대 오케스트라인 베를린 필, 빈 필, 뉴욕 필과 모두 협연한 것도 사라 장이 세운 기록이다.

이때 주빈 메타는 언론과 인터뷰에서 '사라 장은 내가 일생에서 만난 사람 가운데 가장 재능이 많은 음악가'라고 극찬했다. 수많은 지휘자, 거장들과 연주를 한 장영주에게 특별한 의미가 있는 음악가는 누구일까?

장영주 : "가장 먼저 주빈 메타를 꼽지 않을 수 없습니다. 8살 때 그의 지휘로 뉴욕 필하모니와 협연하면서 무대 데뷔를 했으니까요. 지금도 가장 편하게 연주를 할 수 있는 지휘자이고요. 어느 분야든 마찬가지겠지만 서로를 알아주면서 그렇게 손발이 척척 맞는 대가를 만날 수 있었다는 것은 정말 큰 행운입니다. 쿠르트 마주어, 아이작 스턴, 피터스 주커만, 요요마…. 이런 분들도 모두 훌륭한 음악가들입니다."

장영주를 항상 손녀딸처럼 아껴줬다는 쿠르트 마주어는 멘델스존이 살던 집에 꼬마 장영주를 데리고 가서 일반인에게 접근이 되지 않는 멘델스존의 피아노에 앉아 함께 연주를 하며 음악의 영혼을 불어 넣어주기도 했다. 장영주는 쿠르트 마주어 지휘로 UN 총회장의 'UN 창설 50주년 기념 음악회'에서 협연했다.

주빈 메타가 지휘한 베를린 필하모닉 오케스트라와 협연 후엔 현지 신문에서 이런 극찬을 받기도 했다. "만 열세 살의 소녀가 헤르베르트 폰 카라얀, 레너드 번스타인 등 불세출의 세계 최정상급 지휘자들이 함께해 온 역사와 전통의 베를린 필 협연에서 그 어느 때보다 완벽한 연주를 선보였다. 이 연주의 기쁨을 어찌 말로 다 표현할 수 있겠는가?" 신문의 지면을 통해선 완벽한 연주를 글로써 다 표현할 수 없다는 찬사였다. 영국의 전설적인 바이올리니스트 예후디 메뉴인은 생전에 '내가 80여 년 동안 들어본 바이올린 연주 가운데 가장 위대하고, 가장 완벽하고, 가장 이상적인 연주자'라고 평하기도 했다.

장영주는 연주여행을 다닐 때 항상 돌아가신 할아버지와 할머니의 사진을 바이올린 악기 케이스에 넣어 다닌다고 한다. '우주에서 영원히 빛나라'는 의미에서 영주(永宙)라는 이름을 지어준 장영주의 할아버지, 그리고 할머니는 장영주의 오늘이 있기까지 부모 못지않은 헌신적인 뒷바라지를 했다. 미국 출생신고서의 장영주 이름은 그래서 Young Joo Sarah Chang이다.

기자 : "한국에서 가장 성공한 음악인으로 장영주가 꼽힐 정도인데, 장영주를 성공 모델로 삼는 학생들이나 음악인들에게 조언을 해주세요."

장영주 : "연주자의 길을 간다는 것은 좋은 점이 아주 많다고 생각합니다. 소질이 있다면 권하고 싶은 길이에요. 그렇지만 힘든 과정의 연속입니

장영주의 부모는 '다양한 분야의 소양은 음악의 바탕이 됐다'며 해외 연주를 가서도 팩스로 다른 과목의 과제를 제출했다고 말했다.

다. 퍼스널 라이프가 없다는 게 가장 힘들죠. 음악이 너무 너무 좋고 무대와 연주가 좋다면 음악인으로 산다는 게 매우 행복하고 보람 있는 일이라고 말해주고 싶어요. 그렇지만 자기 시간을 많이 가질 수 없고, 끊임없이 노력하고 반복 훈련을 해야만 하는 게 고된 일입니다."

'다양한 분야의 소양은 위대한 음악가의 바탕'

장영주의 어머니는 대한민국의 어린 음악인들, 나아가 모든 분야의 학생과 학부모들에게 이런 말을 들려주고 싶다고 했다.

"한국과 미국의 교육엔 차이점이 있습니다. 한국에선 어릴 때 소질이 엿보이면 주입식으로 그 분야에서 아주 강도 높은 교육을 시킵니다. 성과가 빨리 나타나기도 하지만 포기와 좌절이 너무 일찍 찾아오기도 하지요. 한번 도태된 아이들이 그걸 극복하거나 다른 분야에서 다시 도전하는 것도 쉽지 않고요. 미국은 어떤 한 분야에 소질과 재능이 탁월하다고 해도 어느 단계까지는 다른 분야를 폭넓게 경험하게 해줍니다. 길게 봐선 그런 교육이 더 크게 성장하는 데 도움이 됩니다.

장영주가 아무리 유명해지고 해외 공연이 많다고 해도 학교 공부나 과제를 소홀히 할 수 없었어요. 해외공연을 위해 호텔방에 있으면서도 음악 이외의 다른 과목 숙제를 그 과목 선생님에게 팩스로 보내줍니다. 그렇게 하지 않으면 해당 과목의 점수를 딸 수 없으니까요. 미국 대학의 운동선수들도 마찬가집니다. 아무리 유명한 선수라 해도 수업을 다 듣고 나머지 시간에 훈련을 하죠. 조금 늦게 성장할 수도 있지만 그런 튼튼한 기본이 더 크고 훌륭한 인재를 만들어 내는 것 같습니다.”

장영주의 아버지 장민수 씨도 “위대한 음악가가 되기 위해선 음악뿐 아니라 다양한 사회, 문화, 예술 등을 폭넓게 경험해야 깊이 있는 지평을 열어갈 수 있습니다. 기교만 뛰어난 장이가 아닌, 풍부한 음악성을 갖춘 진정한 음악가가 되기 위해 꼭 필요한 과정입니다.

다양한 세계에 대한 관심과 이해, 그리고 열린 마음으로 새로운 지식을 끊임없이 받아들이는 태도는 어떤 분야에서든 튼튼한 밑바탕입니다.”라고 했다.

‘바이올린 천재’를 뛰어 넘어 오랜 세월 ‘바이올린 거장’으로 군림하고 있는 장영주의 오늘날엔 부모의 이 같은 교육철학이 밑거름이 됐을 것이다. 미국 필라델피아에서의 인터뷰 이후에도 그는 전 세계에서 가장 일정이 바쁜 음악인 중 하나로 세계를 누볐다. 1년 365일 중 350일을 외국 땅에서 지낸 적도 있다.

1997년 카네기홀 데뷔 리사이틀에 이어 밴쿠버에서 시작해 LA, 시카고, 워싱턴 D.C., 보스턴, 뉴욕을 잇는 미주 횡단 연주회를 가져 현지 언론의 찬사를 받았다. 2002년 9월엔 북한 평양의 봉화예술극장에서 남북한 교향악단 합동공연 무대에 섰다. 5주 동안의 유럽 순회 연주와 3주 동안 이어진 미국 순회 연주로 도저히 짬을 낼 수 없었지만 역사적인 첫 남북합동 연주에 빠질 수 없다고 생각한 장영주는 며칠 먼저 평양에 들어가 있던 KBS 교향악단과 합류해 연주에 참여했다.

그때 장영주는 북한 조선국립교향악단 단원들이 보면대에 악보를 올려놓지 않고 전 곡을 외워서 연주하는 모습에 큰 감명을 받았다고 했다. 기계가 돌아가듯 한 치의 오차도 없는 북한 교향악단의 연주 방식은 놀라운 것이었다. 평양 연주회를 마친 뒤 장영주는 이전 어느 곳에서도 느끼지 못했던 감동을 받았다면서 원래 하나였던 남과 북의 동질감을 새삼 깨달았다고 말했다.

2012년 7월엔 런던 올림픽 개막에 맞춰 영국 런던 사우스뱅크 센터에서 소프라노 조수미 등과 함께 '샤이닝 K-클래식' 공연을 갖고 대한민국의 높은 클래식 수준을 선보였다. 장영주는 공연이 끝난 뒤 한국인이라는 게 너무 자랑스럽다면서 어릴 때부터 세계 여러 나라를 돌며 연주를 해왔지만 대한민국의 힘이 얼마나 커졌는지 다시 한 번 느끼게 됐다며 기뻐했다.

2012년 말 장영주는 데뷔 앨범 발표 20년을 맞아 국내 8개 도시 투어 리사이틀을 가졌다. 신동에서 30대의 숙녀로 돌아온 그는 한층 성숙된 연주로 박수를 받았다. 1년에 3백 일 이상 여러 나라, 여러 도시를 돌아다니고 2년 뒤까지 모든 스케줄이 확정됐다는 장영주는 지난 20년 동안 슬럼

프에 빠질 시간 여유조차 없는 빠듯한 삶이었다고 밝혔다.

미래 계획과 포부에 대해 그는 3년 뒤까진 일일 일정이 이미 나와 있는 상태라면서 20년쯤 뒤엔 실내악에 더 빠져있을 것 같다며, 그때 생존해 있는 위대한 작곡가와 창조적인 작업을 함께하고 싶다고 말했다.

'최연소 레코딩', '최연소 에버리피셔상 수상', '뉴스위크지 선정 금세기 10대 천재', 그리고 '뉴스위크지 선정 차세대 여성 지도자 20인' 등. '사라 장', 장영주가 걸어온 길은 빛나고 화려했다.

이제 서른을 넘겨 '바이올린 신동'에서 '바이올린 거장'으로 돌아온 그가 어떤 더 큰 성취와 발자취를 남길 것인지, 20년 뒤 사라 장의 족적을 상상해 본다.

"인생은 공수래 공수거 (空手來空手去)일 뿐이야"

前 신민당 총재 이 민 우

"인생은
공수래 공수거
일 뿐이야"

이민우 | 前 신민당 총재

'사사로움이 없는, 한국에서 드문 인격자형 리더'

40여 년 정치인생을 야당 외길로 걸어간 인석(仁石) 이민우 전 신민당 총재. 야당 내에서도 자신의 이해에 따라 이리저리 계보를 옮겨 다닌 수많은 정치인들과 달리 외골수로 살다가 이른바 '이민우 개헌구상'으로 정치적 타격을 입은 뒤 1987년 김영삼, 김대중 '양김'의 대통령후보 단일화 실패 이후 미련 없이 정계은퇴를 선언하고, 다시는 정치무대를 돌아보지 않은 사람이 이민우이다.

자신의 계보나 계파를 만들지 않았던 이민우의 유일한 직계로 불렸던 홍사덕 전 의원은 이민우가 총재를 지내던 신민당에서 1년 9개월 동안 대변인으로 이 총재를 모셨다. 매일 새벽 강북구 삼양동 이 총재 자택에 들러 아침식사를 함께했던 홍사덕은 이민우 총재를 일컬어 '부처 같은 표정,

가식이라곤 일체 없는 말투, 그리고 사사로운 욕심이 전혀 보이지 않는 생활태도를 보인, 대한민국에선 찾아보기 아주 드문 인격자형 리더'라고 표현했다.

긴 세월 정치판을 지킨 이민우에 대해 인격적 또는 인간적으로 험담을 하거나 원한을 샀다는 이야기는 들어보지 못했다고 원로정치인들은 말했다. 하지만 2004년 12월 이민우가 세상을 뜬 뒤 서울대병원에 차려진 그의 장례식장은 썰렁했다. 국회부의장과 야당 총재를 지낸 정치거물의 장례는 형편이 넉넉지 않았던 가족들의 부담으로 치러졌다. 민주화투쟁의 선두에 서서 대통령 직선제 개헌투쟁의 물꼬를 텄던 정치원로에 대한 후배들의 예우는 찾아볼 수 없었다. 이 전 총재의 쓸쓸했던 마지막 가는 길은 양지를 찾아 몰려다니는 염량세태(炎凉世態), 정치무상(政治無常)을 그대로 보여줬다.

전두환 군부독재를 무너뜨린 1985년 12대 총선, 이른바 2·12선거와 직선제 개헌투쟁을 이끌었던 이민우가 왜 내각제 개헌 파동에 휘말렸으며, 양김과 결별한 뒤 돌연 정계은퇴를 선언한 이후 단 한 번도 정치권에 눈길을 주지 않은 이유는 무엇이었는지 그를 만나 육성을 듣기로 했다. 하지만 이민우 전 총재와의 인터뷰는 쉽지 않았다.

야당 총재 시절부터 살아온 삼양동 자택을 떠나 서울의 한 아파트로 거처를 옮겼던 그는 자녀의 집 외엔 좀처럼 바깥출입을 하지 않고 있었다. 인터뷰 요청에 그의 가족들은 87세인 이 총재가 거동이나 언어표현은 자유롭지만 주기적으로 치매 증세를 보이고 있다며 방송 출연을 달가워하지 않았다. 이 총재의 부인 김동분 여사를 설득한 끝에 서울시청 옆 태평로에 있던 헌정회 사무실에서 그를 만나기로 했다. 이 총재가 세상을 뜨기 2년 전인 2002년 여름, 16대 대통령선거를 석 달여 앞둔 시점이었다.

김영삼, 김대중과 함께 이 땅에 민주화바람을 몰고왔던 이민우가 생전에 남긴 거의 유일한 영상녹취였다.

신군부의 등장과 정치규제, 그리고 해금

4, 5, 7, 9, 10대 5선 국회의원에 박정희 정권 말기 제1야당인 신민당 몫의 국회부의장을 지낸 이민우가 전두환 정권 등장과 함께 정치풍토쇄신을 위한 특별조치법에 따라 정치활동 규제에 묶인 뒤 4년 만에 정치 전면에 등장하게 된 장면부터 돌아본다. 전 야당 총재 김영삼이 23일간 단식투쟁을 해도 신문에 실명을 실을 수 없고, 보도통제로 재야인사의 동정이 전혀 알려지지 않던 시절이 1980년대 전반기였다. 이런 전두환 독재체제에 서서히 균열의 조짐을 보이기 시작한 것은 12대 국회의원 총선거가 다가오던 1984년 말부터다.

신군부가 들어서면서 '정치풍토쇄신법'에 묶여 정치활동이 금지됐던 인물은 모두 567명. 이 가운데 1차와 2차 해금조치 이후에도 정치활동 규제자로 남아 있던 사람은 모두 99명이었다. 1984년 11월 30일 단행된 3차 정치규제자 해금 조치로 김영삼, 김대중, 김종필 등 3김을 비롯해 15명만을 남기고 나머지 정치인들은 피선거권을 되찾았다.

1985년 12대 총선, 이른바 2·12 선거를 앞두고 해금된 구정치인들은 '민정당 2중대, 3중대'란 비아냥을 듣던 민주한국당과 한국국민당에 입당하기도 했으나 김영삼, 김대중 양 계파의 신민당 출신 전직 국회의원들을 중심으로 신한민주당이 창당된다. 신민당은 12대 총선을 불과 20여 일 앞둔 1985년 1월 18일 서울 앰배서더 호텔에서 창당대회를 열고 이민우 창당준비위원장을 총재로 선출한다.

이민우는 정치활동이 금지됐던 '정치 암흑기', 즉 김영삼이 가택연금되고 김대중이 미국에 망명해 있던 시절에 민주산악회, 민주화추진협의회를 이끌며 재야인사들의 구심점 역할을 했다.

부총재로 상도동계 이기택, 김수한, 동교동계 김녹영, 조연하, 노승환을 선출해 총재단은 이 총재를 포함 YS계 3명, DJ계 3명으로 출범했다. 이때부터 이미 양김은 철저하게 당내 세력과 지분을 절반씩 양분한 채 당을 막후에서 관리했다. 당시 정부와 관제 언론들은 유신시절 강력한 야당이었던 신민당을 연상시킨다는 이유로 재야인사들이 만든 신한민주당의 약칭을 신민당이 아닌 신한당으로 표기하도록 하는 등 이들 세력이 커지는 것을 교묘한 방법으로 방해했다. 12대 총선에서 돌풍을 일으킨 재야신당은 분출하는 민의에 힘입어 선거 이후 신민당이란 당명으로 불릴 수 있게 된다.

정치규제 이전 신민당 소속이었던 정치인들 가운데 정대철, 조윤형, 조세형, 이필선 같은 사람들이 민한당을 선택했고, 공화당 출신인 최치환, 최재구, 김광수 등은 구 공화당 이념을 계승한 국민당에 입당한다. 국민당은 박정희 대통령이 만든 공화당의 적통을 이어 받아 김종철 총재, 이만섭 부총재 체제로 제3당의 역할을 하고 있었다.

신민당의 모태가 된 민주화추진협의회를 실질적으로 관리한 양대 축인 상도동계와 동교동계는 한국과 미국에서 자파 세력을 배후 관리하던 김영삼과 김대중의 뜻에 따라 신당을 창당하고 선거 준비에 들어간다.

'억눌려 있던 민심이 부글부글 끓고 있었지'

김영삼은 신한민주당의 얼굴인 당 총재에 충청북도 청주 출신으로 5선 의원과 국회부의장을 지낸 이민우를 강력하게 밀었다. 김영삼은 이민우를 절대 신임했으며 자신의 가택연금 시절엔 민주화투쟁의 시발점이 된 민주산악회 회장과 민주화추진협의회 운영도 이민우에게 위탁관리를 맡겼었다.

1915년생으로 당시 이미 칠순의 노정객이었던 이민우는 서울 종로중구에 출마해 재야인사들의 야당바람을 일으켜달라는 김영삼의 권유를 선뜻 받아들이지 않았다. '정치 1번지' 종로중구는 민정당의 원내총무 이종찬, 그 지역에서 선친 정일형 박사에 이어 국회의원을 지낸 민한당 정대철 등이 이미 출사표를 던진 상태였다. 이민우는 자신의 오랜 지역구인 충북 청주도 아닌 서울 한복판에서 지역의 터줏대감들이 출마하는 선거에 자신이 나선다는 게 내키지 않았다. 고령의 이민우 총재는 내심 비례대표 1번을 염두에 뒀었다.

그러나 재정상황이 열악했던 신생 재야신당의 형편상 '막후실세' 김영삼은 비례대표에 선거자금을 조달할 재력가들을 최대한 배치할 수밖에 없었다. 또 구수한 언변에 당당한 풍채를 가진 이민우가 서울 한복판에서 충분히 바람을 일으킬 수 있을 것이란 게 특유의 정치 감각을 가진 김영삼의 판단이었다. 김영삼은 완강히 버티던 이민우를 호텔 방에 감금하다시피 설득한 끝에 결국 신한민주당의 총재 겸 간판타자로 정치1번지 서울 종로중구에 출마시킨다.

기자 : "선거 전망이 매우 불투명한 상황에서 이 총재는 자신의 서울 종로중구 출마에 반대했던 것으로 알려져 있습니다. 김영삼 씨와 심야담판에서 출마를 수용하게 된 과정부터 들려주시죠."

장외에서 민주화추진협의회를 이끌던 김영삼, 김대중은 1985년 2월 12대 총선 직전 DJ의 귀국을 계기로 국내 정치에 적극 참여하게 됐다. 원내의 이민우 신민당 총재와 양김은 야권의 3두마차 역할을 했다.

이민우 : "내가 줄곧 청주에서만 계속 선거를 치렀던 사람인데 아무 연고도 친척도 없는 서울 종로중구에서 출마하라고 그러니 받아들일 수 없었지. 김영삼의 머릿속엔 서울 중심부에서부터 바람을 일으켜야 신생정당인 신민당이 전국적인 득표를 할 수 있을 거라 생각했던 것이지.

나도 고집이 센 사람인데 마지막에 호텔 방에서 마주앙인가 하는 포도주를 몇 병씩 마시면서 결판을 냈어. 두 사람 다 술을 그렇게 잘하는 편이 아닌데 그날은 아주 많이 마셨지.

선거전이 시작되고 종로중구 유세장 몇 곳을 돌면서 유세를 했는데 갈수록 인파가 눈덩이처럼 불어나고 신민당에 대한 호응이 대단하더라고. 유세장 청중들의 반응을 보면 선거가 되겠다, 안 되겠다 하는 걸 느낄 수 있거든. 억눌려 있던 민심이 부글부글 끓고 있구나 하는 걸 알 수 있었어요. 반면에 민한당은 신민당처럼 열렬한 지지를 받지 못했지. 그래서 민한당으로 들어갔던 사람들 중에선 선거에서 떨어진 사람들이 많았어요.”

민주화의 단초가 된 12대 총선 신민당 돌풍

전두환 집권 이후 4년여 동안 숨조차 제대로 쉬지 못하던 민심은 서서히 꿈틀거리기 시작했다. 재야인사의 이름 석 자조차 지면에 싣지 못하고 철저히 관제화됐던 신문들은 출마자들의 입을 빌어 비판기사를 조금씩 늘려가기 시작했다. 구정치인의 당선 가능성을 낮게 봤던 민정당과 청와대는 심상치 않은 민심의 동요에 긴장하지만 이미 전국 선거구에서 맺힌 한을 토해내는 재야인사들의 유세장에는 구름 같은 유세인파가 몰려들고 있었다.

서울 관악구의 김수한, 성동구의 박용만, 부산 중·동·영도의 박찬종, 해운대의 이기택, 전북 전주의 이철승, 충남 부여·서천·보령의 김옥선 등 전국 각지의 재야인사들이 사자후를 토해내면서 오히려 안정적인 당선을 위해 민한당에 입당했던 인사들이 수세에 몰리는 형국이 만들어졌다. 서울 종로중구에서 시작된 ‘신당 돌풍’이 전국으로 퍼져나간 것이다.

실제로 재야 해금 정치인 중에서도 앞날이 불투명한 신민당에 입당하지 않고 당시 제1야당으로서 당선 가능성이 좀 더 높아 보인 민한당을 선택한 사람들은 낙선의 고배를 마신 경우가 많았다. 서울 성북에서 정치신인 이철에게 패한 조윤형, 서울 성동에서 낙선한 조세형 등이 높은 지명도와 오랜 경륜에도 불구하고 급조된 재야신당 후보들에게 패해 국회 재입성의 기회를 놓쳤다.

1개 선거구에서 2명을 선출하던 당시 선거구제에서 야당 후보 2명이 동반당선되며 집권여당 민정당 후보가 낙선하는 이변이 곳곳에서 발생 했다. 서울 강남구에서 낙선한 이태섭, 부산의 윤석순, 김진재, 대구의 한병채 등이 민정당 소속으로 낙선한 현역의원들이다.

서울 강남구의 경우 민한당 의원을 지내다 신민당에 합류한 초선 김형래가 1위, 정치규제에 묶였다 해금된 뒤 민한당에 입당한 이중재가 2위로 당선된다. 정무1장관 출신으로 민정당 차세대 주자로 꼽히던 이태섭을 낙선시킨 서울 강남은 이때부터 '신정치 1번지'라는 별칭을 얻게 된다.

전국 유세전의 바람몰이를 선도했던 종로중구는 각 당의 대표주자인 민정당 이종찬, 민한당 정대철, 신한민주당 이민우 외에도 한때 공안검사로 유명했던 오제도 등이 2월 강추위 속에서 유세장을 뜨겁게 달궜다. 종로구 창신초등학교 유세에서 재야 신당에 대한 유권자의 열망이 처음으로 표출됐으며, 이어진 중구 양정고등학교 2차 유세에선 민심이 폭발 직전에 있음을 확인시켰다. 마지막 구 서울고등학교 운동장, 즉 경희궁터 유세엔 언론 추산 수만 명의 인파가 몰려 발 디딜 틈이 없었으며, 억눌렸던 민심의 흐름이 어디로 가고 있는지를 똑똑히 확인시킨 현장이었다.

이민우가 선봉에 선 신민당 돌풍에 가장 다급해진 것은 선거 초반 낙승을 예상했던 민한당 정대철 후보였다. 선친 정일형 박사 시절부터 종로중구는 정대철 일가의 텃밭과도 같은 곳이었다. 지역연고도 없는 칠순의 구 정치인 이민우에게 낙승을 기대했던 정 후보 측은 유세 마지막 날 히든카드를 꺼내들었다. 투표일이 다가올수록 위력을 더해 가는 '신민당 돌풍'에 맞선 막판 극약처방이었다.

이민우 : "마지막 유세가 열릴 무렵엔 민한당 후보들이 서울 대부분 지역에서 당선되기 어렵다는 판세가 만들어졌어요. 수만 명이 모인 유세장 연단에 오른 민한당 정대철 씨가 난데없이 자기 아버지 때부터 야당을 같이했던 정치선배인 이민우를 거론하면서 일제시대 때 일본 순사, 말하자면 일본 앞잡이를 했다는 이상스런 폭로를 하는 거였어.

그렇게라도 해서 막판 역전을 노리겠다는 생각이었는지 모르겠지만 유세장의 반응은 시원치 않았지. 그럴 정도로 민한당의 지지는 바닥이었고, 신민당에 대한 지지는 뜨거웠어요. 전두환, 민정당 통치에 대해서 민한당이 제대로 야당 역할을 못했다는 국민들의 비판이 이렇게 준엄하구나 하는 걸 분명하게 확인했지.

나도 정치를 오래했지만 국민의 민심이 이렇게 무섭구나 하는 걸 정말 뼈저리게 느꼈지. 그때 분위기로 봐선 선거기간이 며칠만 더 있었어도 신민당 당선자는 훨씬 많이 늘어났을 거야."

개표 결과는 누구도 예상치 못했던 신민당 돌풍과 관제야당이란 지적을 받으며 국민들의 정치 갈증에 부응하지 못한 민한당의 몰락으로 나타났다. 이후 민한당은 현역의원들의 연이은 탈당과 신민당 입당의 소용돌이에 빠져들었고, 유치송에 이어 당권을 이어 받았던 조윤형 총재는 더 이상 버티지 못한 채 신민당과 무조건 합당을 선언하며 백기를 들었다.

직선제 개헌 투쟁과 '이민우 구상'

화려하게 국회에 컴백한 이민우 총재는 상도동계와 동교동계를 절반씩 섞어 부총재단을 꾸리고 민주화, 나아가 군정종식과 직선제 개헌의 멀고도 험난한 투쟁의 행군을 시작한다. 신민당 바람의 모태가 됐던 민추협,

이민우 신민당 총재는 김영삼과 김대중 양대 계보 사이에서 조정자 역할을 했다. 1985년 여름 동교동 김대중 자택에서 3자 회동.

즉 민주화추진협의회는 미국에 머물던 김대중의 귀국 이후 YS와 DJ가 팽팽한 균형을 이루며 신민당의 막후조정 역할을 했다. 회의장 상석에는 항상 김영삼, 김대중 두 사람의 자리를 양쪽에 나란히 배치했다. 양측의 신경전은 이미 이때부터 첨예한 양상을 보이고 있었다.

신민당 구정치인들이 대거 국회에 복귀한 1985년은 그렇게 저물고 본격적인 개헌정국이 달아오르는 1986년의 해가 떠오른다. 12대 총선에서 폭발하는 민심이 얼마나 무서운가를 목격한 신민당은 직선제 개헌 투쟁에 본격적으로 나서고 이에 맞선 정부여당은 강경책을 편다. 현행 대통령 간선제 하에선 정권교체가 어렵다고 본 김영삼, 김대중과 신민당은 국민 지지를 등에 업고 전두환 정권과 전면전을 선언한다.

수차례 여야협상에도 불구하고 개헌이냐 호헌이냐 접점을 찾지 못하던 야당과 재야인사들은 거리투쟁에 나선다. 이른바 '가투(街鬪)'의 구호는 '독재 타도, 군정종식, 직선제 쟁취'. 아주 간명했다. 1986년이 저물어가면서 이들의 대규모 가두투쟁에 정부는 최루탄 세례로 맞선 가운데 그해 10월 28일 27개 대학교 학생들의 건국대 점거농성과 1,288명의 대규모 구속 사태로 정국은 급속히 얼어붙는다.

상도동과 동교동의 양대 세력 중간에서 좌장 또는 조정자의 역할을 묵묵히 수행하던 이민우 총재는 돌연 개헌에 대한 자신의 입장을 발표한다. 세상을 깜짝 놀라게 한 이른바 '이민우 개헌 구상'은 이민우의 정치인생과 야당의 개헌투쟁에 오점을 남기는 결과를 낳는다.

1986년 12월 24일 열린 신민당 이민우 총재의 송년기자회견. 이민우는 지방자치제 실시, 정치인 사면 복권, 양심수 석방, 공무원의 정치적 중립 보장 그리고 언론자유 및 집회결사의 자유 등 7개 항을 정부여당이 수용할 경우 의원내각제 개헌도 검토할 수 있다고 발표한다.

뜻밖의 발표에 정치권도, 언론도, 국민도 '이게 무슨 소리인가?' 어리둥절해 했다. 이 총재가 김영삼과 합의는 한 것인지, 동교동계도 동의를 한 것인지 등을 놓고 추측이 난무했다. 신문들은 대체로 '민정당은 일단 긍정적인 반응, 두 김 씨는 반대하는 가운데 이 총재의 구상이 신민당 당론으로 확정되기까지 진통이 예상 된다'는 기사를 썼다. 마치 이 총재가 신민당의 실질적인 대주주인 김영삼, 김대중을 배제한 채 민정당과 물밑교류를 한 듯 보이는 언론의 논조였다.

민정당 노태우 대표가 바로 이틀 뒤 역시 송년기자간담회에서 마치 기다렸다는 듯이 '이민우 구상'을 긍정적으로 검토하겠다고 화답하면서 이민우의 입장은 더욱 난처해진다. 노태우는 이민우가 제시한 7개 항의 의원내각제 개헌협상 조건을 면밀히 분석해 긍정적으로 검토할 용의가 있다고 밝혔다. 이때부터 신민당 내부와 여론은 이민우-노태우 간 밀약 가능성, 이민우의 독자노선 가능성 등을 제기하면서 이 총재의 입지가 급속히 좁아진다.

1987년 1월 16일 박한상을 대표로 한 신민당 당풍쇄신파는 성명을 내고 이 총재의 '삼양동 발언' 동기, '온양 잠행' 동기 등을 국민 앞에 밝힐 것을 요구하며 이민우를 압박한다. 이 총재의 후견인 격인 김영삼에게도 '이민우 구상'의 배경과 이유를 설명하라고 촉구했다. 이런 움직임을 김대중 계 인사들이 주도하면서 사사건건 대립하고 견제하던 상도동과 동교동 사이엔 앙금이 더욱 깊어졌다.

당 안팎의 집요한 공세에 시달리던 이 총재는 결국 '이민우 구상'을 백지화하겠다고 선언하지만 이미 상도동과 동교동 사이엔 균열이 심화됐고, 김영삼과 이민우 사이에도 굳건했던 신뢰가 무너져 있었다.

돌발적인 '이민우 구상'의 배경을 놓고 당시는 물론 아직도 풀리지 않는 의문이 존재한다. 직선제 개헌 투쟁이 한창 힘을 받던 시기에 이민우가 왜 내각제 개헌론을 들고 나왔으며, 누가 이런 아이디어를 제공했는지를 놓고 구구한 억측이 뒤따랐다.

'이민우 구상'으로 촉발된 신민당의 내분은 결국 '야권 분열'과 '대선 패배'라고 하는 대한민국 역사에 불행한 결과를 낳았기 때문이다. 계보가 없던 이민우 총재의 최측근이었던 홍사덕 대변인은 한동안 '이민우 구상'

의 실질적인 입안자란 의혹의 눈길을 받기도 했다. 양김의 분열로 야권이 1987년 대선에서 패한 뒤 이민우와 홍사덕은 야당분열의 원인 제공자라는 곱지 않은 시선을 받아야 했고, 대선 직후 1988년 4월에 치러진 13대 국회의원 총선에서 홍사덕은 낙선의 아픔을 맛본다.

또 한편으론 양계장과 축산업을 하다 자금난에 빠진 이 총재의 셋째 아들이 '이민우 구상' 발표 직전인 1986년 11월 부정수표단속법 위반으로 실형을 선고 받은 것과 관련해 평생 사사로움 없이 살아온 이민우가 아들의 곤란한 처지에 잠시 마음이 흔들려 여권의 물밑 제의를 받아들인 것 아닌가 하는 설도 흘러 나왔다.

이후 김영삼과 김대중은 계보의원들과 함께 이민우 총재의 신민당에서 대거 탈당해 통일민주당을 만든다. 그러나 양김의 동행은 오래가지 못했다. 12월 대선을 목전에 두고 김대중 계의 탈당과 평화민주당 창당 등 야권분열은 국민의 열화와 같은 지지를 받아 쟁취한 대통령직선제에서 정작 노태우 후보의 민정당에 차기 대통령직을 갖다 바치는 결과를 초래한다.

상도동계와 동교동계가 빠져나간 뒤인 1987년 7월 30일 전당대회에서 신민당 총재에 다시 추대된 이민우는 탈당행렬을 따르지 않은 박해충, 유한열, 임종기, 김옥선, 이택돈, 이택희 등으로 부총재단을 꾸리고 당의 수습에 나섰지만 이는 이민우의 정계은퇴와 신민당의 해체로 가는 과정에 불과했다.

'인생은 공수래 공수거일 뿐이야'

기자 : "신민당 이민우 총재를 정점으로 김영삼, 김대중 양김의 전폭적인 지원을 받으며 직선제 개헌투쟁이 본격화되던 시점에 내각책임제 개헌을 수용할 수 있다는 이른바 '이민우 구상'이 발표됐습니다. 이 총재의 정

'이민우 개헌 구상'의 전후 사정을 밝히는 이민우 전 신민당 총재. 한때 양김과 민주화에 앞장섰던 그는 양김의 분열적 계파정치에 환멸을 느꼈고 결국 '이민우 구상'으로 이어졌다. 그가 생전에 남긴 1980년대 정치비사의 유일한 영상녹취다.

치 역정에 흠을 남긴 것은 물론이고 야당의 대여투쟁에도 혼선이 초래됐으며, 결국 1987년 대통령선거에서 양김의 분열과 노태우 당선이란 결과를 가져왔습니다.

'이민우 구상'의 배경과 당시 회자됐던 숱한 추측에 대한 이 총재의 솔직한 입장을 듣고 싶습니다."

이민우 : "당시 정국이 매우 혼란스러웠어요. 전두환 대통령 등 집권세력은 당시 대통령 간선제로 대선을 치르겠다는 입장이 확고했었지. 잘못하면 또 다시 군부세력에게 정치권이 이용당할 수도 있는 그런 상황이었어.

나는 총재로서 김영삼 계와 김대중 계의 조정자 역할을 했지만 서로 견제가 심해서 쉽게 하나가 되기도 어려운 상황이었고. 그래서 현재의 대통령 임기 중에 국민 앞에서 내각책임제가 좋은지 대통령 직선제가 좋은지 떳떳하게 국민의 의사를 물어서 국민들의 뜻에 따르는 게 민주주의이고, 그런 법안을 만들어서 한번 실시해 보자는 게 내 생각이었어.

그런데 그런 내 생각의 일부만 언론에 보도가 되고 사람들은 내가 마치 내각제를 하자고 주장한 것처럼 한순간에 나를 코너로 몰아 공격을 하고 모략을 하고 그랬지. 분명히 말하지만 내각제를 하자는 게 아니었어. 하도 논란이 많고 정국이 어수선하니까 대통령 직선제와 내각제를 놓고 국민의 뜻을 묻고 그 결과에 정치인들이 따르자는 거였지."

16년이 지난 일이었지만 이 총재는 아직도 분이 풀리지 않은 듯 노기 띤 얼굴에 목소리가 높아졌다. 결과적으로 한 몸이 될 수 없었던 양김 계파의 분열을 예견해 내각제 개헌 구상을 내놓은 것이었다면 이민우는 대단한 혜안을 갖고 있었던 셈이다.

기자 : "이민우 구상이 알려진 이후 상도동계, 동교동계 인사들이 탈당하고 이 총재의 신민당이 와해되는 과정에서 제대로 대응을 하지 못한 이유는 무엇입니까? 양김의 분당사태로 이어지기 전에 사태를 수습할 기회는 없었습니까?"

이민우 : "두 김 씨를 따라 이합집산하고 편을 갈라 몰려다니는 그런 사람들이 모두 보기 싫었어. 자기 계파의 보스라면 잘하건 못하건 아부나 아첨을 하고 계파 수장의 비위만 맞추려는 정치인들이 너무 많았어요. 양김을 따라 이합집산하고 자기들 유리한 대로만 편 나누기, 편 가르기를 일삼

고 어떻게 하면 보스한테 충성을 보여 공천을 받을까…. 이런 생각만 하는 사람들이 사태를 더 악화시켰지.

결국 그래서 대통령 선거를 코앞에 두고 양김이 분열한 것 아니겠어? 다들 정치후배들이었지만 정말 그런 행동들이 불쾌했었지.”

기자 : “1987년 정계은퇴 선언 이후 다시는 정치권을 돌아보지 않으셨는데요. 그래도 한국 정치에 대한 어떤 소회, 미련 같은 것이 남지 않았습니까?”

이민우 : “한국정치사에 해공 신익희, 유석 조병옥 박사…. 이런 인물이 없어. 자기 자신이나 자기 계파의 이익을 위해 편 가르기 같은 것을 하지 않았지. 편 가르기 같은 행태에 정치가 물들면서 국민들이 정치를 믿지 않는 원인이 됐어요.

박정희 대통령 유신시절에 야당인 신민당을 이끌었던 유진산 당수한테도 비판이 많았지만 유진산만큼 합리적인 정치인도 없었지. 적어도 그 사람들은 자신의 권력욕이나 집권을 위해 편을 나누고 가르고 그러지는 않았거든.”

신익희, 조병옥, 유진산 등을 평가한다는 말이었지만 결국 ‘편 가르기 정치’의 결정판이었던 ‘계보정치의 화신’ 김영삼, 김대중 두 전직 대통령에 대한 깊은 유감의 표현이었다. 오랜 세월 정치를 하면서도 계파나 계보를 만들지 않았던 이민우가 계파에 함몰돼 큰 정치를 하지 못했던 많은 후배 정치인들에게 환멸을 느꼈을 것이란 생각을 들게 했다.

기자 : "회고록이나 자서전을 써서 1960, 70, 80년대 격동의 한국정치를 기록으로 남길 생각은 없으십니까?"

이민우 : "야당을 그렇게 오래 했는데도 그렇게 창피하게 정치를 그만둔 사람이 뭐 그런 거 남길 게 있겠어? 회고록 제의도 있었지만 난 필요 없다고 모두 거절했지.
인생은 '공수래 공수거(空手來 空手去)'일 뿐이야. 빈손으로 왔다가 빈손으로 가는 것이지."

맹목적으로 보스를 따라 이리저리 몰려다닌 정치인들을 질타하는 이민우의 얼굴엔 노여움과 불쾌함이 그대로 묻어났다. 선 굵은 정치를 해온 인석 이민우는 끝까지 자신의 입장을 해명하거나 구구한 변명을 달지 않고 정계은퇴로 모든 것을 마무리했다.

제12대 국회의원 총선을 앞두고 평생 정치동지인 김영삼의 강권에 못 이겨 서울 종로중구에 출마해 '야당 바람'을 일으켰던 이민우. 김영삼 전 대통령에 대해 만감이 없을 수 없다. 정계은퇴 이후 양김 분열로 인한 87년 대선 실패, 1990년 3당 합당, 그리고 1992년 김영삼의 대통령 당선, YS 임기 중 아들 김현철 구속에 이은 국가부도 사태를 모두 지켜본 이민우는 김영삼에 대한 서운함, 원망 등에 대해선 끝내 입을 열지 않았다.
이민우는 정치 군상들이 자신의 작은 이해에 따라 이합집산하는 세태가 몹시도 못마땅하다는 말만 되풀이하곤 특정인 그 누구에 대해서도 서운한 감정을 표현하지 않았다. 하지만 아직도 계속되고 있는 '편 가르기 정치'에 대해선 극심한 거부감을 갖고 있음이 그의 노기(怒氣)어린 표정에서 역력히 읽혀졌다.

평생 사심 없이 선 굵은 정치를 해온 이민우가 딱 한 번 '이민우 구상'이란 소용돌이에 휘말려 그의 정치역정과 평가에 흠을 남긴 게 두고두고 아쉬운 대목이다. 인터뷰를 마치고 헌정회 뒤편 자신의 수십 년 된 단골 불고기집이라며 기자 일행의 손목을 잡고 굳이 점심을 사는 모습에서 후덕하고 인자한 옛 정치인의 풍모를 엿볼 수 있었다. 식당 주인은 오랜 세월 이 총재를 모신 인연을 소개하면서도 예전 같지 않은 연로하고 부자연스러운 이 총재의 거동을 보면서 안타까운 마음이 든다고 귀띔했다.

이 총재는 인터뷰를 하고 2년 만에 세상을 떴다. 그가 정신이 혼미해지기 전 남긴 거의 유일한 영상녹취였다. 인터뷰를 마치고 식사를 할 때 이미 젓가락질이나 숟가락질이 불편할 정도로 노환이 그의 몸 깊숙이 들어와 있었다.

1986년 '이민우 구상'이 발표됐을 무렵 잠시나마 세인의 주목을 받았던 이 총재의 셋째 아들과 관련해 이 총재가 세상을 뜬 뒤인 2008년 미국에서 안타까운 소식이 전해졌다. 경제적으로 힘들어 하던 이 총재의 셋째 아들이 미국 LA에서 부인과 딸에게 총을 쏜 뒤 스스로 목숨을 끊었다는 불행한 소식이었다.

역사는 승자의 것이며, 승자에 의해 기록된 것이 역사다. 하지만 그 승리의 과정에 명멸한 숱한 장수들의 이야기도 사실 그대로 남겨지고 기록될 충분한 가치가 있다. 대한민국 현대사 '민주화 대장정'에 대통령에 오른 김영삼, 김대중만 존재하는 것은 아니다. 때론 역사의 주인공이 된 자보다 인격적으로 훌륭하고 역사적으로 기여한 바가 큰 인물들도 적지 않다. 안타까운 것은 역사를 만들어내는 데 힘을 보탠 수많은 인물들의 이야기가 제대로 기록되거나 남아 있지 않다는 점이다. 누군가는 사실을 찾아내 기록하고 후대에 남겨야 한다. 역사를 잊은 민족에게 미래는 없기 때문이다.

이민우 (李敏雨)

1915년 9월~2004년 12월. 충청남도 논산 출생으로 이후 충북 청주에서 성장했다. 일본 메이지대학 중퇴. 1958년 4대 민의원을 시작으로 5, 7, 9, 10, 12대까지 6선 국회의원을 지냈다. 유신 시절 야당인 신민당 원내총무에 이어 국회 부의장 역임. 정치활동 규제 이후 민주산악회 회장을 지냈으며 1985년부터 신민당 총재로 직선제 개헌과 반독재 투쟁의 선두에 서서 민주화 운동에 불을 붙였다. 1987년 11월 국회의원직 사퇴와 정계은퇴를 선언했다.

前 민한당 총재　유 치 송

" 정치인들 당리당략이 병폐의 원인 "

유치송 | 前 민한당 총재

짧았던 '서울의 봄'과 신군부의 새판 짜기

대한민국 정치사에 야당이 가장 혹독하고 존립기반조차 찾기 어려웠던 시기를 꼽는다면 전두환 신군부정권이 들어서면서 시작된 1980년대 초의 '정치빙하기' 4, 5년을 들 수 있다. 10·26으로 '박정희 시대'가 막을 내리고 짧은 '서울의 봄'을 맞는 듯했던 정치권은 신군부의 등장과 정치활동 규제, 그리고 국회를 대신할 국가보위입법회의를 거치며 '새로운 질서'로 재편됐다.

실은 1979년 12·12사태를 기점으로 전두환을 위시한 신군부세력의 정권찬탈이 잉태되고 있었으나 권력다툼에 눈이 멀었던 정치권은 다가오는 현실을 직시하지 못했다. 군부독재의 검은 먹구름이 몰려오는 시기에 김영삼, 김대중 양 계파는 서로 대통령 후보가 되겠다며 분열함으로써 권좌를

집어삼키기 위해 호시탐탐하던 신군부세력에게 빌미를 제공한 꼴이 됐다. 그리고 정치권의 이런 분열은 1980년 5월 광주에서 벌어진 비극으로 이어졌다.

　'정치풍토 쇄신을 위한 특별조치법'에 의해 현역의원들을 포함 모두 567명의 정치활동을 금지시킨 신군부는 '허수아비 대통령' 최규하를 하야시키고 전두환이 청와대의 주인이 된다. '정치풍토쇄신법'은 임시 입법기관인 국가보위입법회의에서 신군부의 뜻에 따라 만들어졌으며, 이승만 정권이나 박정희 유신정권에서도 전례를 찾아보기 어려운 대대적인 정치활동 금지 조치였다. 정변과 격동기를 거치며 주목되는 점은 신군부의 군홧발 아래서 어용 입법 작업에 나섰던 교수와 학자 등 여러 사람이 혹독한 민주화의 대가를 치르고 세월이 흐른 뒤 개혁, 민주 등을 화두로 진보의 전도사로 나서기도 했다는 것이다.

　10·26 이후 '서울의 봄', 불과 몇 달 간의 짧은 '3김 시대'를 맞았던 김영삼, 김대중, 김종필을 포함해 공화당과 신민당의 많은 현역의원들은 새 법에 따라 1981년에 치러진 제11대 국회의원 선거 출마를 봉쇄당했다.

　전두환 신군부의 민주정의당이 그해 1월 15일 가장 먼저 창당됐고, 민주한국당이 1월 17일 서울 세종문화회관 별관에서 창당대회를 갖고 창당준비위원장인 유치송을 당 총재와 대통령 후보로 추대했다. 유치송은 이 날 후보수락연설에서 "새로운 시대는 야당의 외면 속에 여당이 독주하는 시대가 아니라 여야가 함께 자기의 사명을 다함으로써 공동으로 만들어가는 정치가 되어야한다."고 밝혔다. 유치송은 또 "민한당이 집권한다면 민족화합을 위해 의원내각제나 연립내각을 구성할 것을 약속 한다."며 전두환의 강력한 1인 지배 대통령제를 견제하고 나섰다.

그는 부총재에 신민당 5선 의원을 지낸 중진 김은하, 사무총장에 신상우, 대변인엔 노무현 정부에서 국회의장을 지낸 신문기자 출신의 초선의원 김원기를 임명하고 제1야당의 닻을 올렸다. 구 공화당과 유정회 인사들이 주축을 이룬 한국국민당도 1월 23일 창당대회를 열어 김종철을 역시 총재 겸 대통령 후보로 선출했다.

민정당은 권정달, 권익현, 이춘구, 정순덕 등 신군부 인사들이 당 핵심 요직을 차지한 가운데 구 야당 출신의 이재형, 윤길중, 채문식, 진의종, 오세응, 박권흠, 한병채 등으로 구색을 맞추고, 공화당 출신의 임방현, 김윤환, 정석모, 남재희 등 구정치인들을 안배했다. 고위공무원이나 관료 출신인 박동진, 박태준, 김종호, 정종택, 교수 출신으론 김종인, 이세기, 이경숙 등을 영입했다. 이명박 정부 출범 당시 대통령직인수위원회 위원장을 지낸 이경숙은 불과 38살의 나이에 민정당 비례대표로 국회의원이 됐다.

정통성이 없었던 데다 언론통폐합 사태로 '언론달래기'가 시급했던 신군부는 특히 언론인 출신 영입에 공을 들였는데 김용태, 봉두완, 하순봉, 박경석, 박현태, 심명보, 정남, 이민섭, 김정남 등이 이때 정치권에 편입된 언론계 인사들이다. 또 율사 출신으론 이한동, 김중권, 이치호, 이진우, 현경대 등이 민정당 신군부 세력과 손을 잡았다. 하나회 출신이지만 12·12나 5·18엔 참여하지 않았던 김상희(현 국회의장)는 민정당 비례대표 예비후보로 있다가 뒤늦게 금배지를 달게 된다.

김영삼, 김대중, 이철승 등 정치규제에 묶인 구 야당 중진들을 대신해 그들의 보좌관이나 비서를 하던 사람들도 대거 출마의 기회를 잡았다. 박관용, 서석재, 김태식, 한광옥 등이 보좌관 또는 비서관 등을 하다가 민한당 소속으로 처음 국회의원이 됐으며, 조순형은 정치규제에 묶인 형 조윤형을 대신해 출마함으로써 초선의원이 된다. 국민당은 훗날 국회의장을 지낸 이만섭을 비롯해 신철균, 이동진 같은 구 공화당이나 유정회 출신들이 중심이 됐다.

1981년 3월 3일 전두환이 제12대 대통령에 취임한 직후 같은 달 25일, 1개 선거구에서 2인을 선출하는 중선거구제로 치러진 제11대 국회의원 총선에서 민정당이 151석, 민한당 82석, 국민당 25석을 차지했다.(지역구와 비례대표 포함) 민정당은 그들의 의도대로 국회 의석 분포에서 과반인 54.7%를 점유했고 군소정당인 민권당, 신정당, 민주사회당이 각각 2명씩, 민주농민당과 안민당이 각각 1명씩 당선자를 냈다. 무소속은 모두 10명이 당선됐다. 득표율은 민정당 35.6%, 민한당 21.6%, 국민당 13.3%였다.

'동토에 민주주의 싹을 틔우려 했다'

1948년, 20대 초반의 나이에 신익희 국회의장의 비서로 정치에 입문한 유치송은 1963년 6대 국회에 처음으로 당선된 이래 9대와 10대 국회에서 신민당 소속으로 3선 의원이 돼 사무총장과 최고위원 등을 지냈다. 함께 정치를 하던 많은 동료들이 정치활동을 금지 당할 때 그는 야당 중진 가운데 드물게 정치규제의 덫에서 벗어났다. 1980년 9월 1일 제11대 대통령으로 취임한 전두환과 민정당은 통일주체국민회의 대의원제를 모방한 대통령선거인단이란 제도를 도입했다. 유신 시절의 '통대'를 이름만 바꾼 형태였다. 전두환은 1981년 2월 25일 한 번 더 '체육관 간접선거'란 요식행위를 거쳐 임기 7년의 12대 대통령으로 선출된다. 선거 결과 민정당 전두

환이 절대다수인 90.2%를 득표했고, 민한당 유치송은 7.7%, 국민당 김종
철 1.6%, 민권당 김의택이 0.6%를 얻었다.

　　대통령 선거가 있은 지 불과 한 달 만에 치러진 제11대 국회의원 선거
를 진두지휘한 유치송은 자신도 경기도 평택에 출마해 4선에 오른다. 역
설적으로 유치송의 정치적 시련은 여기서부터 시작된다. 김영삼, 김대중
을 비롯한 유력 정치인들이 모두 정치규제를 당한 상태에서 국회에 들어
간 야당 의원들은 임기가 끝날 때까지 국민들로부터 '어용 정치집단'이라
는 곱지 않은 시선을 받게 된다.
　　당시 '민한당은 민정당 2중대, 국민당은 민정당 3중대'란 말이 널리 회
자됐으며, 제대로 목소리를 내지 못하는 야당을 보면서 국민들은 극심한
정치적 갈증을 느꼈다. 비록 정국이 극도로 얼어붙고 언론은 사실을 있는
그대로 전달하지 못하는 통제사회였지만 국민들은 과거에 비해 힘이 빠질
대로 빠진 야당에 실망했다. 전두환 집권 전반기는 국회, 언론사, 대학 등
에 기관원이 상주하던 폭압의 시대였으며, 야당 국회의원의 발언 원고조
차도 사전검열을 받아야 하는 극도로 통제된 사회였다.

　　기자 : "전두환 집권 초기가 매우 엄혹한 시대였다는 걸 인정합니다. 하
지만 국민들에겐 야당, 특히 제1야당인 민한당이 너무 무기력한 모습으로
비쳐졌던 것 같습니다. 총재로서 민한당을 이끌고 11대 국회 4년을 보낸
과정은 어땠습니까?"

　　유치송 : "그때도 그런 지적이나 비판이 많았던 것을 알고 있었습니다.
그렇지만 당시 상황은 지금 시각에선 도저히 이해가 되지 않는 얼어붙고

가장 엄혹했던 시기에 야당을 이끌었던 유치송 전 민한당 총재는 민주주의의 싹을 틔우려 노력했다고 말했다.

경직된 사회였습니다. TV는 더 말할 것도 없고 신문도 검열을 받아야만 하는 상황이었어요. 이 땅에 보도기능이 있는 방송이라곤 KBS와 MBC 두 개밖에 없던 상황에서 아무리 중대한 사안이 발생해도 9시만 되면 전두환 대통령의 동정기사가 먼저 나간 뒤에 정작 중요한 기사는 끝부분에 아주 모호한 표현으로 짧게 보도가 되곤 했으니까요. 전직 제1야당 총재인 김영삼 씨가 장기간 단식농성을 하면서 병원에 실려 가는데도 언론은 기사를 쓰지 못했어요. 아니, 기사를 써도 신문이나 방송에 나가지 않았지요. 사전 검열 과정에서 모두 삭제됐으니까요.

김영삼 씨 건강이 악화되면서 미국, 일본 정부가 압박을 가하자 그때 신문에 겨우 나온 기사가 '재야인사의 식사문제'일 정도였으니 지금 현재 시점에선 상상하기 어려운 그런 엄혹한 상황이었습니다. 야당 의원이 국회 의사당에서 소신 있게 발언을 하기도 어려웠지만 그런 사실이 언론에 기사화될 수 없는 형편이었어요. 그런 속에서도 저희 민한당 의원들은 정치 규제된 사람들을 풀어야 한다, 언론자유를 실시해야 한다, 구속자와 양심수들을 석방해야 한다고 줄기차게 요구했습니다.

민한당 내에서도 수위 높은 발언을 하고 용기와 소신을 갖고 행동한 의원들이 많았습니다. 그땐 국회 의사당 안에 정보기관원이 상주하는 방이 따로 있어서 거기서 의원들의 발언은 물론이고 일거수일투족이 감시 받는 형편이었어요. 그래도 11대 국회 후반기부터 우리 당의 목소리가 커졌고, 그런 노력들이 모여서 결국 1984년 말에 정치규제자들이 정치활동 금지에서 풀리는 결과를 가져왔지요. 1985년 12대 총선에서 정치규제자들이 대거 출마하고 그들이 '신당돌풍'을 일으킨 것은 4년에 걸친 민한당의 투쟁과 노력이 바탕이 된 겁니다. 그런 과정을 인정하지 않고 한 단면만 갖고 판단한다는 것은 역사를 평가하는 입장에서 바람직스럽지 않습니다."

유치송 총재는 정치신인이 대부분인 민한당을 이끌고 얼어붙은 땅에 민주화의 싹을 틔우기 위해 고군분투했다. 그는 군부독재를 등에 업은 거대 여당 민정당을 상대로 힘겨운 원내투쟁을 벌였다.

기자 : "군부정권의 혹독한 감시가 있었지만 그래도 엄연한 국회가 존재했고, 민한당은 제1야당이었습니다. 좀 더 강경한 투쟁, 이를테면 유신말기 김영삼 총재의 신민당 같은 투쟁력을 보여줄 수 없었습니까? 숨죽이고 있던 많은 국민들이 야당의 존재감에 목말라했고, 이런 불만이 다음 총선에서 민한당의 몰락으로 귀결된 것 아닌지요?"

유치송 : "억압과 탄압만 존재하던 1인 독재체제에서 그래도 민주화의

싹을 틔웠다는 데 자부심을 갖고 있어요. 언론에선 대통령직선제란 용어를 사용하지 못하는 금기어였습니다. 대통령을 국민들의 직접투표로 선출하자는 주장을 하면 국기문란으로 처벌을 받는 상황이었으니까요. 그때 내가 처음으로 대통령직선제를 실시해야 한다고 주장했어요. 기자회견 석상에서 원고에 없던 것을 내가 처음 발언했지요. 원고에 그 말을 넣었다가는 기자회견을 하기도 전에 경찰이나 안기부에서 들이닥칠 위험이 있었기 때문에 원고엔 아예 대통령직선제 부분을 뺏습니다.

원내교섭단체 대표 발언에서도 군사정권은 이번으로 끝나야 한다는 발언을 했어요. 민정당의 집권은 전두환 씨로 막을 내려야 하고 군인 출신 대통령도 마지막이 돼야 한다는 취지였습니다. 물론 이 발언도 원고엔 빠져 있었지요. 야당 대표의 국회발언까지도 사전검열이 있었으니까요. 나는 그런 극단적인 통제사회에서 민한당이 그만큼 싸운 것도 아주 잘한 것이라고 생각하고 있어요."

유치송이 제1야당을 이끌던 시절은 술자리에서 대통령을 비판하는 말 한번 잘못했다가 경찰에 연행되고, 그런 내용을 글로 쓰거나 배포했다간 불온분자, 반국가사범의 올가미를 쓰는 그런 사회였다. 국민의 대표로 선출된 국회의원의 의사당 내 발언조차도 사전 감시와 검열의 대상이 되던 나라였다. 삼엄하고 삭막했던 시대상을 잘 알고 있는 유치송은 민한당이 그래도 야당의 본분을 다한 것에 대해 후회가 없다고 말했다.

'김영삼, 김대중 등 정치활동 재개에 역할을 다했다'

김대중이 사형선고를 받은 뒤 1982년 연말 신병치료를 이유로 미국으로 떠나고, 김영삼은 가택연금과 장기간 단식농성을 벌이는 상황이 벌어지면서 유 총재는 두 김 씨의 사면복권을 요구하는 한편 정치활동이 금지된 옛 동료들의 해금을 줄기차게 촉구했다.

유치송 : "야당 하던 사람들이 정치활동을 금지 당하고 있는 상황에서 이들의 정치활동 재개가 급선무라고 생각했습니다. 야당의 요구와 주장이 어느 정도 영향을 줬는지는 알 수 없지만 정치적 비중이 크지 않았던 사람들부터 몇 차례에 걸쳐 단계적으로 해금조치가 있었습니다. 김영삼, 김대중 씨를 포함해서 나머지 인사들이 모두 해금조치 될 때까지 우리가 민주화의 교두보 역할을 해야만 야당의 역할을 다하는 것이라고 생각했지요. 결국 12대 총선을 몇 달 앞두고 대부분의 사람들이 풀려났어요.

바로 야당으로 정권교체가 되거나 직선제 개헌을 실현한다는 것은 가능하지 않은 일이라고 판단했지만 우선적으로 정치규제를 당하고 있는 사람들이 피선거권을 되찾고, 다음 총선에는 어떻든 그들이 출마를 할 수 있게 만들어야 한다는 것에 목표를 뒀습니다. 야당 대표로서 청와대에서 전두환 대통령을 만나선 정치규제자들을 풀어달라는 요구를 했고, 1982년 '장영자·이철희 어음사기 사건' 때엔 내각 총사퇴를 주장했어요. 여러 경로를 통해 김대중 씨 등 양심수들을 조속히 풀어달라는 요구도 했고요. 하지만 언론에서 이런 야당의 목소리는 아주 축소돼 보도됐습니다. TV에선 맨 전두환 대통령 찬양 보도만 있었지 정치활동 규제를 풀라는 야당의 주장은 뉴스에서 다루지 못했으니까요. 그 당시의 상황을 야당에만 책임지우는 것은 옳지 않다고 생각해요."

'철저히 통제된 언론, 야당 주장 기사화 못해'

유치송 총재는 거물급 정치인들이 모두 정치규제에 묶여 초선 급 신인들을 이끌고 원내정치를 폈으나 선명성이 떨어진다는 곱지 않은 시선을 받아야 했다. 국회의장을 지낸 박관용을 비롯해 서청원, 홍사덕, 한광옥, 손세일, 목요상, 김덕규, 김태식, 김병오, 김진배, 고영구, 김문원, 유준상, 이재근, 황산성 등이 유 총재 아래서 정치를 시작한 당시의 초선의원들이다.

기자 : "민한당 내에서도 적극적으로 투쟁에 나서야 한다는 주장과 현실을 인정하자는 온건론이 맞섰던 것으로 알고 있습니다. 실제 상황은 어땠습니까?"

유치송 : "겉으론 민한당이 온건하고 힘없는 야당으로 보였을지 몰라도 발언수위나 당의 대여투쟁노선 등을 놓고 당 내에서도 충돌이 많았습니다. 아직 30대였던 서청원 의원 같은 사람은 의분이 대단했어요. 한 번은 누가 사석에서 전두환 대통령을 두둔하는 발언을 하자, 같은 당 의원인데도 뭐 이 따위가 다 있느냐면서 흥분해가지고 웃통을 벗고 싸우기도 했지요. 하지만 원내의석 수에서부터 민정당과 워낙 차이가 많았고 언론이나 외곽단체의 지원을 전혀 받을 수 없는 형편이었기 때문에 야당의 투쟁은 힘을 받지 못했어요. 시민단체란 게 존재하지도 않았지만 그나마도 대부분이 어용단체였고요.

여러분 다 아시는 바와 같이 9시가 되면 국내외 어떤 사안보다도 전두환 대통령 내외의 동정 뉴스가 먼저 방송되는 상황이었으니 야당이 아무리 힘을 써본들 국민들에게 제대로 전달될 수 없었지요. 지금의 정치 후진국, 극단적인 언론통제가 가해지고 있는 나라들을 상상해 보면 이해가 될 겁니다."

민한당이 많은 비판을 받았지만 그 전후 사정엔 권력에 대한 감시자 역할을 전혀 하지 못한 언론이 자리 잡고 있었다는 게 유 총재의 증언이다. 그는 당시 기자회견에서 '언론자유 쟁취 없이 민주주의는 없다'는 제목으로 어용, 친정부 일색에 전두환 찬양 보도로 일관한 대한민국의 언론 현실을 개탄하기도 했다. 모든 언론이 권력의 시녀, 나아가 앞잡이나 선전대의 구실을 하던 상황에서 야당 총재의 주장은 메아리 없는 외침이었는지도 모른다.

기자 : "민한당은 민정당의 2중대, 국민당은 민정당의 3중대라는 식의 비유로 야당의 존재감에 대한 비판이 있었습니다. 그런 가운데서도 민정당을 위협한 의정투쟁도 있었던 것으로 기억하는데요?"

유치송 : "11대 국회가 출범하던 첫해, 그러니까 1981년 여름에 이른바 '국회 돗자리 사건'이란 게 있었습니다. 광주가 지역구였던 민한당 임재정 의원이라고 있었는데, 임시국회에서 여야 국회의원들이 교육공무원법 심의를 하면서 고가의 돗자리를 뇌물로 받은 사실을 폭로해 큰 파문을 일으켰지요.

문공위원회 소속 국회의원 9명이 대한교련(대한교육연합회, 지금의 한국교총)으로부터 비싼 돗자리를 선물로 받은 사실을 국회에서 폭로함으로써 권력의 눈치를 살피던 대검이 어쩔 수 없이 수사에 들어갔고, 견국 여당의 정책위의장과 문공위원장 등 주요당직자들이 줄줄이 옷을 벗었어요. 야당이 민정당의 지시에 따라 움직였다면 이런 일이 생길 수 없었겠지요. 그때 임재정 의원 같은 사람은 투쟁성이 아주 강했던 국회의원이었는데 나중에 양김의 지역양분이 극심해지면서 의정활동을 오래 할 수 없었던 게 안타깝습니다."

　각 언론사에 기관원이 상주하던 시절이지만 의분을 앞세운 야당 의원의 돌발적인 폭로를 막을 방법은 없었다. 일명 '돗자리 사건'으로 명명된 이 일을 계기로 무소불위 권력을 남용하던 신군부의 민정당은 야당과 여론의 존재를 의식할 수밖에 없었다. 그리고 바로 1년 뒤 터진 '장영자·이철희 어음사기 사건'으로 야당의 대여공세는 수위를 높여갔다.

'정치인들 당리당략이 병폐의 원인'

　유치송은 정치초년병 시절엔 주로 외교 분야에서 두각을 나타내며 온건하고 합리적인 야당의 유망주였다. 1956년 대통령선거 직전 급서한 해공(海公) 신익희 선생을 모셨던 유치송은 당리당략, 사리사욕과 거리가 멀었던 해공 선생에게서 '큰 정치인'의 풍모를 배웠다고 말했다.

　유치송 : "해공 신익희 선생은 대통령 선거에 거의 다 당선된 상태나 다름없었는데, 아침에 제가 보고를 하러 들어가면 자신이 대통령이 되더라도 도탄에 빠진 국민을 먹여 살릴 방법이 무엇일까 걱정을 했어요. 당장 대통령이 되겠다는 생각에 앞서 국민을 먹여 살릴 방법부터 근심하는 태도가 이후의 정치인들과 다른 모습이었지요. 그런 걸 보면 그런 위인들도 자기가 국가를 맡기만 하면 뭐든 다 잘할 수 있다는 자만심이 아니라 자기가 맡아서 뭘 어떻게 해야 할지를 먼저 걱정하는 마음이 있었던 것 같아요. 국가지도자란 자리가 그런 애국심이 앞서 있지 않으면 안 된다는 생각을 해봅니다.

　지금 대통령하는 사람들, 하겠다는 사람들은 그런 자세를 배워야 합니다. 요새 정치인들, 특히 대통령이 되겠다는 사람들은 자기가 대권을 차지하기만 하면 무엇이든 다 할 수 있다는, 어찌 보면 권력에 눈이 먼 것 같은 그런 자세를 보이다가 막상 권력을 차지하면 온갖 문제와 비리 같은 것에 연루되고 그러지 않습니까? 자기가 대통령이 되기만 하면 모든 게 해결된다는 권력만능주의에서 대한민국의 많은 문제가 생겨난다고 봅니다.

정치인들의 당리당략이 대한민국 정치의 병폐를 낳고 있는 겁니다."

대통령이 되기만 하면, 또는 권력을 잡기만 하면 그만이라는 지금의 풍토에 대한 노정객의 따끔한 충고였다. 아마도 오늘날 대한민국 정치의 원죄는 '내가 아니면 안 된다'는 사고에서 비롯된 것이 아닐까?

유치송은 지역바람이 거세게 몰아친 1988년 13대 총선에서 낙선한 뒤 미련 없이 정계를 떠났다. 인터뷰 당시 헌정회장으로 평생 신념인 민주주의를 장외에서 실천하고 있던 그는 자신의 이해에 따라 이리저리 당을 옮겨 다니는 우리 정치풍토와 세태가 안타깝다는 말도 덧붙였다.

기자 : "오래전 민한당 총재 당시의 기사를 찾아보니까 신익희 선생을 오래 모시다 보니 품성까지 닮게 됐다는 말씀이 있던데요, 어떤 점에서 그분을 닮게 됐습니까?"

유치송 : "저는 어렸을 때부터도 누구하고 다투거나 싸우는 걸 싫어했어요. 해공 선생을 6, 7년 모셨는데 그분은 기자회견을 해도 아주 온건하고 점잖게 말씀을 하시는 겁니다. 처음엔 답답하기도 하고 그랬는데 나중에 보니 그분이 말씀하신 대로 세상사가 돌아가더군요. 그래서 오랜 경험과

평생 남에게 보여주기 위한 행동을 하지 못했다는 그는 자택에서 포즈를 취해달라는 요구에도 그저 화초 키우는 게 낙이라며 환한 미소를 지었다.

넓은 경륜에서 우러나오는 해공 선생의 판단은 못 당하겠다는 생각을 하고 감복했지요. 그 뒤로는 모든 사안에 속단하거나 성급하게 결정짓거나 하지 않게 됐습니다.

젊은 의원들이 강경발언을 할 때에도 한번 다시 생각하고 신중히 발언을 하라는 그런 충고를 많이 하고 그랬지요. 강경론이 무조건 나쁘다는 것은 아니지만 해공 신익희 선생에게 감화를 받은 게 저의 정치인생 내내 큰 영향을 줬다고 생각해요.

한편으론 4·19의 큰 희생과 이승만 대통령의 하야 이전에 신익희 선생으로 정권이 교체됐다면 이 나라의 민주주의 발전이 훨씬 빠르지 않았을까 하는 아쉬움도 크지요."

군부독재 시절 국민들이 답답함을 느꼈던 제1야당 민한당의 '점잖은, 합리적이고 온건한 투쟁'은 유치송 총재의 개인적인 인품이나 성향에서 비롯된 면도 있을 것이란 생각을 들게 했다.

선동보다 논리, 분열보다 통합을 강조한 리더십

기자 : "민한당을 이끌면서 선명성과 투쟁성을 좀 더 강화했더라면 유 총재나 민한당에 대한 평가가 많이 달라지지 않았을까 하는 아쉬움이 있습니다. 너무 조심스럽고 온건하게 야당을 이끌었다는 지적에 대해 어떤 소회를 갖고 있습니까?"

유치송 : "저한테 그런 제안이 많았습니다. '목소리를 좀 더 높여 달라, 김영삼 씨나 김대중 씨같이 선명한 투쟁을 하면 당신은 양김보다 더 인기를 얻는 대중정치인이 될 것이다' 당 내에서도 그런 주장을 펴는 사람들이 있었고요. 하지만 저는 천성적으로 그런 행동, 남에게 보여주기 위한 언행을 하지 못하는 사람입니다. 저의 그런 됨됨이를 아는 사람들은 그 같은 주문을 하지 않았지요. 그렇지만 주어진 상황에서 야당으로서 최선은 다했다고 생각합니다. 평가는 모두 다를 수 있지만 보여주는 것에 매달리고 싶지는 않았고, 지금도 그런 부분은 후회하지 않습니다."

그는 원래 상사 제실이었다고 한다. 쌀 두 가마니를 거뜬히 들고 어렸을 때 동네에서 서너 살 많은 아이들과 씨름을 해도 지는 법이 없었다고 한다. 하지만 심성이 모질지 않아서 누구와 다투거나 심하게 언쟁을 한 적이 없었다고 했다. 그런 인성은 치열한 투쟁가를 필요로 하던 독재정권 시절 야당 총재 자리에 어울리지 않았음 직하다.

특별한 취미나 최근의 소일거리를 묻자 예전엔 골프도 좋아 했고 소싯적 말도 타고 당구도 쳤는데 지금은 그저 집에서 화초를 키우는 재미에 산다고 했다. 그래도 영상이 나오도록 집 안에서 뭐 연출을 좀 해주시면 좋겠다고 부탁을 해도 호스를 들고 화초에 물을 주는 게 요즘 최고의 소일거리라면서 인자한 미소만 짓던 유치송이었다. 목적을 위해 뭘 꾸미거나 연출하지 못하는 천성이 그대로 드러나는 인물이었다.

한 정치평론가는 유치송에 대해 '선동보다는 논리, 분열보다는 통합, 파쟁보다는 화해로 민주역량을 축적하고, 그 축적된 힘으로 민주화를 구현했던 의회주의자'라고 평가했다. 어둡고 얼어붙고 척박했던 시절에 그래도 민주주의의 싹을 틔워보기 위해 자신의 천성엔 맞지 않는 투쟁 야당의 선봉에 섰던 사람이 유치송이다. 그가 온건한 합리주의, 따뜻한 의회정치가 뿌리를 내린 세상에서 정치를 했다면 역사적으로 훨씬 더 높게 평가 받는 정치인이 되지 않았을까 하는 생각을 해본다.

금슬이 좋았던 유치송은 부인이 세상을 뜬 뒤 한 달 만에 병석에서 82세로 눈을 감았다. 그는 1남 2녀를 뒀으며, 장남인 유일호는 한국개발연구원(KDI) 교수와 한국조세연구원 원장을 거쳐 서울 송파에서 재선의원이 됐다. 2012년 4월 19대 총선에서 법무부 장관을 지낸 4선 의원 출신의 민주통합당 천정배를 맞아 고전이 예상됐으나 접전 끝에 승리해 '강남 3구'에서 유일한 새누리당 연임 의원이 됐다.

무색무취한 정치성향의 유일호 의원은 정치적 발언보다 학구적인 조용한 의정활동으로 언론의 주목을 크게 받지 못했으나 제18대 대통령에 당선된 박근혜 당선인 비서실장에 임명돼 뒤늦게 존재감이 부각됐다. 조세

전문가인 그의 관심 분야는 공공부문 개혁, 예산제도 개선, 탈세를 포함한 세제 전반 등으로 '근혜노믹스'의 첫 단추를 어떻게 끼울지 주목받고 있다.

1인 독재와 우상숭배만 존재하던 시절에 견제와 비판의 목소리를 냈던 유치송. 엇갈린 평가에도 불구하고 독재정권에 대한 감시와 민주화를 위한 밑알과 같은 그의 기여가 없었다면 김영삼과 김대중의 정치 복귀도, 시민의 힘으로 일궈낸 직선제 개헌도, 그리고 세월이 흐른 뒤 완성된 군인정치 시대의 종언과 지금 굳게 뿌리내린 민주주의의 토양도 마련되지 않았을 것이다.

유치송 (柳致松)

1924년 10월~2006년 6월. 경기도 평택 출생으로 서울대 상대를 졸업했다. 1948년 신익희 국회의장 비서로 정계에 입문. 6, 9, 10, 11, 12대 국회의원, 유신 시절 야당인 신민당 사무총장을 지냈다. 1981년 민주한국당 총재에 선출됐고 같은 해 제12대 대통령 선거에서 2위로 낙선했다. 헌정회 회장을 지냈으며 저서로는 '역사의 기초에서', '민주화의 과제', '해공 신익희 일대기' 등이 있다.

"Made In Korea 브랜드 가치는
숫자로 따질 수 없어요"

넥센타이어 회장 강 병 중

2012년 호재가 겹친 넥센타이어

　최근 몇 년 사이 가장 빠른 성장세를 보이고 있는 국내 제조업 분야로 완성차와 함께 타이어 생산 부문이 꼽힌다. 이 두 분야는 미국과 유럽을 번갈아 강타하고 있는 경제위기 상황 속에서도 꾸준하게 세계시장 점유율을 높여가고 있다. 넥센타이어는 타이어 생산업체 가운데서도 가장 빠르게 성장하고 있는 세계 타이어업계의 '떠오르는 신예'로 불린다. 2012년 2분기 넥센타이어는 매출 4,333억 원, 영업이익 518억 원으로 사상 최대 실적을 냈다. 매출은 진년 동기 내미 29.8% 증가이며, 영업이익은 두 배 늘어난 수치다. 당기순이익도 88.4% 늘어 291억 원을 기록했다. 마진율이 높은 프리미엄 초고성능(UHP) 타이어의 해외 판매가 급증했기 때문에 이 같은 실적이 가능했다. 글로벌 경기침체로 국내외 많은 기업들이 마이너스 성장을 하는 가운데 거둔 넥센타이어의 놀라운 성적이었다.

2012년 봄, 넥센타이어엔 몇 가지 획기적인 뉴스가 이어졌다. 먼저 그룹 차원에서 명운을 건 경남 창녕의 신기술 고부가가치 타이어 생산시설이 1차 완공돼 본격적으로 글로벌 고가 타이어시장에 도전장을 낸 것이다. 또 최근 가파른 매출 신장과 이익 성장에 따라 2012년 상반기 넥센타이어의 주가는 연속 상승 기록을 세웠다. 동시에 만년 하위 팀으로 외면받던 프로야구 넥센 히어로즈가 연승을 거두면서 창단 이후 처음으로 정규리그 선두에 나서는 등 돌풍을 일으켰다. 결국 2012년 시즌이 끝난 뒤 페넌트레이스 시상식에서 MVP에 박병호, 신인왕에 서건창 등 넥센 소속 선수들이 개인상을 휩쓸었다. 연말 골든글러브 시상식에서도 1루수 박병호, 2루수 서건창, 유격수 강정호 등 3명이 선정돼 넥센은 최다배출 팀이 됐다. 한 팀에서 MVP와 신인왕을 모두 차지한 것은 역대 5번째이며, 지난 2007년 두산 구단에 이어 5년 만의 일로 넥센 그룹 차원의 연이은 희소식이었다.

기업 인수합병, 즉 'M&A의 귀재'라고 평가 받는 넥센타이어의 강병중 회장을 만나 그의 경영철학을 비롯해 경영상의 중대한 결정을 내릴 때 판단기준, 그리고 국내 주요 산업으로서 타이어 산업의 미래 등에 대해 들어보았다.

기자 : "넥센타이어의 최근 빠른 성장세가 국내외에서 화제가 되고 있습니다. 고속 성장의 요인부터 말씀해 주시죠."

강병중 : "지난 10여 년 사이 우리나라 자동차산업은 눈부신 발전을 해왔습니다. 영원히 따라잡을 수 없을 것처럼 보였던 일본 차, 유럽 차와 당당히 경쟁을 벌이는 수준에 올랐으니까요.

거기에 맞춰 타이어산업도 아주 빠른 속도로 시장점유율, 브랜드 인지도, 가격경쟁력 등을 높여왔지요. 무엇보다 부단한 기술개발로 선발주자인 미국, 일본, 유럽 업체들을 추격해온 것이 오늘날의 대한민국 타이어 생산업체의 위상을 만들었다고 봅니다.”

먼저 세계 타이어 업계에서 대한민국 브랜드가 차지하고 있는 위상을 살펴본다. 세계 타이어시장은 미쉐린을 앞세운 프랑스, 콘티넨탈의 독일, 피렐리의 이탈리아, 브리지스톤과 스미토모, 요코하마 등의 일본, 그리고 굿이어의 미국 등 전통적인 자동차 강국들이 세계시장을 석권해 왔다. 하지만 지난 10여 년 동안 대한민국의 타이어 생산업체들도 부단한 품질향상과 세계시장 점유율 확대로 타이어 강국의 대열에 들어섰다.

지난 2010년을 기준으로 한국타이어가 세계시장 점유율 8위, 금호타이어가 12위에 올랐고 후발주자인 넥센타이어가 24위에 랭크됐다. 이런 가운데 세계 최고의 성장세를 보이고 있는 넥센타이어는 업계에서 각종 기록을 갈아치우며 돌풍을 일으키고 있다. 지난 1999년 1,806억 원이었던 넥센타이어의 매출은 2011년엔 1조 4,300억 원으로 8배의 초고속 성장가도를 달렸다. 해마다 20%에 가까운 경이적인 성장률을 기록했다.

2012년 매출액 추정치는 1조 7,000억 원이며, 이 추세대로라면 2013년 2조 원, 2015년엔 3조 원을 넘을 것으로 예측되고 있다. 더욱 고무적인 것은 고부가가치 타이어 부문에서 넥센의 성장세가 눈부시다는 점이다.

강병중 회장은 2012년 3월 경남 창녕의 고부가가치 타이어 생산시설 1단계 준공을 계기로 대한민국도 단순한 타이어 대량 생산국가 차원을 뛰어 넘어 품질과 기술력을 인정받는 나라가 됐다며 인터뷰를 시작했다. 모두 1조 2,000억 원을 투자해 오는 2018년까지 단계적으로 완공될 예정인 창녕 생산기지는 전 공정이 자동화된 세계 최첨단 타이어 생산시설이다. 강 회장은 완공 시점인 2018년엔 넥센타이어가 세계 10위권에 진입할 것이라며 미래 청사진을 제시했다.

'Made In Korea' 고집

대표적인 자수성가형 기업인인 강병중 회장은 많은 기업들이 생산시설을 중국과 동남아시아 등 저임금 국가로 옮기는 추세에도 불구하고 고집스럽게 국내 생산을 고수하고 있다.

기자 : "국내 굴지의 대기업들이 저렴한 노동력과 인건비를 찾아 한동안 해외이전 붐을 이뤘습니다. 넥센타이어는 아직도 주력 생산품 대부분을 국내에서 생산하고 있는데 그 이유가 궁금합니다."

강병중 : "중국에도 생산 공장이 있기는 하지만 그곳에서 만드는 제품은 대부분 중국 내 내수시장을 겨냥한 타이어만 만들고 있습니다. 중국을 제외한 해외 수출 제품들은 한국 내 생산시설에서 만들어 메이드 인 코리아 제품으로 수출됩니다.

외국으로 생산시설을 옮기는 방법이 일시적으로 저렴한 땅값과 인건비의 덕을 볼 수는 있지만 긴 안목의 생산성과 효율성 측면에선 단연 국내 생산이 유리하다고 판단하고 있습니다. 앞으로 고부가가치 제품으로 세계시장에서 경쟁하기 위해선 품질과 가격경쟁력, 그리고 대한민국의 국가 브랜드가 중요하다는 점에서 '메이드 인 코리아' 제품이 절대적으로 유리하다고 생각하고 있어요.

그런 브랜드의 가치는 단순한 수치만 갖고 환산할 수 없는 것입니다. 국내 일자리 창출이나 국내 제조업 발전에 기여해야 한다는 일종의 사명감 같은 것은 물론이고요."

실제로 세계 타이어 시장에서 브랜드 고유국가의 생산품은 높은 가치를 인정받고 그만큼 수요가 많다. 이를테면 프랑스 미쉐린의 경우 'Made In France' 제품은 다른 지역 생산제품에 비해 높게 평가 받고, 일본의 브리지스톤도 'Made In Japan' 제품의 수요가 다른 나라 생산품에 비해 월등히 많다. 넥센은 중국을 제외한 대부분의 지역에서 'Made In Korea'란 로열티로 승부하겠다는 뜻이다.

대한상공회의소 부회장과 부산상공회의소 회장을 오래 역임한 강 회장에겐 그만의 독특한 경영기법이 있다. 인화를 바탕으로 화합하고 상생하는 노사문화가 우량한 기업을 만들어낸다는 게 40여 년 타이어 제조업을 해온 강 회장의 철학이다.

기자 : "넥센타이어는 21년째 무분규를 기록하고 있습니다. 규모가 큰 제조업 분야에선 드문 사례인데 어떤 비결이 있습니까? 또 특이한 것이 해마나 무총 시즌에 사상 넌서 수수송회를 열고 있는데 그 배경은 무엇입니까?"

강병중 : "노사관계는 상호신뢰가 제일 우선입니다. 서로 믿어야 됩니다. 우리 회사에서는 매달 경영실적을 전 사원에게 공개하고, 주요한 투자계획 등 어떤 현안이 있으면 노조와 먼저 상의합니다. 예를 들어 공장 증

설 같은 문제가 있을 때, 공장 하나를 더 짓더라도 노조와 먼저 협의를 하고 방향을 설정합니다. 이렇게 하니까 노조가 회사를 믿고, 경영진도 노조에 신뢰 받기 위해 가까이 다가갈 수밖에 없습니다.

우리 회사는 해마다 주주총회 시즌에 상장사 가운데 가장 먼저 주총을 열고 있습니다. 회사와 노조의 신뢰가 중요한 것과 마찬가지로 주주와 회사의 믿음도 중요합니다. 그래서 13년째 주총을 가장 먼저 열어서 주주들에게 실적을 알려주고, 그들이 장기투자를 할 수 있도록 서로 신뢰관계를 쌓아가는 것입니다.

그런 경영 소신에서 매월 경영실적을 직원들에게 있는 그대로 공개하고 있으며, 기업의 투명성 측면에서도 바람직하다고 생각하고 있어요."

세계 최대 단일 생산시설 목표

강 회장이 야심을 갖고 추진하고 있는 경남 창녕의 단계적 생산시설 확충이 완료되면 향후 세계 최대 규모의 타이어 생산 공장이 된다. 2012년 3월부터 가동을 시작한 이곳에선 올해 300만 개 생산을 시작으로 2018년엔 2,100만 개, 최대 3,500만 개의 타이어를 만들어 낼 예정이다. 여기엔 모두 1조 2,000억 원이 투입된다. 통상 연간 30만 대의 완성차를 만드는 생산시설을 짓는데 1조 원 정도가 드는 것과 비교하면 넥센은 이보다도 훨씬 더 '통 큰' 투자를 하는 셈이다.

강병중 : "2018년에 생산시설이 완공되면 하루 10만개, 연간 2,100만개, 최대로 잡으면 3,500만 개까지도 타이어를 생산할 수 있습니다. 모두 1조 2,000억 원을 투입하는 큰 계획인데 신규 고용도 2,000명을 넘을 것으로 보고 있어요. 그렇게 되면 넥센은 경남 양산과 중국 칭다오의 생산물

량을 합쳐 연간 6,000만 개 이상의 타이어를 만드는 세계 10위권의 타이어 제조사가 될 겁니다.

더 강조하고 싶은 것은 창녕에서 만들어지는 타이어 대부분이 부가가치가 높은 초고성능 고가제품이거나 특수 타이어란 점입니다. 시장 점유율 차원을 넘어 기술력으로 넥센은 이미 세계 최고 수준에 올라 있다는 게 세계적인 평가입니다."

타이어 생산은 보통 교체용 타이어(RE)로 시작해 신차용 타이어(OE)를 거쳐 초고성능 타이어(UHP)로 진화해 간다. 당초 교체용 타이어에 강세를 보이던 넥센은 창녕 공장 준공을 계기로 초고성능 타이어인 UHP 생산에 주력하고 있다. 넥센은 전 세계 UHP 시장에서 점유율 5%로 이미 세계 6위에 올라 있다. 생산기술 측면에선 이미 '세계 톱10'에 들어선 셈이다. OE 부문에서도 일본 미쓰비시의 고성능 스포츠 세단 '랜서 에볼루션'과 이탈리아 피아트의 공식 공급업체로 선정됨으로써 세계시장에서 기술력과 품질을 인정받았다.

넥센의 경남 창녕 생산시설은 지난 2004년 삼성의 아산 탕정산업단지 조성 이후 8년 만에 이뤄진 국내 대규모 산업단지 조성이란 측면에서도 큰 의미를 갖고 있다. 그동안 값싼 인건비를 찾아 국내의 생산시설이 중국과 동남아시아 등지로 줄줄이 이전하면서 국내엔 대규모 신규 투자가 이뤄지지 않았다. 1995년 현대자동차의 전주 공장, 1997년 한국타이어의 금산 공장 이후 자동차와 타이어 부문에선 10년 넘게 규모가 큰 생산시설이 만들어지지 않고 있다.

강 회장은 과거엔 용지 매입 단계에서부터 복잡한 행정절차를 밟아야

2012년 10월 경남 창녕 생산기지 제2차 준공식. 'Made In Korea'를 고집하는 강 회장은 '코리아 브랜드' 가치를 누구보다 높게 평가하는 기업인이다.

했지만 최근엔 산업단지특례법에 따라 굳이 수출용 제품을 외국에서 생산할 필요가 없게 됐다면서 일자리를 창출하고 젊은이들에게 일터를 제공한다는 측면에서도 국내에 생산시설을 늘려야 한다고 말했다.

M&A를 통해 부실기업을 우량기업으로

강병중 회장은 M&A, 즉 기업 인수합병에 뛰어난 안목을 갖고 있다는 평가를 받고 있다. 다른 기업인들이 엄두를 내지 못하는 경기하강기에도 부실기업을 과감하게 인수해 빠른 시간 안에 우량기업으로 탈바꿈시키는 재주를 가졌다고 해서 'M&A의 귀재'란 별명도 갖고 있다. 대한상의에서 강 회장과 함께 활동한 한 기업인은 "넥센의 강병중 회장은 기업의 현재와 미래를 꿰뚫어 보는 남다른 통찰력과 지혜를 갖고 있다. 경영상의 중대 고비에서 그가 내린 결정들이 시간이 지나고 세월이 흐른 뒤에 보면 거의 대부분 들어맞는 것을 보면서 놀라곤 했다. 현재는 어렵더라도 발전가능성이 있는 기업을 찾아내는 안목에 있어서 강병중을 따라갈 사람이 없는 것 같다."며 강 회장의 안목을 높이 평가하기도 했다.

시장에 매물로 나왔던 우성타이어, 부산방송 등이 그의 손을 거쳐 우량기업으로 재탄생된 대표적인 사례다.

기자 : "부채가 많던 우성타이어를 인수했던 1999년은 IMF 외환위기 직후였고, 모두들 보수적인 경영을 하던 때였는데 과감하게 인수합병에 나섰습니다. 경제상황이 좋지 않은 시기에 어떻게 그런 배팅을 할 수 있었습니까?"

강병중 : "그 당시는 우성그룹이 부도나고 우성타이어가 자금난에 허덕이고 있을 때입니다. 국내에선 우성타이어를 인수하겠다는 기업이 하나도 없었고, 인수 의사가 있던 외국기업과 경쟁해서 M&A를 성공시켰지요. 우성타이어는 한때 미쉐린과 기술제휴를 맺고 있었는데, 그때 미쉐린의 우수한 기술이 많이 전수된 상태였습니다. 우성타이어가 회사는 어려워졌지만 기술도 잘 보존돼 있었고, 우수한 사원들도 그대로 남아 있다는 것을 확인했습니다.

인수 당시 주변에선 모두 말렸습니다. '경기전망도 매우 불투명하고 지금 누구도 손을 대지 않으려 하는데 왜 당신은 부실기업을 인수하려고 겁도 없이 뛰어 드느냐?' 이런 말을 많이 들었지요.

주위에서 모두 반대했지만 저는 대한민국의 자동차산업이 발전할 것이란 확신이 있었기 때문에 우성타이어를 인수했습니다. 자동차산업이 발전하기 위해선 우리나라의 타이어산업이 그 이상으로 커질 수밖에 없다고 판단했었지요."

IMF 외환위기 직전 제일투자신탁을 국내 대기업에 매각한 것도 강병중의 경영사에서 널리 회자되는 대목이다. 경제위기의 그림자가 드리우던 1997년 9월 강 회장은 자신과 홍아타이어가 갖고 있던 제일투신 지분 12%, 143만 9,000주를 매각했다. 부산과 경남지역 상공인들이 출자해 만들었던 제일투신을 보유한 채 외환위기를 맞았다면 지역경제에 큰 타격을 줄 수 있는 상황이었다.

이때 제일투신을 매각하며 확보한 유동성은 우성타이어를 인수하는 데 결정적으로 효자 역할을 했다. 강 회장은 훗날 오랜 사업경험에서 우러나온 동물적인 감각이 이 같은 결정을 내린 것 같다고 밝혔다.

기자 : "기업인이나 경영자들은 규모가 큰 M&A를 놓고 결정을 내려야 하는 과정이 가장 힘들다는 말을 합니다. 많은 M&A를 성공시켰는데, 기업인수합병에 임하는 자세는 무엇이며 어떤 판단기준과 안목으로 결정을 내립니까?"

강병중 : "제가 사실은 좀 소심한 편입니다. 항상 메모지를 갖고 다니면서 메모를 합니다. 잠잘 때도 머리맡에 메모지를 두고 생각날 때마다 메모를 해서 행동에 옮기지요. 다른 회사 인수합병 같은 큰 사안이 있으면 심사숙고 끝에 한 번 부딪쳐 봅니다. 한 번 부딪쳐서 될 것 같으면 더 세게 부딪쳐 보고…. 가능성이 보이면 더욱 세게 밀어붙입니다.

판단을 내리는 과정은 신중해야 하지만 한 번 결단이 서면 과감하고 적극적으로 밀고 나갔던 게 성공으로 이어졌다고 봅니다. 한 회사 차원이 아니라 산업 전반에 대한 동향과 미래 전망은 항상 판단의 제일 밑바탕이 돼야 하고요. 그런 것이 제 경영철학이었습니다.”

어려운 형편에 고시 포기, 운수업 진출

일제강점기인 1939년 경남 진주에서 태어난 강병중은 이 무렵 성장한 대부분의 인물들이 그러하듯 고단한 유년, 청년 시절을 보냈다. 어린 나이에 어머니와 아버지를 잃고 고향 진주를 떠나 마산에서 마산고등학교를, 부산에서 동아대학을 다니며 어렵게 학사모를 쓰게 된다. 강병중은 후일 대법관에 오른 조무제 동아대 석좌교수 등과 대학수업을 함께 들으며 법관의 꿈을 키우기도 했으나 어려운 형편 때문에 고시의 꿈을 접고 운수업의 길에 들어선다.

1967년 그는 화물운수회사인 옥정산업을 만든다. 일본과 미국에서 폐차 직전 단계의 중고차를 들여와 수리해 판매하거나 직접 운영하는 형태였다. 초기 운수업을 하면서 최대 골칫거리는 수명이 다 된 타이어의 잦은 펑크였다. 강병중은 손수 재생타이어를 만들었고 때마침 경부고속도로 개통과 함께 화물차 등 자동차 수요가 급증하면서 사업은 날로 번창했다. 1973년엔 흥아타이어공업을 세워 제2의 도약기를 맞았다.

강병중의 사업이 비약적인 발전을 한 것은 공교롭게도 IMF 외환위기 식후였다. 만년 후발업체에 머물던 강 회장의 흥아타이어는 당시 기술력에서 앞서 있던 우성타이어를 인수해 일대 전기를 맞게 된다. 두 회사를 합병한 뒤 회사 이름을 넥센타이어로 바꾸면서 해외시장에서의 호응은 커

넥센타이어는 지난 10여 년간 눈부신 성장을 했다. 강병중 회장은 앞으로 고성능 고부가가치 타이어(UHP)에 승부를 걸겠다고 했다.

져만 갔다. 회사 개명의 덕분이었는지 넥센으로 브랜드를 통일한 직후부터 그의 타이어 사업은 날개를 단 듯 성장가도를 달렸다.

강병중 : "두 회사를 합병한 다음에 회사 이름을 바꿔야겠다고 생각했어요. 사내 공모를 했는데 넥스트 센추리, 즉 다음 세기를 뜻하는 넥센이란 공모작이 올라왔습니다. 마침 그 무렵이 새천년을 맞이할 때이고, 천년은 몰라도 백 년은 가는 그런 기업을 만들어 보자는 뜻에서 넥센이란 회사명을 채택했습니다."

우성타이어를 인수하고 회사 이름을 바꾼 지 10년 만에 넥센타이어의 매출은 2천억 원에서 1조 원으로 초고속성장을 이룬다. 현재 130여 개 나라에 타이어를 수출하고 있는 강 회장은 해외딜러들로부터 '타이어 강(Tire

Kang)'으로 불린다. 그는 미국과 독일, 중국에 판매 법인을 설립한 데 이어 영국과 캐나다, 이탈리아, 호주, 러시아 등 자동차 수요가 많은 나라들에 잇따라 해외지점을 확대하고 있다. 현대차, 기아차 등 한국산 완성차 브랜드의 세계시장 돌풍에 이어 타이어 업계에선 후발주자인 넥센의 거센 도전이 이어지고 있다.

삼성차 부산 유치 과정 후일담

10년 가까이 부산상의회장을 지낸 강병중에겐 환희와 아픔의 순간이 수없이 교차했다. 자칫 무산될 위기에 처했던 삼성자동차의 부산 유치와 외환위기 직후 삼성의 자동차사업 포기 선언, 그리고 지금은 한국거래소 KRX로 이름이 바뀐 증권선물거래소의 부산 유치 등이 그것이다.

기자 : "부산에 삼성자동차를 유치하던 과정이 험난했던 것으로 알고 있습니다. 또 어렵게 유치했는데 외환위기를 겪으면서 삼성이 자동차산업에서 손을 떼는 바람에 실망도 컸을 텐데요, 삼성자동차에 얽힌 이야기를 들려주시죠."

강병중 : "제가 부산상의 회장을 맡고 있을 때 부산의 지역경제가 무척 어려웠습니다. 부산이 한때는 한국경제를 이끌어나가는 중추적인 역할을 했있는데 힙판, 심유, 신빌 등 구럭산입이 보두 해외로 빠셔나가면서 수술도 크게 줄고 제조업 공동화현상이 생겼습니다. 부산지역에선 중소상공인들부터 영세사업자들까지 '먹고 살기 어렵다, 경제부터 살려라'라고 아우성이었습니다.

삼성자동차가 다른 지역으로 갈 상황이었는데 당시 문정수 부산시장을 비롯해 홍인길, 정재문, 최형우, 서석재, 김무성 등 여러분들이 힘을 써서 어렵게 유치에 성공했지요. 삼성자동차가 새로 생기는 것에 대해서 당시 기존의 현대자동차나 대우자동차 등의 반대가 심했고, 주무부처인 상공자원부 김철수 장관도 삼성이 자동차에 진출하는 데 호의적이지 않았습니다. 삼성차 유치가 아주 어려워졌던 상황에서 94년 5월쯤인가 홍인길 청와대 총무수석이 부산지역 경제인들을 독려하는 등의 과정이 있었어요. 그러면서 삼성차 유치에 반전의 기회가 생겼지요. 그런데 부산에서 자동차산업이 미처 자리도 잡기 전에 IMF 외환위기를 맞고 삼성이 손을 떼면서 많은 아쉬움을 남겼습니다.”

강병중 회장에겐 또 하나의 아쉬움이 남아 있다. 경남 진주에서 태어나 마산에서 고등학교를 다니고 부산, 양산, 창녕 등 부산경남지역 여러 곳에 사업체를 둔 강 회장은 지난해 경남 창원을 홈구장으로 하는 프로야구 제9구단의 주인 자리를 빼앗겼다. 뒤늦게 뛰어든 게임업체 엔씨소프트가 막강한 현금동원력을 바탕으로 경남지역 프로야구단을 따냈기 때문이다. 서울 목동이 홈구장인 넥센 히어로즈를 운영하고 있는 그는 야구열기가 뜨거운 고향 경남의 프로야구 구단주가 될 수 있는 기회를 놓친 게 아쉽기만 하다.

강 회장은 기회가 다시 찾아온다면 반드시 재도전하겠다는 의사를 밝혔다. 지금 당장은 아니더라도 언젠가는 프로야구단 구단주가 되겠다는 의지가 분명해 보였다. 그때까지 넥센 히어로즈를 명문구단으로 키우는 데 최선을 다하겠다고 한다. 목동구장 홍행 열풍의 주인공인 넥센 히어로즈는 2012년 시즌 ‘700만 관중 시대’를 여는 데 일등공신이 됐다. 지난 시즌까지만 해도 텅 빈 관중석에서 야구를 하던 넥센 히어로즈에 비하면 연일 만원관중이 들어찼던 2012년의 넥센 목동구장은 강 회장에게 또 다른 희망과 가능성을 던져줬다.

골프에서 터득한 '천,고,마,비'를 늘 가슴에 새긴다

골프 구력 40년에 아직 보기플레이어에 머물고 있는 강병중 회장은 인생도 경영도 골프에서 배운 '천,고,마,비'를 늘 가슴에 새기며 산다고 했다.

기자 : "언젠가 강 회장의 좌우명을 보니까 골프에 비유한 인생철학을 말씀하셨더군요. 많은 사람들이 와 닿는 이야기라고 생각을 했을 것 같은데, 어떤 의미인지 설명해주시죠."

강병중 : "제가 골프를 시작한 지 오래됐지만 아직도 초보 수준에 머물고 있습니다. 골프를 하면서 '천,고,마,비'라는 개념을 일상생활, 인생에도 적용해야겠구나 하는 생각을 했지요. 즉, 천천히, 고개 들지 말고, 마음을 비우고 골프를 치면 잘 맞더군요.

인생을 살면서도 너무 서두르지 않고, 조금 잘 나간다고 으스대지 말고 항상 낮은 자세로 묵묵히 나아가는 겁니다. 앞으로 나아가기 위해서 한 발 후퇴했다가 두 발 전진하는 겁니다. 이런 자세로 살아보니까 모든 일이 잘 풀리고 기업도 잘 되더군요."

나라 잃은 슬픔과 전쟁의 고통, 그리고 세계에서 유례를 찾기 힘든 초고속성장의 시대를 모두 체험한 그는 젊은이들, 후배들에게 꿈과 희망의 소중함을 일깨워주고 싶다고 여러 차례 강조했다. 훨씬 더 어려웠던 시절, 정말 앞날이 내다보이지 않았던 시기에도 묵묵히 꿈을 갖고 버텨냈더니 어느 날 희망의 빛이 어디에선가 비추기 시작했다고 그는 말했다. 요즘 젊은 이들은 포기와 좌절이 너무 빠른 것 같다는 말도 덧붙였다. 영세운수업에서 출발해 상장기업만 4개를 진두지휘하는 강병중. 오는 2018년 타이어 6,000만 개를 생산하는 '글로벌 타이어 톱10'을 향해 뚜벅뚜벅 나아가는 강병중의 타이어 신화가 어디까지 이어질 것인지 세계가 주목하고 있다.

강병중 (姜炳中)

1939년 7월 경상남도 진주 출생으로 마산고, 동아대 법학과 졸업. 1974년 흥아타이어공업 사장, 1977년 흥아타이어 대표이사, 1994년 부산상공회의소 회장과 대한상공회의소 수석부회장에 올랐다. 현재 넥센과 넥센타이어 대표이사 회장, KNN 부산방송 회장이다. 자신의 호를 딴 월석(月石)장학회 이사장이며 2011년 '가장 존경받는 기업인상'을 받았다.

"권력구조 개편,
고려할 때가 됐다"
제15대 대통령 김대중

네 번째 대권 도전에 모든 것을 건 DJ

1997년 10월 초 제15대 대통령선거에 출마를 선언한 여야 각 당 대선 후보들을 인터뷰했다. 신한국당 이회창, 새정치국민회의 김대중, 자유민주연합 김종필, 민주당 조순, 국민신당 이인제 후보 등 주요후보 5명을 각각 만나 출마의 변을 들을 기회를 가졌다. 기자생활을 하면서도 같은 시점에 주요 대선후보 5명을 릴레이로 단독 인터뷰할 기회를 갖긴 무척 어려운 일인데 당시 후보단일화, 합종연횡 등으로 서로 얽혀 있던 이들을 하루 이틀 간격으로 모두 만나 그들의 생생한 목소리를 들을 수 있었다.

대선을 두 달 앞뒀던 당시 상황을 먼저 살펴본다. 신한국당(1997년 11월 21일 민주당과 합당하며 당명을 한나라당으로 바꿈)은 당내 경선을 치러 이회창이 대선후보로 결정됐지만 아들 병역문제가 터져 나오면서 지지율이 급락한 상

214

황이었다. YS의 정치적 아들로 불렸던 경기도지사 출신 이인제는 후보교체를 주장하다 신한국당을 탈당해 국민신당을 급조했다(실제 창당은 1997년 10월 10일, 총재엔 이만섭 전 국회의장). 이 과정에서 이회창 후보와 김영삼 대통령 간 불협화음이 조성되는 등 여당의 재집권엔 빨간불이 켜져 있었다.

새정치국민회의는 순항 중이었다. 그해 5월 19일 서울 잠실 올림픽체조경기장에서 열린 전당대회에서 김대중은 대통령 후보와 총재에 각각 선출됐다. 대통령후보 경선에선 77.5% 득표로 21.8%를 얻은 정대철을 눌렀다. 당권 경쟁인 총재 경선에서도 김상현에게 압승을 거뒀다. 김대중은 '세계로 뻗어가는 신광개토 시대를 열자'는 제목의 후보 수락연설에서 "대통령이 되면 안으로는 국민의 총화단결과 정의, 주도적 대북정책을 실현해 북한을 올바르게 관리할 것이며, 밖으로는 세계 속의 선두국가로 등장하는 새로운 광개토시대를 여는 대통령이 되겠다."고 포부를 밝혔다. 김대중에겐 네 번째이자 마지막 대권 도전으로서 인생 최후의 결전을 위한 출정식이었다.

대선을 앞두고 각종 여론조사의 지지율 추이도 요동쳤다. 그해 여름까지 선두를 달리던 이회창은 아들 병역문제로 급락세를 보였고, 반사이익을 얻은 김대중의 지지율은 꾸준히 상승했다. 엎치락뒤치락하던 김대중과 이회창의 지지율은 9월말, 10월초를 분기점으로 확연한 상승세와 하락세로 고착화됐다. 여기엔 'DJP 연합'이 가시화된 이른바 '9·28 도쿄 회동'이 작용했다. 한국이 일본에 2대 1로 역전승한 1998년 프랑스 월드컵 아시아 지역 B조 최종예선 한일전. 이 경기 응원 차 도쿄로 날아간 국민회의 김대중과 자민련으로부터 후보단일화 협상을 위임 받은 무소속 국회의원 박태준은 경기장에 나란히 앉아 경기를 지켜봤다. 다음 날 아침 두 사람은 조찬을 함께 하면서 국민회의와 자민련의 대선후보 단일화 방안과 무소속으로 남아 있던 박태준의 향후 거취 문제 등에 대해 의견을 나눴고, DJ와 TJ가 악수하며 파안대소하는 사진이 언론에 일제히 실렸다. 이후 충청권 민심은 급속히 'DJP 연합'으로 옮겨갔다.

박태준은 그해 7월 28일, 허화평의 의원직 상실(12·12 군사반란과 광주민주화 운동 진압 관련, 징역 8년형 확정)에 따라 치러진 경북 포항 북구 보궐선거에서 야당 거물 이기택을 누르고 무소속으로 당선됐다. 김영삼 정권 출범과 동시에 권력에서 밀려나 장외에서 절치부심하던 박태준은 그렇게 역사의 무대에 재등장했다.

김대중 후보 측은 비록 여론조사에서 앞서가고 있었지만 충청권 표를 갖고 있는 김종필과의 연합이 절실했다. 하지만 자민련과 후보단일화엔 걸림돌이 많았다. 당 내에선 김근태 등 재야 출신들의 반발이 컸다. 자민련에서도 대구, 경북지역 의원들을 중심으로 DJ와의 공동정권 자체에 거부감을 갖는 인사들이 많았다. 실제로 안택수, 박종근 등 일부 자민련 의원들이 후보단일화 직후 한나라당으로 당적을 바꿨다.

김대중은 정권교체를 위한 '현실적 선택'의 필요성을 역설하며 반대론자들을 각개격파 식으로 하나씩 설득해 나갔다. 국민회의와 자민련의 물밑협상에는 두 당의 한광옥과 김용환이 깊숙이 관여했다. 국민회의에선 충청도 출신인 김영배, 박상규 등도 막판 협상에 힘을 보탰다. 양측은 '9·29 도쿄회동' 이후 한 달여 동안 밀고 당기는 피 말리는 협상 끝에 11월 3일 국회 의원회관에서 국민회의 김대중, 자민련 김종필 두 총재가 야권

후보 단일화 합의문에 서명했다.

　하지만 JP는 마지막 순간까지도 DJ의 애를 태웠으며, 김대중은 후보단일화를 위해 거의 모든 것을 양보했다. 김대중은 10월 27일 밤 서울 청구동 김종필 자택을 전격 방문해 JP의 위신을 세워주기도 했다. 두 사람은 대통령후보에 김대중, 대선 승리 시 국무총리는 김종필이 맡기로 합의했다. 집권할 경우 총리의 국무위원 임명제청권과 해임건의권을 법률로 보장하고, 각료 배분도 두 당이 같은 수로 하는 한편 공동정권운영협의회를 구성하기로 했다.
　또 내각제 개헌에 대해선 1999년 12월 말까지 대통령이 순수내각제를 발의해 국민투표를 실시하고 후보를 양보한 정당, 즉 자민련에서 내각제 하의 대통령 또는 총리를 우선 선택한다는 내용도 담았다. 네 번째 대통령선거에 나서 대권을 눈앞에 뒀던 김대중은 거의 전적으로 김종필의 의사를 수용하면서 청와대에 한 발 더 다가섰으며, 자민련은 대통령 후보를 제외하곤 모든 요구사항을 관철시키며 '공동정부의 꿈'을 키워갔다.

단일화 발표 직전 극도로 긴장했던 DJ와 JP

　국민회의 김대중, 자민련 김종필을 만나 인터뷰를 한 것은 내각책임제 개헌과 공동정부 구성 등을 놓고 구체적이고 세부적인 막후협상이 막바지에 이르렀던 1997년 10월 초였다. 이런 물밑협상이 막판 진통을 거듭하던 순간이었으니 출마의 변을 밝히는 김대중, 김종필 두 사람은 언론을 대하는 것은 물론이고 말 한마디 한마디가 조심스러울 수밖에 없었다. 두 사람은 협상팀으로부터 시시각각 쪽지와 메모를 전달받고 있었다.
　김대중 총재의 단독인터뷰를 중간에서 성사시킨 사람은 후에 국정원장을 지낸 임동원과 김대중 후보의 언론 일정을 관리하던 박선숙, 두 사람이었다. 임동원 당시 아태평화재단 사무총장은 국회나 당사가 아닌 동교동, 정확하겐 창천동 아릉빌딩에 있던 아태평화재단 사무실을 인터뷰 장소로 잡았다. 후보단일화가 최종 성사되기까지 극도의 보안을 지키고자 하는 참모의 조심성이 그대로 묻어났다.

평안북도 출신으로 6·25전쟁 1·4후퇴 때 월남한 임동원은 육사 13기 출신으로서 신군부 전두환 정권이 출범하던 1980년 10월 육군 소장으로 예편했다. 이후 주 나이지리아 대사와 주 호주 대사를 역임하고 외교안보연구원 원장을 지냈다. 육사 13기의 선두그룹이었으나 하나회 출신이 아니었던 그는 대구경북, 이른바 TK 하나회가 득세하던 틈바구니에서 군 생활을 했으며 결국 중장 진급을 하지 못했다. 임동원의 육사 동기로는 합참의장과 국방부장관을 지낸 최세창, 국회의원을 지낸 윤태균, 신재기, 정동호, 오한구 등이 있고 장관급에 오른 사람은 이우재, 정진태, 최문규 등이다. 이들은 임동원과 달리 모두 하나회 출신이며 군 생활이나 공직생활을 하면서 두 기수 선배인 전두환과 노태우, 정호용 등의 후광을 입은 것으로 알려져 있다.

임동원은 1992년 통일부 차관일 때 남북고위급회담에서 발생한 안기부 이동복 특보의 이른바 '대통령 훈령 조작사건' 당시 공직을 떠났다. 가진 재주에 비해 때를 잘못 만난 듯했던 임동원은 마지막 대권도전에 나선 김대중과 의기투합하며 뒤늦게 관운이 트였다. 임동원은 김대중 정부 출범과 함께 대통령 비서실 외교안보수석을 맡아 'DJ 햇볕정책'의 산파 역할을 했다. 이후 통일부 장관, 국정원장 등을 거치며 DJ 정부 외교안보 라인의 중책을 수행했다.

1997년 11월 후보 단일화 발표 직후 국립 현충원을 찾은 김대중, 김종필, 박태준. 김대중은 'DJP연대'로 네 번 도전 끝에 꿈을 이뤘다.

연일 이어지는 일정 탓에 피곤한 기색이 역력했던 김대중 총재는 자신이 대통령선거에 네 번째 도전해야만 하는 이유를 논리적으로 조목조목 열거했다. 인터뷰 당시 김대중은 반대편에서 들고 나온 '3김 청산'과 '정계 은퇴 번복'에 대해 많은 시간을 들여 반론을 폈다. 길게는 이승만 정권부터 시작된 대한민국 민주화의 길고도 험난했던 여정이 '김대중 대통령'에서 마침표를 찍어야 한다는 소신과 철학을 밝히면서 언론이 그런 당위성과 역사성을 좀 더 심도 있게 다뤄야 한다고 말했다. 그때만 해도 김대중 진영은 언론에 대한 피해의식이 상당했다.

기자 : "총재님, 지금 여론조사 지지율이나 후보 구도 등으로 볼 때 집권

가능성은 어느 때보다 높은 것 같습니다. 그런데 아직도 고령의 김대중 후보에 대한 논란이 계속되고 있습니다. 이에 대해 어떤 논리로 선거전을 치를 계획입니까?"

김대중 : "지금 저하고 여러 사안에 대해 이야기해봐서 알겠지만 내가 그 어떤 후보보다 기억력이 좋고, 개별 사안에 대해 상세히 알고 있다는 것을 잘 아실 겁니다. 이승만 대통령은 73세에 대통령이 돼서 한국전쟁을 치렀고, 김구 선생도 그 나이에 북한에 다녀왔어요. 인도의 간디는 79세에 독립을 쟁취했고, 영국의 처칠은 78세에 수상에 재선해 82세에 정치에서 은퇴했습니다. 독일의 아데나워, 미국의 레이건, 중국의 등소평, 77세에 대통령에 오른 만델라 같은 사람들이 세계 역사에 무수히 많습니다. 나이보다 능력과 경륜이 중요한 겁니다.

선거가 다가오면서 이런 루머가 또 떠다닌다는 얘기도 전해 들었어요. 내가 회의석상에서 얼마 전 괌 KAL기 추락사고로 숨진 신기하 의원을 찾는다는 둥 정신이 오락가락하는 사람처럼 음해하는 말이 떠도는데 이제는 그런 흑색선전이나 마타도어가 통하는 시대가 아닙니다. 나는 수십 년 동안 그런 것에 가장 큰 피해를 본 사람 아닙니까? 이런저런 궁리를 하다가 나이 문제를 들고 나오는 사람들이 있는데 통할 수 없는 비겁한 억지 주장이에요."

익히 알려져 있다시피 DJ는 논리 정연했고, 어떤 한 사안에 대해 자신의 생각을 조금도 남김없이 피력하는 이론가였다.

대권가도의 마지막 장애물 '비자금 문제'

15대 대통령 선거를 불과 두 달여 앞뒀던 그 무렵 김대중 선거캠프의 분위기는 매우 좋았다. 이회창 후보의 지지율은 하락세가 완연했고, 국민신당을 급조한 이인제는 국민회의 입장에선 고마운 존재였다. 혹시 이인제가 중도포기하지 않을까 우려하는 캠프 관계자들도 많았다. 김종필과의 후보단일화, 이인제의 탈당으로 인한 여권의 분열, 대통령 김영삼과 여당 후보 이회창의 알력(軋轢) 등 DJ가 대선에서 이길 수 있는 여건은 무르익고 있었다. 하지만 대선까지 넘어야 할 고비는 아직 남아 있었다.

각 언론에서 김대중의 당선 가능성이 60%를 넘어 대선승리가 유력하다는 여론조사가 기사화되던 즈음, 신한국당 강삼재 사무총장은 '김대중 비자금설'을 터뜨렸다. 김대중이 동화은행 등 여러 은행의 365개 차명계좌에 670억 원의 비자금을 은닉하고 있다는 주장이었다. 이어 이사철 대변인, 훗날 김대중의 국민회의로 당적을 바꾼 송훈석 의원, 안기부 출신 정형근 의원 등의 폭로가 릴레이식으로 이어졌다. 여기엔 DJ의 처조카인 이형택이 수백 개의 가명과 차명으로 비자금을 관리해왔다는 내용도 있었고, 중간평가를 유보해 주는 대가로 노태우로부터 정치자금을 받았다는 이른바 '20억 원 플러스 알파 설'도 포함돼 있었다. 좀처럼 지지율 역전의 기회를 잡지 못하던 여당의 극약처방이었으며 DJ가 청와대로 가는 길목에서 맞이한 최대, 최후의 위기였다.

검찰은 진퇴양난에 빠졌다. 가장 유력한 대권후보인 김대중에 대해 수사를 착수했다가 자칫 대선이 파국으로 갈 수 있지만 구체적인 증거가 있는 사건에 대해 수사에 착수하지 않을 수도 없는 입장이었다. 여기서 등장하는 사람이 김태정 검찰총장이다. 김태정 검찰총장은 10월 21일 비자금 고발사건에 대한 수사를 대선 이후로 유보하겠다고 발표해 이 문제를 일단락 지었다. (YS정부에서 검찰총장이 된 김태정은 DJ 정부에서 법무장관에 올랐으나 1999년 '옷 로비 의혹사건'으로 옷을 벗었다.)

대선을 불과 두 달도 남겨 놓지 않은 시점에 김대중의 친인척과 가신들이 검찰청에 불려 다니고, 자택과 사무실이 압수수색을 받는 장면이 연일 매스컴을 탔다면 아마도 그의 높은 지지율은 유지되기 어려웠을 것이다. 김대중 대선가도의 마지막 장애물은 이렇게 치워졌다. 한참 'DJ 비자금 문제'가 불거지던 10월 13일 김대중은 기자회견을 열어 대통령 김영삼을 압박했다.

"40년 야당을 하면서 지인과 경제인들로부터 경제적 도움을 받았으나 모두 공적인 데 사용했습니다. 여당의 무책임한 폭로로 피해를 입은 당사자로서 이 문제를 해결할 수 있는 유일한 위치에 있는 대통령과 만나 의논하고자 합니다."

동시대에 야당을 이끌어 오면서 정치자금으로부터 자유로울 수 없는 김영삼을 직접 겨냥한 묘수였다. 당시 김영삼 대통령이 김태정 검찰총장을 불러 수사 유보를 지시했다는 게 정설이다. 비자금 문제로 일거에 전세를 뒤집고자 했던 이회창 측은 이후 노골적으로 김영삼 대통령을 비판하고 탈당을 요구했으며, YS는 11월 7일 탈당의사를 밝힌다. 서석재를 비롯한 친YS 인사들이 잇따라 당을 떠나면서 부산의 민심은 이회창과 멀어졌고, 결국 부산 경남지역에서 이인제는 30%를 득표했다. 이는 이회창이 근소한 표차로 대선에서 패배하는 가장 뼈아픈 요인이 됐다.

다시 인터뷰 장면으로 돌아가 본다. '정치 9단' 김대중 후보는 당시 대선 후보 단일화에 대한 질문에는 눈 하나 깜짝하지 않고 노코멘트로 일관했다. DJ를 만난 하루 뒤 자민련 당사에서 인터뷰에 나선 김종필 총재 역시 국민회의와 관련된 멘트에는 몹시 거북한 표정을 감추지 못했다. 배석한 안택수 대변인, 변웅전 의원 등이 이 눈치, 저 눈치를 살피며 안절부절못하는 기색이 역력했다.

훗날 인터뷰 당시의 JP 의중을 복기해 보자면, 김대중과 후보단일화를 기정사실화해 놓고 내각제 일정 등 구체적인 요구 사항을 모두 정리해 놓은 상태에서 뜻하지 않은 'DJ 비자금' 문제가 터지자 혹시나 하는 마음에 여론의 추이를 며칠만 더 지켜보자며 국민회의의 최후통첩에 하루하루를 버티던 입장이었을 것으로 풀이된다. 노회한 정치인 JP와 대권이 눈앞에 어른거리던 DJ의 한 판 수 싸움이었다.

DJ, JP와 달리 단일화 질문에 여유 보인 박태준

오히려 인터뷰 십여 일 뒤인 11월 4일 자민련에 정식 입당하고, 김종필로부터 자민련 총재 자리를 물려받게 되는 '도쿄 단일화협상'의 일등공신 박태준만이 여유 있는 미소를 보이며 이런 저런 질문에 답했다. 박태준은 아직 자민련에 입당하기 전이었지만 마포에 있던 당사의 총재실 옆에 널찍한 사무실을 사용하고 있었다. YS정부 시절 오랜 야인생활 끝에 그해 여름 보궐선거로 국회에 복귀한 박태준은 '시간이 흐르면 만사가 다 해결되는 법인데 뭘 그리 서두를 것도 재촉할 일도 아니다'라는 의미의 자신 있는 태도를 보였다. 그는 오히려 김영삼과 이회창 사이에 불거진 감정 싸움, 이인제 신당의 외연 확대 가능성 등을 화제로 올리며 여권의 동향을 궁금해 하는 입장이었다.

박태준의 느긋한 모양새로 미뤄 볼 때 후보단일화가 발표 직전단계에 이르렀으며, 자민련이나 박태준의 입장에서 단일화에 대한 대가가 상당한 수준일 것이란 생각을 떠올리게 했다. 박태준이 미소와 여유 속에 던진 몇 마디는 그 후 모두 현실로 나타났다. 그는 JP에 이어 자민련 총재 자리를 이어 받았고, DJ 정부에서도 JP에 이어 국무총리 자리에 오르게 된다.

신한국당 이회창 후보는 미소를 띠며 인터뷰를 진행했지만 아들 병역 문제 이후 좀처럼 회복되지 않는 지지율과 탈당한 이인제 후보가 적잖이 신경 쓰이는 듯 초조한 인상을 감추지 못했다. 새로 지어 막 이사를 마친 여의도 당사의 총재실에선 수시로 대책회의가 열렸지만 그곳을 드나들던 박성범, 서상목, 변정일, 양정규, 백남치 등 이 총재 측근들의 얼굴 표정도 밝아 보이지 않았다. 큰 전투를 앞두고 전의가 불타오르지 않는 장수들의 모습으로 비쳐졌다.

마포에 당사를 두고 있던 조순 민주당 총재 또한 대통령선거라는 일대 회전을 앞둔 후보로 보기엔 지나치게 차분한, 침체돼 보이는 모습이었다. 민주당사는 대선을 앞둔 정당으로 보기 어려울 정도로 적막한 분위기였다. 1995년 6월 김대중의 적극 지원으로 새정치국민회의 소속 서울특별 시장 후보로 나서 민자당 정원식, 무소속 박찬종 후보와 경쟁을 벌이던 당당하고 자신감 있던 조순의 모습은 찾아보기 어려웠다. 1997년 8월 민주 당 전당대회에서 총재에 오르고, 한 달 만에 대선후보로 추대됐던 조순은 결국 신한국당 이회창 후보를 밀어주기로 결심하고 11월 21일 두 당의 합 당을 발표한다. 대한민국 정당사에선 매우 긴 세월인 15년 동안 간판이 유 지됐던 한나라당은 바로 조순 총재가 작명한 당 이름이다. 한나라당은 조

순이 초대 총재, 이회창이 대선 후보를 맡아 막바지 대선레이스에 역할을
분담했다.

　국민신당 창당의 와중에 눈코 뜰 새 없던 이인제는 상기된 표정이었다.
이만섭, 박찬종, 박범진, 김학원, 한이헌, 김운환 등과 신한국당을 탈당해
여의도에 급조된 선거사무실을 차린 이인제는 이때만 해도 지지율 2위의
40대 젊은 정치인으로서 거칠 것 없이 패기만만했다.
　이인제는 사무실을 드나드는 인사들이나 언론인들에게 두 손으로 90도
허리 굽혀 깍듯이 인사를 하면서 도와달라는 말을 반복했다. 그는 여야를
막론하고 세력 확대를 시도했으나 김영삼 대통령과 이회창 후보 간 감정
싸움의 와중에서 이탈한 서석재 등을 받아들였을 뿐 더 이상 세를 불리지
못 한 채 투표일을 맞았다. 국민신당이 마지막 희망을 걸었던 국민통합추
진회의 인사들의 영입은 '통추' 소속 노무현의 결사반대로 결국 성사되지
못했다.

확연히 달랐던 김대중과 이회창 선거캠프

　제로섬 게임(zero-sum game)이라 할 수 있는 대통령선거에선 후보 주변과
선거 캠프에 수많은 사람들이 드나든다. 일당백이 있는가 하면 백 명이 뛰
어다녀도 별 영양가가 없는 경우도 있다. 이 과정에서 승패가 엿보이기도
하는데 1997년 대선은 이런 양태가 극명하게 드러났던 선거전이었다.
　국민회의 김대중 후보 주변 인사들에게선 하나같이 자신이 직접 선거
를 치르는 듯 적극적이고 열의가 넘치는 모습을 볼 수 있었다. 역할 분담
도 잘 되어 있었다. 당시만 해도 '젊은 피' 초선의원이었던 정동영, 추미애,
김민석 등은 유세장마다 김대중 후보에 앞서 연단에 올라 분위기를 띄우

며 노쇠한 김대중 후보의 이미지를 보완하는 데 큰 보탬이 됐다. 언변이 뛰어나고 참신했던 이들이 마이크를 잡고 정권교체의 당위성에 대해 열변을 토하면 유세장의 분위기는 절정을 이뤘고, 이 시점에 연단에 오른 DJ는 가장 고조된 분위기에서 힘이 실린 호소를 할 수 있었다.

정책기획통이며 다들 주특기를 보유했던 김원길, 임채정, 이해찬, 김경재, 박상규, 김한길, 정세균, 유재건, 장재식, 박상천 등도 규모가 작은 토론회, 정책간담회 등을 가리지 않고 얼굴을 내밀면서 김대중 후보의 약점을 보완하는 데 저마다 큰 공을 세웠다.

재야세력의 대부 역할을 한 김근태는 한때 뿔뿔이 흩어졌던 동지들을 규합하는 데 큰 몫을 했다. 정치인으로선 드물게 순수성이 묻어났던 김근태는 정치권에 들어온 재야출신 후배들로부터 정치에 적성이 맞지 않는다는 핀잔을 듣곤 했다. 실제로 그의 기자회견이나 간담회는 흔히 접하는 정치인이 아닌, 철학자나 문학가의 멘트와 흡사해 기사를 쓰기 어려울 때가 많았다. 그래서 정치부 기자들 사이에선 인기가 없었고, 김근태의 말은 난해하다는 평가를 받기도 했다.

김근태가 세속의 정치판에 얼마나 어울리지 않았는지를 보여주는 한 토막 이야기다. 재야 시절부터 김근태를 믿고 따랐던 한 후배가 아무리 밀고 도와줘도 재능이 엿보이지 않는 김근태에게 "김 선배, 선배는 아무래도 정치에 어울리지 않는 것 같아요. 인재근 선배가 지역구를 맡아 정치를 하면 더 잘 하실 것 같아서요."라고 말했다. 김근태의 아내 인재근은 결국 그의 지역구에서 19대 국회의원이 됐다. 아무튼 김근태는 십여 년 앞서 세상을 뜬 제정구와 함께 진정성과 소박함이 가득했던, 흔치 않은 정객이었다.

김영삼 대통령 시절인 1995년 8월, 청와대에 한국정치사의 주인공들이 한자리에 모였다. 왼쪽부터 YS, 신현확 전 국무총리, 황인성 전 국무총리, 유치송 전 민한당 총재, 이철승 전 신민당 당수, 이민우 전 신민당 총재, DJ. 뒷줄은 이영덕 전 국무총리, 이만섭 전 국회의장. 대통령 YS는 두 달 전 지방선거에서 정계복귀의 발판을 마련한 DJ를 정치 파트너로 인정할 수밖에 없었다.

대선을 앞두고선 각종 단체나 여러 지역에서 열리는 온갖 종류의 정책 간담회, 토론회 등이 수도 없이 열린다. 규모가 작거나 비중이 떨어지는 행사의 경우 신한국당(한나라당)에선 불참하는 사례가 종종 있었다. 어떤 곳에는 급이 떨어지는 인사가 참석해 겨우 구색만 맞추는 경우도 있었다. 하지만 국민회의 측 인사들은 행사의 크고 작음과 유불리를 가리지 않고 성심껏 임하는 자세를 보였다. 정책위의장을 지낸 김원길 의원은 토론회, 간담회마다 자리를 지키며 김대중이 대통령이 돼야 하는 당위성을 알렸다. 기업인 출신인 김원길, 박상규 같은 사람들은 왠지 진보적이고 반시장적이며 반기업적인 정책을 펼 것 같은 DJ의 이미지를 중화시키는 데 큰 역할을 했다. 각종 TV토론회와 정책토론회의 섭외 1순위였던 김원길은 어느 자리에서 어떤 주제로 여당 측 패널을 만나도 명쾌한 논리로 완승을 거뒀다.

음지에서 힘을 보탠 사람들

구여권 출신이거나 영남권 출신인 이동원, 박정수, 정희경 등 중진급 인사들도 '안티 김대중' 논리를 희석시키는 데 힘을 보탰다. 국민의 정부 초대 청와대 비서실장을 지낸 김중권의 DJ 진영 합류도 극적이었다. 자민련 소속으로 오랜 야당생활에서 익힌 대중연설이 주무기였던 충남 서산 출신의 한영수는 충청지역과 충청 출신 인사가 많은 인천, 경기지역 등을 돌며 저돌적인 득표전을 벌였다. 신민당 시절부터 DJ나 YS와 애증이 깊었던 한영수는 양당의 공동집권 이후 꿈에 그리던 집권여당의 지위를 누려 봤다. 박정희 전 대통령과 각별한 사이였던 이용문 장군의 자제인 자민련 비례대표 이건개는 뒤에서 힘을 보탰다. 대검찰청 공안부장을 지내는 등 대표적인 보수인사인 그는 김대중 당선 뒤 대통령직인수위원회에 들어가 활동하기도 했으나 '타의에 의한 외도'를 마친 후엔 다시 보수진영에 회귀해 아직도 왕성한 활동을 벌이고 있다.

경남 창녕 출신으로 정통 동교동계 대접을 받지 못하면서도 평생 '김대중 대통령 만들기'에 헌신했던 김태랑은 아무도 알아주지 않는 음지에서 묵묵히 자신의 소임을 다했다. DJ 당선 이후 1999년 15대 국회에서 비례대표 승계로 꿈에 그리던 국회의원이 된 김태랑은 참여정부에선 장관급인 국회 사무총장에 올라 평생의 한을 풀었다. DJ가 당선되던 날, 수많은 인사들이 대통령 당선자 김대중의 눈도장을 받기 위해 분주하던 때에도 그는 자신이 지역책임을 맡았던 경상남도 각지에서 선거운동을 하다 사소한 선거법 위반으로 유치장이나 구치소에 갇힌 동지들을 모두 찾아본 뒤 벅찬 가슴을 억누르며 상경길에 올랐다고 한다.

당시 DJ의 언론일정을 담당했던 박선숙도 일당백이었다. 김대중 대통령 시절 사상 첫 여성 청와대 대변인을 지낸 박선숙에 대해 DJ는 '부드러움 속에 철심을 지니고 있는 여성'이라고 평한 적이 있다. 대선 당시 수많은 언론의 인터뷰 공세, 질문세례에 단 한 번도 얼굴 찌푸리지 않고 어느 시간 가릴 것 없이 친절하고 상냥한 목소리로 성의껏 기자들을 대했다. 정치권의 중량급 인사로 성장한 지금과는 사뭇 다른 모습이었다. 일부 진보 매체를 제외하곤 반 김대중 정서가 강했던 언론 분위기에서 이들 하나하나의 역할이 모여 우호적인 기사가 되고 이 같은 노력이 표로 연결된 것이다. 30대 나이에 김대중 후보의 당선을 위해 온몸을 살랐던 박선숙은 DJ 청와대의 대변인에 이어 노무현 정부에선 환경부 차관을 지냈다.

18대 국회에서 민주당 비례대표를 지낸 박선숙은 야권통합과 19대 총선을 앞두고 위기에 빠진 민주통합당의 부름을 받아 사무총장으로서 선거를 진두지휘했다. 박선숙은 만족스럽지 못한 총선 결과가 나온 직후 미련 없이 스스로 자리에서 물러났고, 국회의원 선거에도 나서지 않았다. 좌고우면하지 않고 맨 먼저 '안철수 대통령 만들기'의 깃발을 들었던 박선숙의 향후 행보에 다시 눈길이 간다.

반면 이회창 후보 캠프는 비대화되어 있을 뿐 순발력 있는 대응이나 기민한 대처가 없었다. 모든 결정은 한 박자 늦었고, 대응책을 내놨을 때엔 이미 수만 표가 날아간 뒤였다. 5년 뒤 2002년 대선에서도 한나라당 주변 인사들의 이런 행태들은 조금도 나아지지 않았다. 일부에선 5년 전보다도 더 안이한 모습을 보였으며, 이회창 후보를 둘러싼 핵심 참모들 중 상당수는 이 눈치 저 눈치 보면서 줏대 있는 행동을 하지 않았고, 심지어 당 내에선 간신배들이 이 후보 주변에 포진하고 있다는 자체비판이 나오기도 했다. 두 번씩이나 대선승리 직전에서 눈물을 삼킨 이회창, 나아가 보수지지 층에겐 뼈아픈 대목이다. 이회창은 결국 김대중에게 39만 표, 노무현에게 57만 표 차이로 연속해 아쉬운 패배를 당했다.

2002년 선거 막바지엔 김영일 사무총장을 비롯한 선거참모들이 김종 필과 손을 잡는 마지막 '극약처방'을 건의했지만 내부의 오판으로 받아들 여지지 않았다. 선거판세 전체를 굽어보는 안목이 결여됐거나 내부의 전 략적 오류 때문에 그러한 진언과 충정이 물거품 됐을 것이다.

'40년 동안 갈고 닦은 지혜와 경륜을 믿어달라'

선거전 마지막 날인 12월 17일 김대중 후보는 서울 각지를 돌며 득표전 을 벌인 뒤 해가 저문 명동에서 마지막 유세를 했다. 1971년 처음으로 대 통령 선거에 나선 지 26년 만에 길고 긴 대통령 도전의 여정에 마침표를 찍는 현장이었다.

"저에겐 40년 동안 갈고 닦은 지혜와 경륜이 있습니다. 감옥에서도, 미 국에서도 대통령이 될 준비를 했습니다. 전 세계에서 대통령이 될 준비를 저만큼 한 사람도 없을 것입니다. 저에게 한 번 꼭 기회를 주십시오."

연단 위아래의 국민회의 측 인사들 표정엔 자신감이 묻어났다. 꼭 한 번 기회를 달라는 김대중의 호소는 그에 대한 지지 여부와 상관없이 심상 저 깊은 곳에서부터 우러나오는 그런 호소력이 느껴졌다.

12월 18일 투표를 마친 김대중은 곧바로 서울 삼성병원을 찾았다. 동 생 김대의가 투표 전날인 17일 오후, 형의 당선을 보지 못하고 눈을 감았 기 때문이다. 동생은 "형님께 누를 끼칠 수 있으니 선거가 끝날 때까지 나의 죽음을 절대로 알리지 말아 달라.”는 말을 남겼다고 한다.

　새정치국민회의 김대중 후보는 한나라당 이회창 후보에게 불과 39만 표 차이로 이겼다. 1.6%의 역대 가장 근소한 차이의 대선 승부였다. 한나라당에서 탈당한 국민신당 이인제 후보가 얻은 표가 492만 표다. 득표율로는 김대중 40.3%, 이회창 38.7%, 이인제 19.2%이다. 이인제의 탈당과 독자출마가 없었다면 김대중의 승리는 불가능했을 것이다. 자민련 김종필과 후보단일화까지 한 상태에서 이런 결과가 나왔으니 김대중이 1971년 첫 대권도전에 나선지 26년, 네 번째 도전 끝에 대통령선거에서 승리한 것은 천운이 도왔다고 할 수 있다.

일산에 울려퍼진 애국가, 뜬 눈으로 밤을 샌 김옥두

　김대중은 1995년 12월 동교동을 떠나 경기도 일산에 단독주택을 지어 이사했다. 청와대 행의 한을 풀기 위해 풍수지리의 힘을 빌었다는 게 정설이다. 대통령에 당선되던 날 밤 DJ는 일산 자택의 2층 안방에서 부인 이희호 여사와 함께 개표방송을 지켜봤다.

　여의도 선경증권 건물을 사용했던 국민회의와 자민련 공동선거상황실은 점점 축제 분위기로 들떴다. MBC의 출구 여론조사에서 김대중은 이회창에 1% 포인트, 근소한 차이로 앞선 것으로 나왔다. 개표 초반엔 이회창이 잠시 앞서기도 했으나 자정을 넘어서면서부터 김대중의 당선으로 가닥이 잡혔다. DJ 당선이 확실해지면서 개표 결과에 쏠렸던 각 언론사 기자들의 관심은 ‘김대중 당선자’의 소재 파악과 당선 소감으로 초점이 옮겨갔다.

하지만 김 후보는 당사에 나오거나 시내 모처, 또는 동교동 옛 자택에 들를 것이란 예상과 달리 일산 자택에 머물며 얼굴을 드러내지 않았다. 차기 대통령이 될 김대중 후보의 코멘트 하나가 꼭 필요하던 각 언론사들은 여러 곳을 수소문했지만 정작 일산의 DJ 자택으로 들어간 기자들은 많지 않았다.

당선이 확실시되던 12월 19일 새벽 일산의 DJ 자택으로 들어가는 골목길은 이미 열렬한 지지자들이 몰려들어 피켓을 흔들고 구호를 외치고 있었다. 현수막도 눈에 띄었다. 시간이 지나면서 인파가 크게 불어났고, 접근이 차단되고 경찰이 출입을 통제하면서 이미 자택으로 들어간 언론만이 전화로 내부 상황을 전달할 수 있었다. DJ 자택 담벼락 밖에선 애국가와 '목포의 눈물', '우리의 소원은 통일' 등이 밤새 이어졌다.

하지만 침실로 들어간 김대중은 다음 날 새벽까지 모습을 보이지도, 당선 소감을 밝히지도 않았다. 담장 밖의 환호와 승리의 합창과는 대조적으로 30년을 기다린 대선 승리의 그 밤, 김대중 후보의 일산 자택은 의외로 조용하고 차분했다. 왁자지껄한 분위기 속의 샴페인 같은 것은 찾아 볼 수 없었고, 밤을 지새우는 기자들에게 간간이 밤참이나 떡이 전달됐을 뿐이다.

새벽 3시 30분 대통령 김영삼은 차기 대통령 김대중에게 축하전화를 했다. 이침 7시기 조금 넘어 조흥래 청와대 정무수석이 축하인사를 하기 위해 DJ의 일산 자택에 들어섰다. DJ는 대통령 당선자 신분의 첫날 일정을 시작하기 위해 일산 자택을 나서면서 "건국 이래 처음으로 여야 간 정권교체를 이룸으로써 우리나라는 새로운 역사를 시작하게 됐다. 국민 여러분의 선두에 서서 정성과 능력을 다해 봉사하겠다."고 첫 소감을 밝혔다.

김대중은 서울 동작동 국립 현충원 현충탑에 헌화, 분향하고 이승만, 박정희 두 전직 대통령 묘역을 참배했다. 방명록에는 훌륭한 명성이나 공적이 후세에 길이 전함을 뜻하는 백세유방(百世流芳)이란 글을 남겼다. 중국 진서(晋書) 환온전(桓溫傳)의 유방백세를 뜻함이다. 국회의원회관 대회의실 내외신 합동기자회견에선 "민주주의와 경제가 함께 발전하는 시대를 열겠다."고 포부를 밝혔다.

DJ가 대통령으로 당선되던 그날 밤 DJ의 일산 자택에 머물면서 가장 인상적이었던 장면이 하나 있다. 수십 년간 김대중의 경호대장 역할을 해온 김옥두 의원의 시종 긴장을 풀지 않고 주군의 침실 앞에서 앉은 채로 밤을 새던 모습이다. 선거 당일 김대중의 일산 자택엔 뜬 눈으로 밤을 지새운 사람도 있었고, 당과 선거상황실을 분주히 오간 사람도 있었지만 동교동 시절부터 DJ의 실질적인 경호대장 역할을 한 김옥두 의원은 눈 한 번 붙이지 않고 넥타이 한 번 풀지 않은 채 거실 소파에 정좌하고 앉아서 주군 김대중의 대통령 당선을 묵묵히 지켜봤다. 혹시 있을지 모를 대통령 당선자에 대한 위해를 막기 위해 민간 경호대장으로서 마지막 임무를 다하는 듯했던 그의 상기된 눈빛과 흐트러질 줄 모르던 꼿꼿한 자세가 인상적이었다. 다음날 대통령 당선인의 신분으로 청와대 경호실에 경호업무를 넘겨줘야 하는 김대중의 수십 년 가신, 그대로의 모습이었다.

김대중이 바라봤던 권력구조 개편과 개헌

김대중은 잘 알려진 대로 오랜 세월 대통령중심제를 주장해왔다. 김종필의 자민련과 1997년 대선후보 단일화를 성사시키고 공동정부를 구성했음에도 불구하고 내각제 개헌 약속을 파기한 것은 김대중의 뿌리 깊은 대통령중심제에 대한 집착과 소신 때문이었다. 개헌 약속을 파기한 데 따른 국정운영의 차질이 불가피한데도 자민련과의 공동정부를 깰 정도로 그는 대통령중심제만이 분단현실의 대한민국에 최적의 권력구조라는 신념을 갖고 있었다.

하지만 그는 청와대를 나와 후임 대통령이 두 명씩이나 바뀌는 과정을 지켜보면서 생각이 많이 바뀌었다. 대통령 중심제 하에서 10명의 대통령이 나왔지만 그들 모두 비극적으로 생을 마감하거나 정권말기 대통령의 혈육들이 줄줄이 사법 처리되는 후진적인 행태를 지켜보면서 DJ는 대통령중심제를 바꿔야 한다는 시각을 갖게 됐다. 5년 단임제로는 책임을 물을 길도 없고, 우리 국민들의 민주주의에 대한 의식이 많이 달라진 만큼 이원집정부제나 내각책임제를 도입하는 것도 바람직하다는 생각을 갖게 된 것이다. '김대중의 복심'이라 불리는 박지원 민주통합당 의원은 이렇게 말했다.

"김대중 대통령이 자민련과 공조를 파기하면서까지 내각제 개헌 합의를 깰 때 나는 대통령에게 내각제 개헌을 해야 한다고 주장했지만 대통령은 받아들이지 않았다. 그런데 노무현 정부를 거쳐 이명박 대통령이 청와대에 있을 때, 그러니까 김대중 대통령이 서거하기 얼마 전 모든 권력이 청와대로 집중돼 있는 대통령중심제의 문제점을 지적하면서 내각책임제 개헌이 필요하다는 뜻을 밝히셨다."

권력구조에 대해 김대중 전 대통령이 생전에 밝힌 생각을 요약해 본다. 이명박 정권 초기 노무현 전 대통령 일가가 검찰의 수사 대상으로 오르내리던 무렵 DJ의 생각이다.

"나는 진정 정·부통령제를 염원했다. 한쪽이 개혁적이라면 다른 한쪽은 보수적 인물일 수 있고, 한쪽이 동쪽 출신이라면 다른 한쪽은 서쪽 출신일 수도 있다. 1987년 직선제 개헌 때 나는 4년 중임의 정·부통령제를 주장했지만 나와 김영삼 씨의 연대를 두려워한 여당이 이를 극력 반대했다. 지금도 정·부통령제를 마음에 두고 있지만 또 한편으론 생각이 많이 달라졌다.

대통령 중심제를 바꾸는 것도 고려해 봄 직하다. 이제 민의를 따르지 않는 독재자는 민의로 퇴출시켜야 할 때가 되었다. 이원집정부제나 내각책임제를 도입하는 것도 나쁘지 않다. 우리 국민의 민주주의에 대한 의식이 매우 성숙했다고 보기 때문이다."

김대중 대통령이 자신의 당선에 1등 공신이었던 김종필, 박태준과의 개헌 약속을 지키고 이후 내각책임제 하에서 새로운 권력이 탄생했더라면 노무현·정몽준 단일화도, 헌정사상 초유의 현직 대통령 탄핵사태도, 정권 말 어김없이 반복되는 대통령 측근들의 연이은 부정부패 스캔들도 없었을 것이다.

그리고 이제 대한민국 대통령 선거의 후진적 특징이 돼버린, 다른 나라에선 찾아볼 수 없는 선거 막판 후보 단일화란 말도 사어(死語)가 됐을 것이며, 2012년 대선의 최대 쟁점이 됐던 문재인과 안철수 간의 야권후보 단일화 논란도 원천적으로 성립되지 않았을 것이다. 또한 이미 두 차례 내각제를 경험하면서 대한민국의 정치풍토와 정치문화도 많이 바뀌었을 것이다.

반세기를 정치인으로 산 이론가 김대중은 숱한 어록을 남겼다. 그가 퇴임한 뒤 정치인 또는 정치인이 되고자 하는 후배들에게 남긴 말이다.

"훌륭한 정치인으로 성공하려면 서생적 문제의식과 상인적 현실감각을 가져야 한다. 정치지도자는 국민의 손을 잡고 반걸음만 앞서가야 한다."

김대중 (金大中)

1924.1~2009.8. 전라남도 신안군 출생으로 목포상고를 졸업하고 20대 나이에 목포일보 사장을 지냈다. 6·25전쟁 당시 해운회사와 조선회사를 경영했다. 두 번 낙선 끝에 1961년 강원도 인제 5대 민의원 보궐선거에서 민주당 소속으로 국회의원에 당선되지만 5·16으로 당선 이틀 만에 국회가 해산돼 실제 의정생활은 6대 국회에서 시작했다. 이후 7, 8, 13, 14대 등 6선 국회의원을 지냈다. 1971년 제7대 대통령 선거 출마 이후 네 번 도전 끝에 1997년 제15대 대통령에 당선됐다. 2000년 노벨평화상 수상.

"새로운 변화와 개혁의
새 시대를 열겠다"

제18대 대통령 박 근 혜

"새로운 변화와
개혁의 새 시대를
열겠다"

박근혜 | 제18대 대통령

흔쾌히 수용한 접전지 대구 달성 출마

1979년 10월 26일 박정희 대통령 서거 후 20여 일 만인 11월 21일 청와대를 나와 신당동 자택으로 돌아갔던 박근혜는 아주 오랜 세월 세상과 떨어져 살았다. 육영재단이나 박정희 대통령 추모사업을 하기도 했고, 대만의 문화대학에서 명예문학박사 학위를 받는 등의 활동은 있었지만 그가 다시 세인의 시선에 들어온 것은 1997년 제15대 대통령 선거 투표일을 불과 8일 앞둔 12월 10일 한나라당에 입당하면서였다. 박근혜는 선거 막판 한나라당 후보 이회창의 당선을 위해 뛰었으나 김대중과 김종필이 힘을 합친 'DJP 연합'에 정권을 내줬다.

박근혜가 본격적으로 정치에 뛰어든 것은 이듬해 1998년 4월 2일 치러진 보궐선거다. 부산 서구와 대구 달성, 경북 문경·예천, 경북 의성에서 치러진 재보선에서 박근혜는 당초 선친 박정희가 젊은 시절 교편을 잡은 적이 있는 문경·예천 지역에 나설 예정이었다. 하지만 김대중 정부 초기 높은 지지율을 유지하던 여당의 기세에 한나라당은 대구 달성의 승리를 장담할 수 없었다. 한나라당은 경북 문경·예천보다 더 다급했던 대구 달성에 박근혜의 출마를 요청했고, 박근혜는 고전이 예상되는 이 지역구 출마를 흔쾌히 받아들였다.

대구 달성에서 보궐선거가 열린 연유는 이렇다. 달성은 박정희 대통령 시절 서울시장과 내무부 장관을 지낸 자민련 소속의 구자춘 의원 지역구였다. 1996년 15대 총선을 앞두고 쌍용그룹 김석원 회장이 신한국당에 입당하면서 달성은 터줏대감인 자민련 구자춘 의원과 집권여당 김석원 후보 간 용호상박의 맞대결을 벌일 최대 관심 지역으로 떠올랐다. 그런데 선거를 두 달 앞둔 그해 2월 구자춘 의원이 돌연 사망하면서 선거는 김석원 후보의 압승으로 막을 내렸다. 김석원은 국회의원 당선 2년여 만에 쌍용차 매각 등으로 위기에 처한 쌍용그룹을 살린다는 명분으로 국회의원직을 사퇴함으로써 보궐선거가 치러지게 됐다.

박정희 정권 마지막 내무부 장관이며, 10·26과 12·12 당시 치안행정의 최고책임자였던 구자춘에서 쌍용그룹 회장 김석원을 거쳐 대구 달성의 주인 자리가 박근혜에게 넘어온 것이다. 박근혜는 달성을 소중한 정치적 기반으로 해서 15년 뒤 대통령의 꿈을 이루게 된다.

대구 달성은 비록 한나라당의 텃밭이었지만 집권 이후 영남권 공략에 나선 새정치국민회의가 이른바 '동진정책'을 추진하면서 '6공의 실세'라 불린 안기부 기획조정실장 출신의 엄삼탁을 내세웠다. DJ 정부는 대구에서 이길 경우 영남권의 교두보 마련이란 차원에서도 정치적 의미가 컸던 만큼 자금과 조직에서 전면지원에 나섰다. 박근혜는 초반 조직의 열세를 극복하고 60%가 넘는 득표율을 기록하며 엄삼탁을 누르고 당선됐다. 정 치신인 박근혜는 여론조사에서도 줄곧 뒤졌으나 바닥민심은 여론조사와 판이하게 흐르고 있었다. '선거의 여왕'은 이렇게 탄생됐다.

'아버지의 고집을 이어 받았다는 인물평'

2000년 16대 총선에서 엄삼탁과 다시 맞붙은 박근혜는 득표율 61.4% 대 38.6%로 재선에 성공하며 '큰 정치인'으로 성장하기 위한 확고한 토대 를 마련했다. 박근혜는 한 달 뒤 서울 잠실체육관에서 열린 한나라당 전당 대회 부총재 경선에서 최병렬에 이어 2위로 당선됐다. 국회의원 경력 2년 에 불과한 '풋내기 박근혜'가 당내 세력이 만만치 않던 이부영, 하순봉, 강 재섭, 박희태, 김진재 부총재들보다 표를 많이 얻어 파란을 일으켰다. 경 선이 끝난 뒤 정치경력 20년의 한 다선의원은 '부총재 당선이 문제가 아 니고 새파란 박근혜한테도 졌는데 정치를 계속해야 되나 창피스러워서 원…'이란 말이 공개 석상에서 나오기도 했다.

한나라당은 당연직 여성 부총재 자리 하나를 만들어 놓았기 때문에 박 근혜는 굳이 경선에 나서지 않아도 여성 몫의 부총재가 될 수 있었다. 대 구경북지역 일부 인사는 표가 분산된다는 이유로 그의 출마를 반대했지만 박근혜는 뜻을 굽히지 않고 경선레이스를 완주했다. 자신이 옳다고 생각 하는 사안에 대해선 좀처럼 뜻을 접거나 타협하지 않는 박근혜의 특성이 정치무대에서 처음으로 드러난 사례였다. 이때 한나라당 중진들 사이에선 '정치 초짜' 정도로 만만히 봤던 박근혜에게 뜻밖의 고집과 강단이 있다는 사실을 놓고 설왕설래가 오갔다.

2000년 5월 월간 신동아의 15대 국회의원 인물사전에 실린 재선 국회의원 박근혜에 대한 인물평 한 대목이다.

'격동의 한국 역사 현장에 있던 대통령의 딸에서 재선 국회의원으로 변신했다. 차기 혹은 차차기에 대권에 도전할 수 있는 잠재력과 역량을 지녔다는 평가도 나온다. 외모는 연약해 보이지만 속은 강인하고 정치적 소신이 뚜렷한 외유내강(外柔內剛)형 인물이다. 한나라당 부총재로서 남성에 밀리지 않는 당찬 모습을 보여줬다.

아버지의 고집을 이어 받았다는 게 지배적인 인물평이다. 지역정가에서는 한국의 대처를 꿈꾸는 철의 여인으로 부르는 데 주저하지 않는다. 평소 정치판을 정화하겠다는 의지를 강하게 피력하기도 했다.'

경선 과정에서 '민주화된 정당', '정책 정당', '정보화 정당'을 공약으로 내세웠던 박근혜는 이때부터 정치개혁과 정당개혁을 슬로건으로 '제왕적 총재 제도'를 없애는 데 앞장섰다. 박근혜의 주장은 당시 한나라당으로선 파격적이고 진보적인 내용을 담고 있었다. 하지만 이회창 총재를 둘러싼 두터운 인의 장막을 뚫기에 힘이 부쳤던 박근혜는 한나라당 안에서의 개혁에 좌절한다.

'김정일 위원장, 시원시원한 인상이었다'

제17대 대통령 선거를 열 달 앞뒀던 2002년 2월 28일 한나라당을 탈당하고 5월 17일 한국미래연합을 창당한 박근혜는 전격적인 평양 방문으로 세상을 놀라게 했다. 새 정당 창당 준비에 여념이 없던 박근혜는 주한 EU

상공회의소 산하인 유럽·코리아 재단 주선으로 북한을 방문한다. 2002년 5월 11일 베이징을 경유해 김정일이 내준 특별기를 타고 평양 순안공항에 내린 박근혜는 5월 13일 백화원 영빈관을 찾아온 김정일을 만나 이산가족 면회소 설치, 남북한 철도 연결, 금강산댐 안정성 공동조사 등을 논의했다. 박근혜는 당초 베이징을 경유해 항공기 편으로 돌아오는 일정이었으나 김정일의 '먼 길을 돌아갈 필요 없이 개성과 판문점을 통해 육로로 귀경하시라'는 파격적 제안을 받아들여 승용차를 타고 서울로 돌아왔다. 박근혜는 대표로 있던 2004년 한나라당 출입기자들과 만난 자리에서 김정일과 나눈 대화에 대해 소상히 밝힌 바 있다.

박근혜 : "김정일 위원장과 1시간 정도 따로 만나 솔직한 대화를 나눴습니다. 두 사람 모두 7·4남북공동성명을 중요하게 생각하고 있다는 게 공통점이었는데 아시다시피 공동성명은 박정희, 김일성 두 선대에 이뤄진 일이었으니까요. 성명 발표 당시는 냉전시대였고, 무장공비가 남한에 내려오던 때였지만 냉전이 끝난 지도 십년이 더 지났는데 아직도 7·4공동성명의 정신이 실천되지 않고 평화정착이 안 되고 있다는 점을 제가 강조했습니다.

그래서 2세끼리 평화정착을 위해 힘써보자고 말했습니다. 김정일 위원장은 시원시원하게 말하면서 이산가족 상설면회소 설치와 국군포로 생사확인, 남북한 철도 연결, 금강산댐 공동조사를 위한 실무협의기구 설치 등에 대해 합의했지요."

속기사 한 명만 배석한 채 김정일과 단둘이 한 시간 동안 대화했던 박근혜는 그의 인상에 대해 거침없고 솔직한 화법과 태도를 보였다며 비교적

호의적으로 평가했었다. 박근혜 자신이 집권할 경우 7·4공동성명의 주인공인 박정희, 김일성 두 사람의 2세들 사이에 뭔가 획기적인 남북공동발전방안 같은 것이 추진될 수도 있겠다는 기대감을 갖게 하는 방북설명이었다.

박근혜는 김정일의 답방에 대한 입장도 밝혔다. 김 위원장의 답방 의사는 확인했지만 김대중 정권 말기 DJ 아들들의 권력 스캔들이 잇따라 불거지고 있으니 적당한 때를 기다려 보자는 게 김정일의 의중이었다고 박근혜는 해석을 달았다. 기자들은 박근혜에게 남북정상회담에 대한 생각을 물었다. 노무현 대통령의 임기가 중반에 접어들던 당시 박근혜는 가장 강력한 차기 대권주자였기에 그의 정상회담에 대한 견해는 주목할 만했다.

박근혜 : "남북정상회담은 국민의 합의가 필요합니다. 이를 위해서 정부의 입장이 확고해야 합니다. 의문사진상규명위원회가 간첩을 민주인사로 둔갑시키고, KAL기 사건을 재조사하고, 송두율 교수 같은 사람을 민주인사로 만드는 이런 것들은 문제가 있다고 봅니다. 이렇게 되면 나라 정체성에 대해 국민이 혼란스럽고 불안해합니다. 나라의 기반이 흔들리면 국민들의 우려가 생기고, 대북정책에 대한 국민적 공감을 얻기가 어려워집니다. 정체성을 확실히 한 뒤에 교류를 넓히고 대화를 해야 됩니다. 그러지 않으면 국민들의 힘을 빠지게 하는 것이고, 그만큼 사회의 반감이 커집니다."

박근혜와 김정일은 비록 10년의 나이차가 있지만 닮은 듯 다른 듯 첨예한 동서냉전의 동시대를 살아온 2세라는 점에서 두 사람이 남북한의 국정을 책임지는 시대가 도래할 때, 남북관계가 급진전될 수도 있겠다는 상상을 하기도 했다. 하지만 2007년 박근혜의 대권도전 실패와 2011년 김정일의 죽음으로 이런 기대는 실현 불가능한 일이 돼버렸다. 대통령에 오른 박근혜의 파트너는 이제 갓 서른이 된 3세 지도자 김정은 노동당 제1비서로 바뀌어 있다.

선거전 과정에서 "대북정책도 진화해야 한다. 유화 아니면 강경이란 이분법적 접근에서 벗어나야 한다. 대화에 전제조건이 없고 남북관계 개선에 도움이 된다면 김정은도 만날 수 있다."고 한 박근혜식 대북정책에 기대를 걸어본다.

정치개혁에 앞장선 차세대 야당 주자

정치개혁을 내세워 한국미래연합을 창당했던 박근혜의 '대담한 도전'은 실패로 막을 내렸다. 2002년 대선을 앞두고 반대 진영에선 노무현, 정몽준의 단일화 논의가 급물살을 타면서 한나라당과 이회창 후보는 조건 없이 박근혜를 당에 복귀시키기로 한다. 박근혜는 이회창과 만나 정치개혁위원회를 만들어 전면적인 정치개혁을 실시한다는 명분을 얻은 끝에 한나라당과 한국미래연합의 합당에 동의했다. 대통령 선거를 꼭 한 달 앞둔 11월 19일이었다. 형식은 합당이었지만 실제론 한나라당을 뛰쳐나왔던 박근혜가 모진 정치실험과 냉엄한 정치현실을 체험한 끝에 짐을 싸서 다시 본가로 들어간 모양새였다.

이 과정에서 대세론을 등에 업고 한창 질주하던 이회창의 대권가도에 석시 않은 혼선과 차질이 빚어진 것은 부인할 수 없는 사실이다. 이후 박근혜는 유세장마다 이회창의 옆에 서서 지지를 호소했으나 한나라당은 다시 대선패배의 고배를 들었다. 이회창에겐 뼈아팠던 박근혜의 탈당과 한 박자 늦은 복당이었다.

이회창이 정계은퇴를 선언하고 떠난 2003년의 한나라당에서 박근혜는 부지런히 정치개혁과 국민참여경선, 여성의 정치 참여 확대를 주장했다. 이 무렵 박근혜는 이전의 조심스런 태도와 달리 당사 기자실에 부지런히 들러 정치개혁에 대한 자신의 소신을 적극적으로 밝히곤 했다. 아마도 박근혜의 정치 역정에서 가장 역동적이고 생기가 넘쳤던 시절이었다고 기억된다. 두 번 연속 대선 패배로 침체됐던 한나라당에서 그래도 '가장 생생하고 의욕적이며 개혁을 실천할 능력이 있어 보이던 사람'을 꼽자면 단연 박근혜와 원희룡이었다. '오픈프라이머리' 도입을 비롯해 당의 환골탈태를 주장하던 박근혜는 정치개혁을 선도했고 참신성에서도 단연 선두주자였다.

그를 가까이 또는 먼 발치에서 지켜본 입장에선 정치개혁을 화두로 활력이 넘치던 당시의 박근혜가 정치인으로서 가장 돋보인 시기였다고 평가하고 싶다.

당 개혁에 적극적이었던 박근혜에 대한 기억 한 토막이다. 오랜 세월 집권당을 했던 한나라당은 일요일마다 주로 당직을 맡고 있는 현역의원이 기자실을 찾아 휴일 근무를 하는 기자들, 당직자들과 함께 근처 식당에서 점심을 함께하는 관행이 있었다. 일종의 언론인들에 대한 배려였다.

당일 점심을 책임졌던 박근혜는 기자들과 설렁탕집으로 가서 소주와 수육을 앞에 놓고 정치개혁에 대한 자신의 소신, 차기 대선에 승리하기 위해 한나라당이 나아가야 할 방향, 대선후보 선출 과정에서 국민참여 경선의 필요성 등에 대해 시원시원하게 밝혔다. 대부분의 정치인들이 '의무적인 휴일 당직'에 나와 의례적인 식사와 관례적인 덕담을 하고 자리를 뜨던 것과 대조적으로 박근혜는 맨 마지막까지 남은 몇 명의 기자들 앞에서 아주 오랜 시간 자신의 주장을 역설했다. 흔히 말하는 '진정성'이 엿보이던 박근혜였다.

박근혜는 언론을 대할 때 타이밍과 강도를 치밀하게 계산하고 작심하듯 발언을 하는 스타일의 정치인이다. 이른바 '애드리브'보다는 밤새 꼼꼼히 준비한 메시지를 또박또박 전달하는 유형이다. 그래서 임기응변엔 능하지 못한 편이다. 그런 뒤엔 언론의 논조나 여론의 반향까지 세심하게 확인하는 게 '박근혜 스타일'이었다. 당연히 박근혜의 '준비된 한마디'는 다음날 아침 조간신문에 비중 있게 다뤄졌다. 이런 과정을 거치며 박근혜는 '정치인의 발언과 언론의 메커니즘'을 익혀갔고, 박근혜 발언의 무게감은 여타 의원들의 그것과 차별화되어 갔다.

그때 박근혜에겐 분명히 정치개혁의 절실함과 동시에 뭔가 판이 바뀌지 않고선 자신의 뜻을 펼 수 없을 것이란 확신이 있었던 것으로 비쳐졌다.

'더 이상 얻을 것도, 잃을 것도 없는 사람입니다'

한나라당의 대선 자금 후폭풍과 노무현 대통령 탄핵 역풍이 휘몰아치면서 당의 존립 자체가 어려워 보이던 2004년 봄은 박근혜가 대한민국 정치무대의 주연으로 등장한 시기였다. '인물은 난세에 등장 한다'는 말이 꼭 들어맞는 때였다.

진통 끝에 최병렬 대표가 물러나고 한나라당은 3월 23일, 20여 일 남은 총선을 책임질 당 대표를 뽑는 전당대회를 열었다. 한나라당은 와해 직전의 풍전등화 상태였다. 수도권 대부분의 지역구는 궤멸 조짐을 보이고 있었다. 박근혜, 홍사덕, 김문수, 박진, 권오을이 출마한 대표 경선은 정치권에 오래 몸담았고 직전 원내대표를 지낸 홍사덕의 조직력과 '개혁파' 박근혜의 싸움이었다. 이때 전당대회장에서 박근혜의 한마디는 갈 길 잃은 당

2004년 17대 총선 직전 당 대표가 된 박근혜는 여의도 허허벌판에 세운 '천막당사'에서 정치적 기반을 다졌다. 한나라당 현판을 떼어 들고 천막당사로 향하는 박 대표와 당직자들.

원들의 마음을 뒤흔들었다.

"저는 오늘, 신에게는 아직도 열두 척의 배가 남아 있다고 했던 충무공 이순신 장군의 비장한 각오를 되새기며 이 자리에 섰습니다. 저는 부모님도 없고, 더 이상 얻을 것도 잃을 것도 없는 사람입니다. 당을 위해서 제 모든 것을 바치겠습니다."

대중연설 체질이 아닌 박근혜지만 짧은 이 한마디는 당원들에게 깊은 인상을 남겼고 그는 당 대표에 당선됐다. 한나라당 당원들은 난파 직전의 당을 살릴 적임자로 박근혜를 선택한 것이다. 1998년 4월 대구 달성 재보궐선거로 국회에 입성 한지 꼭 6년 만에 재선에 불과한 박근혜가 당을 책임지게 됐다.

박근혜가 당 대표가 되고 당사로 첫 출근을 하는 날, 그는 당사에 발을 들이지 않은 채 한나라당 현판을 떼어 들고 여의도 중소기업전시관 부지에 마련한 '천막당사'로 향했다. 박 대표는 당사를 옮기던 그날 오후 명동성당과 조계사, 영락교회를 돌았다. 조계사 극락전에선 108배를 드렸다. 당 대표 경선에 이어 현판을 들고 여의도 공원을 가로질러 천막당사로 1킬로미터 남짓 걸어 이동했던 박근혜는 점심도 하는 둥 마는 둥 하면서 세 곳의 종교단체를 돌며 고해성사와 108배를 했으니 겉으로 보이는 것과 달리 체력과 내구력 또한 범상치 않음을 입증시켰다. 박근혜의 이런 강단은 이후 여러 차례의 재보궐선거, 총선, 그리고 18대 대선 유세전에서 유감없이 발휘됐다. 다른 정치인과 차별화되는 점이 있다면 그런 강행군에도 그는 흐트러짐이 없다는 것이다. 변함없는 얼굴 표정, 머리 모양새, 옷차림 등은 박근혜만의 특장점이라 인정하고 싶다.

3월 말이었지만 해질녘이면 여의도 광장의 매서운 바람이 몰아치는 허허벌판의 천막당사는 싸늘했다. 여기저기서 전기난로를 켜놓고 당무를 봤으며, 기자실의 천막을 걷고 사람이 드나들 때마다 바람이 몰아치면서 책상 위에 쌓아둔 각종 자료가 이리 날리고 저리 날리는 진풍경을 자아냈다. 황사가 올 땐 모두들 마스크를 쓰고 근무했다. 화장실도 문제였다. 여기자들은 인근 건물의 화장실을 빌어써야 했고 당직자들과 기자들은 제대로 모여 앉을 곳이 없어 여기저기 서성이며 대화를 나누는 옹색한 광경이 빚어졌다. 주변에 막 들어서기 시작하던 커피 전문점들은 때 아닌 호황을 누렸다.

총선 직전 천막당사에서 기자들에게 가장 인기 있었던 취재원은 박근혜 신임 대표가 영입한 '선거의 책사(策士)' 윤여준과 YS정부에서 대통령 비서실 정책기획수석을 지낸 서울대 교수 출신의 박세일이었다. 박근혜 대표 체제에서 윤여준은 선거전략을, 박세일은 정책공약을 맡아 한나라당의 기사회생을 도왔으나 두 사람 모두 이후 박근혜와 소원해졌고 윤여준은 결국 반대편에서 18대 대선을 치렀다.

17대 총선에서 공동선거대책위원장을 맡아 박근혜 대표의 가장 든든한 정책브레인 역할을 했던 박세일은 세종시 문제를 놓고 박근혜와 의견대립을 보이다 끝내 한나라당을 떠났지만 18대 대선이 막바지에 이르렀을 때 지지를 선언함으로써 '박근혜 대통령 만들기'에 작은 힘을 보탰다. 박근혜와 결별한 윤여준은 최근 박근혜의 의사소통 방법과 의사결정 구조를 비판했지만 "박근혜의 절제력, 인내심, 그리고 헌신적인 태도만큼은 타의 추종을 불허한다."는 평가를 하기도 했다.

천막당사에 얽힌 에피소드 하나다. '원조 천막당사'는 1993년 2월 여의도가 아닌 광화문에 먼저 등장했었다. 1992년 14대 대통령선거에서 민자당 후보 김영삼에게 패배한 통일국민당 정주영이 정계은퇴 선언을 하면서 현대그룹 측이 당사를 강제로 폐쇄하자 김동길, 박철언, 유수호, 박구일 등의 인사들이 천막을 치고 임시로 가설된 천막당사를 사용했다. 새로 출범한 YS정부 눈 밖에 날까 노심초사하던 현대그룹 경영진은 서둘러 정치판에서 발을 빼기 위해 통일국민당과 절연을 한 셈이었다. 당사에서 내쫓긴 인사들은 한동안 풍찬노숙(風餐露宿) 신세를 면치 못했다.

차이점이라면 통일국민당의 천막당사는 당 해체로 가는 길이었던 반면 한나라당의 천막당사는 기사회생의 전기가 됐다는 점이다. 한나라당의 천막당사가 그래도 컨테이너를 들여 놓고 기반시설을 갖췄다면 통일국민당

의 천막당사는 임시로 연결한 전선에 백열전구를 켜놓은 말 그대로 천막
당사였다.

　박근혜와 한나라당은 그렇게 4월 15일 총선을 치렀다. 50석도 장담할
수 없다던 당초 선거 판세였으나 박근혜의 위력이었는지, 아니면 천막당
사의 힘이었는지 한나라당은 121석을 얻어 그래도 정부여당을 견제하고,
힘을 추스른 뒤 다음 대선에 한번 힘을 써볼 만한 의석을 가까스로 유지했
다. 이런 예상 밖의 분전이 없었다면 3년 반이 지난 뒤 한나라당 이명박 후
보의 압도적인 대선 승리는 보장되지 않았을 것이다. 박근혜가 여의도 광
장에 세웠던 천막당사는 결국 이명박의 대통령 당선에 자양분 역할을 한
셈이다. 또 박 대표 체제의 17대 총선에서 초선의원으로 정치에 입문한 진
영, 이혜훈, 최경환, 유정복, 유기준, 곽성문, 김재원, 나경원 등은 이후 박
근혜의 든든한 지원군 역할을 했다.

계영배와 절제의 미학

　당 대표가 된 뒤 박근혜는 기자들과 접촉의 범위를 넓혀 갔다. 초재선
의원 시절 주로 야당 출입 '말진' 기자들을 상대하다가 부총재를 하면서 중
견기자들이 담당하던 박근혜는 이제 대표로서 주로 야당 출입 고참 반장
들의 취재원이 됐다.

　지금은 박근혜의 서울 삼성동 자택이 많이 알려졌지만 당시만 해도 대
변인이나 대표 비서실장조차 한 번도 발을 들여놓은 적이 없는 호기심의
대상이었다. 2004년 늦은 가을 박근혜는 한나라당 출입 반장들을 자택 저
녁식사에 초대했다. 1층에 응접실과 식당, 접견실이 있고 2층에 서재와 침
실이 있는데 가구나 살림살이가 단조롭다 싶을 정도로 치장이 없었다. 간

250

혹 눈에 띄는 것은 선대(先代)부터 사용했을 법한 낡고 오래된 물건들이었
다. 가전제품 중엔 20년은 족히 됐을 법한 '골드스타' 마크의 금성사 제품
도 있었던 것으로 기억된다. 저녁식사가 시작되면서 박근혜는 기자들에게
자기로 만든 계영배(戒盈杯)에 술을 따라주며 계영배의 구조와 내력에 대해
설명했다.

박근혜 : "계영배는 술을 가득 채우면 잔 밑의 구멍으로 술이 흘러내립
니다. 차서 넘치는 것을 경계하는 의미로 우리 조상들이 계영배를 빚었다
고 해요. 그래서 이 술잔으로 술을 마시면 취하지도 않고요….''

박근혜가 얼마나 절제를 중시하는 사람인가 새삼 확인시킨 장면이었
다. 박근혜의 언행이나 행동거지를 보면서 오랜 세월 내적 성숙을 거치며
단련이 됐다는 생각과 함께 이 적막한 주택에서 긴 세월을 혼자 보내야만
했던 그의 정신세계가 사뭇 궁금해지기도 했던 게 솔직한 기자의 심정이
었다. 내공의 단련 이면에 사회와의 단절, 가족과의 단절 같은 게 느껴지
기도 했다.

그날 저녁자리에선 박근혜의 애창곡이 솔리드의 '천생연분'과 거북이의
'빙고'라는 점, 간혹 노래방에서 마이크를 잡으면 빠르고 신나는 템포의 두
곡을 부른다는 말도 들려줬다. 예전엔 테니스와 탁구를 즐기기도 했지만
최근엔 자택에서 단전호흡과 국선도, 요가, 팔굽혀펴기 등으로 건강을 챙
긴다는 말도 했다. 또 당시만 해도 널리 확산되지 않았던 '싸이 1촌'에 열
성적인 소셜 네트워크 서비스, 즉 SNS의 '얼리 어답터'라는 점을 밝히기도
했다. 이 SNS는 정치권에서 박근혜가 원조 격으로 이후 기자들이 비중 있
는 정치인의 블로그나 트위터를 들락거리며 가십성 기사를 발굴해 내는

매개체로 발전했다.

　예전 정치부 기자들이 새벽같이 정치인들의 집을 방문해 아침식사를 함께하면서 기사를 쓰던 관행이 SNS로 옮겨간 것이다. 독신의 여성 정치인 박근혜는 대면접촉보다 효과적인 SNS를 활용했고, 이런 점에서 그는 취재관행에 변화를 가져온 선구자 역할을 톡톡히 했다. 실제로 그는 국회 과학기술정보통신위원회에서 활발하게 의정활동을 펴기도 했다. 박근혜는 자신의 주량이 소주 넉 잔, 폭탄주 한 잔이라고 스스로 밝혔다. 회식자리에선 친박계에서 술이 세다는 몇몇 의원들이 '흑기사' 역할을 해준다는 말도 했다. 공교롭게도 '흑기사' 몇 사람은 후에 술로 인한 구설수에 올라 곤욕을 치렀다.

DJ와 박근혜의 뜻깊은 만남

　우리 정치사에서 의미 있었던 한 장면은 2004년 8월 12일 박근혜와 김대중의 만남이었다. 난파 직전의 한나라당 대표에 올라 총선에서 선전한 뒤 다음 대권을 염두에 두기 시작하던 박근혜는 동교동 김대중 도서관을 방문해 김 전 대통령과 비공개 대화를 나눴다.

　박근혜 : "아버지 시절 여러 가지로 피해를 입으시고 고생하신 데 대해 딸로서 사과말씀을 드립니다."

　김대중 : "과거의 일에 대해 그렇게 말해주니 감사합니다. 정치를 하면서 내가 박 전 대통령의 최대 정적이었다는 것은 사실이지만 박 전 대통령이 국민에게 '하면 된다'는 자신감을 심어준 것은 높이 평가할 만합니다."

박근혜 : "한나라당도 한반도 평화정착을 위해 미래지향적이고 지속적으로 노력하겠습니다. 앞으로 남북문제에 대해 자문을 구하겠습니다."

김대중 : "김정일 국방위원장은 이야기가 되는 사람입니다. 박 대표가 2002년에 북한에 다녀온 것은 잘한 일입니다. 기회가 있으면 또 가도록 하세요."

대한민국 정치사에선 '통 큰' 화합과 '뒤끝 없는' 포옹의 장면이 좀처럼 연출되지 않았다. 비중 있는 정치인들이 대부분 구원(舊怨)을 풀지 못하고 세월을 보내거나 중대사를 앞두고 급서하는 경우가 많았다. 우리 정치사의 가닥이 꼬이고 매듭이 잘 풀리지 않은 것은 그런 '스케일 있는 정치'가 존재하지 않았기 때문이다.

김영삼과 김대중이 결국 다시 포옹하지 못했고, 산업화 세력과 민주화 세력은 아직도 반목과 배척에서 벗어나지 못하고 있다. 더 나아가 결자해지 차원에서라도 역사의 매듭을 한 번은 풀었어야 할 박정희, 김일성, 김정일 등이 역사적 역할과 임무를 다하지 못한 채 세상을 떴으며, 해공(海公) 신익희, 유석(維石) 조병옥 등은 역사의 물줄기를 바꿀 대사를 눈앞에 두고 간발의 차이로 유명을 달리했다. 참으로 애석한 일이다. 역사에 가정이란 존재하지 않지만 해공이나 유석이 대업을 앞두고 눈감지 않았다면 4·19 꽃다운 청춘들의 희생은 피할 수 있었을 것이다. 대한민국 역사발전에 안타까운 부분이다.

그런 점에서 김대중과 박근혜의 짧은 만남에 이은 몇 마디 화해와 용서는 이례적인 것이었다. DJ가 눈을 감기 전 박근혜가 동교동을 찾아 이런 화합의 메시지를 남길 수 있었다는 것은 박근혜에겐 행운이었다.

'이름도 없었던 강아지'와 덧없는 인간사

박근혜는 새마음갖기 운동본부 명예총재이던 지난 1979년 초 연설문 등을 모아 만든 '새마음의 길'이란 책을 펴낸 이후 정치권에 발을 들이기 전 일기 모음 형식의 '평범한 가정에 태어났더라면'을 출판했다. 1995년 여름엔 '박근혜 심경 고백 에세이'란 부제로 '내 마음의 여정'을 썼고, 1998년 국회의원이 된 직후엔 에세이집을 수정, 보완한 '결국 한 줌, 결국 한 점'을 펴냈다. 그때그때 단상을 모아 모두 46편의 짧은 글로 구성된 이 책을 통해 본격적인 정치인으로 등장하기 이전 박근혜의 정신세계를 들여다볼 수 있다.

수필집 맨 첫 편의 제목은 '인생은 추억 만들기'이며, '결국 자신과의 싸움이다', '피자와 빈대떡', '용서하되 신뢰할 수는 없다', '깨끗한 마음의 위력', '동동주와 초롱박' 등의 글에 이어 '설마가 사람 잡는다더니'란 작은 책 한 페이지 반짜리 단상으로 책이 마무리됐다. 박근혜 수필집에 실린 '이름도 없었던 강아지'란 글이다. 그의 생명관, 인생관, 철학 등이 녹아 있는 듯하다.

'이 땅에서 생을 누렸던 기간은 9년. 이름도 없이 살다간 강아지. 가고 나니 그야말로 아무 것도 남긴 것이 없다. '방울'은 개 목걸이라도 남겼었는데 이 강아지는 이름도 목걸이도 없이 활발하게 뛰어 놀고 먹성 좋게 달려들고 짖던 모습만이 기억에 남을 뿐이다. 생명 있는 모든 것들은 반드시 죽음을 맞아야만 한다. 아무 것도 남기지 않고 떠나가는 인간과 강아지 사이에 결국 아무 구별이 없어 보인다. 그러나 분명히 인간은 한 가지를 남기게 된다. 크게든 작게든, 좋게든 나쁘게든, 그것은 다름 아닌 이름. 그 이름 안에 이 세상을 살다간 한 인간의 모든 것이 간직되어 있다.

얼마나 소중한 것인가. 이름이란 바로 그 이름을 갖고 살았던 한 인간의 생각과 말과 행동의 자취에 다름 아니다. 이 세상에 왔다가 업만을 갖고 간다고 하더니, 그리고 그것은 저승까지 어김없이 따라갈 수밖에 없는 것이라고 하더니, 인간사의 모든 기품을 제거하고 그 진수를 직시할 때 - 그것은 바로 죽음인데 - 하루하루, 그리고 매 순간마다 지울 수 없이 뚜렷한 자국을 남기며 새겨져 가는 우리의 영원한 동반자의 모습에 주목하지 않을 수 없다.'

'방울'은 박정희 대통령 재임 시 청와대에서 사랑을 한 몸에 받았던, 자료사진에도 많이 등장하는 강아지의 이름이다. 박근혜의 글 밑바탕엔 생명에 대한 고뇌와 번민이 자리 잡고 있음을 알 수 있다.

정치인 박근혜의 초기 이력엔 예외 없이 문인협회 회원이란 경력이 포함돼 있다. 글쓰기와 문화유산 답사는 정치에 발을 들이기 전 박근혜가 가장 애착을 가졌던 취미활동이었다. 청와대를 나온 이후 사람들의 변절과 배신을 여러 차례 경험했던 박근혜는 주로 글쓰기로 마음을 다스렸다고 한다. 18년 동안 은둔에 가까운 생활을 하던 그는 '떨어진 권력'을 바라보는 차가운 시선에 수없이 상처 받았다. 호텔 엘리베이터 안에서 마주친 아버지 시절 전직 장관은 인사를 건네는 박근혜를 외면했다. 박근혜는 그날 밤 일기에 이렇게 썼다.

"지금 상냥하고 친절했던 사람이 나중에 이(利)에 기가 막히게 밝은 사람이 아니라고 누가 장담할 수 있을까. 덧없는 인간사이다."

정치권에 발을 들인 지 15년, 처음 당 대표에 오른 지 8년, 그리고 2007년 대선 후보 경선에서 패배한 지 5년. 수 없는 장애물을 하나씩 뛰고 넘어서 마지막 결승점을 앞뒀던 박근혜. 이른바 '박근혜 대세론'에 야권에선 필적할 후보가 눈에 띄지 않던 순탄한 상황에 풍랑이 일기 시작했다.

2011년 오세훈 시장이 무리하게 밀어붙인 서울시 무상급식 투표 무산과 서울시장 보궐선거 패배, 이어진 '디도스 사건'으로 홍준표 대표 체제가 무너져 내리면서 박근혜에게 예정에 없던 소임이 또 한 번 부여됐다. 모든 에너지를 응축해 2012년 총선부터 대선까지 약 10개월 간 총력을 쏟아붓겠다던 박근혜의 계획은 수정이 불가피해졌다. 박근혜는 북한 김정일 국방위원장의 사망이 발표된 2011년 12월 19일 한나라당 비상대책위원장 취임식을 갖고 곧바로 위기에 빠진 당의 수습책 마련에 들어갔다.

김종인, 이상돈 등 당 밖의 인사들로 비대위를 꾸렸으나 2012년 새해 벽두 터져 나온 '한나라당 전당대회 돈봉투 사건'은 박근혜의 명예와 자존심에 상처를 냈다. 박근혜는 당명을 새누리당으로, 당의 상징 색깔을 파란색에서 빨간색으로 바꾸면서 전면 쇄신에 들어갔다. 당의 정강, 정책에도 경제민주화 개념을 대폭 도입해 보수 일변도이던 당의 정체성을 확장해 나갔다. 당 안팎에선 부정적인 시선과 비판적인 시각도 많았지만 연말 대선을 겨냥한 박근혜의 승부수는 그렇게 던져졌다.

2012년 4월 19대 총선은 박근혜가 33년 만에 청와대로 가는 길에 가로놓인 최대, 최후의 시험대였다. 이명박 정부에 대한 심판론, 경제난에 따른 민심 이반, 정권교체에 대한 당위성 등이 뭉쳐지면서 자칫 박근혜는 좌초할 위기에 놓였다. 여론도 여당에 우호적이지 않았다. 박근혜는 15년

제18대 대통령에 오른 박근혜 당선인은 현충원 방명록에 '새로운 변화와 개혁의 새 시대를 열겠다'고 썼다.

전 대구 달성 보궐선거에서 그랬듯이 밑바닥 민심부터 다시 불을 지폈고, 결국 새누리당은 152석 확보, 실질적인 총선 승리로 발을 잘못 디뎠다간 빠져나올 수 없을 것 같던 늪을 건너뛰었다.

그리고 2012년 12월 19일, 51.55%와 48.02%. 짧게는 15년, 길게는 30여 년 세월 인내와 절제로 견뎌온 박근혜는 야권 주자 문재인에 108만 496표 차이로 승리했다.

당선이 확정된 뒤 그의 첫 일성은 "선거기간에 한 세 가지 약속, 즉 민생 대통령, 약속 대통령, 대통합 대통령이 되겠다는 것을 반드시 지키겠다." 였다. 국립현충원 방명록엔 '새로운 변화와 개혁의 새 시대를 열겠습니다' 라고 썼다. "과거 반세기 동안 극한 분열과 갈등을 빚어 왔던 역사의 고리 를 화해와 대탕평책으로 끊도록 노력하겠다."는 게 대통령 당선인 박근혜 의 첫 번째 대국민 메시지다.

60년 세월을 인내와 절제, 그리고 인고의 생을 살아온 박근혜. 정치에 뛰어든 이후에도 숱한 고비와 난관이 있었다.

그에게 정치적 발판을 마련해준 1998년 대구 달성 보궐선거, '탄핵역풍'의 위기에서 정치지도자로 우뚝 설 수 있었던 천막당사와 2004년 17대 총선, 다 잡았던 승리를 놓친 2007년 당내 대선 경선과 승복 연설, 그리고 2012년 19대 총선을 전후한 시련과 비대위 체제는 박근혜가 용케도 극복해낸 위기의 순간들이었다.

그는 정치에 입문한 이후 줄곧 영국의 마거릿 대처 전 수상을 롤 모델로 삼아왔다. 스스로 '신념의 정치인'이라 부른 마거릿 대처는 뿌리 깊은 '영국병'을 치유한 정치 지도자로 평가 받는다.

이 글이 탈고되는 시점, 대통령 당선인 신분인 박근혜가 임기 말 또는 퇴임 후 적어도 '한국병'을 고친 대통령이었다고 기록되길 기대해 본다.

나아가 공감과 소통의 리더십으로 양극화된 사회를 보듬고 갈등과 분열이 난무하는 나라를 껴안아 '살 맛 나는 세상'으로 만들어 가길 기원해 본다.

박근혜 (朴槿惠)

1952년 2월 대구 출생. 서울 성심여고, 서강대 전자공학과 졸업. 1987년 대만 중국문화대에서 명예 문학박사. 1998년 대구 달성 보궐선거로 정치에 입문해 15, 16, 17, 18, 19대 국회의원을 지내고 2012년 12월 19일 제18대 대통령에 당선됐다. 2004년 '탄핵 정국'에서 당 대표, 2012년 19대 총선 직전 비상대책위원장을 맡는 등 당이 위기에 처할 때마다 난국 돌파의 주역이 됐다.

가수 싸 이 (PSY)

"모든 순간들이 마지막 기회라고 생각합니다"

싸이(PSY) 박재상 | 가수

대중문화를 넘어 사회, 경제 분석의 대상으로

2012년도 대한민국 최고의 화제인물을 꼽으라면 단연 대중가수인 싸이, 박재상을 첫 번째에 들 수 있다. 그는 세계 팝 음악계에 신선한 바람을 일으켰고 대한민국의 대중문화 역사를 새로 쓴 장본인이다. 대중문화 차원을 넘어 경제사회학적 분석의 대상이 된 싸이와 '강남 스타일'은 국내외 언론과 학자, 대중으로부터 비상한 관심을 끌었다.

지난 9월 한국을 찾은 구글의 에릭 슈밋 회장은 싸이와 말춤을 함께 춘 뒤 "싸이는 한국의 위상을 높인 영웅이다."라고 치켜세웠다. 영국 일간지 파이낸셜 타임스(FT)는 10월 9일 '강남 스타일'과 대한민국 국가 브랜드의 상관관계를 분석한 기사를 실었다. 한국의 대중가요가 외국의 유력 언론에서 경제적, 문화적, 사회적 분석의 대상으로 클로즈업된 것이다. 기사 내용의 일부다.

"대한민국 기업들은 과거와 달리 단순히 제품을 만들어내는 단계에서 벗어나 매력적인 이미지를 형성하는 데 힘을 쏟고 있다. 애플과 특허소송을 벌이고 있는 삼성전자, 영원히 따라잡을 수 없을 것 같던 BMW나 아우디에 버금가는 고급 브랜드로 도약한 현대자동차 등이 그 사례다. 그러나 한국의 뿌리 깊은 사회적, 경제적 문제점들이 창조적인 산업의 발전에 장애물이 된 것도 사실이다. 청년층의 80%가 대학에 진학하고 있는 게 한국의 현실인데 이는 창의적 인재에게 대단한 시간 낭비이며 사회적 손실이다.

최근 그런 흐름에 변화의 조짐이 나타나고 있다. 역사의 격변이 한국의 예술에 역동적인 힘을 부여했고, 한국에 대한 세계인의 관심과 인기도 날로 커져가고 있다. 부존자원이 부족한 한국이 내세울 것은 사람밖에 없다. 한국의 소프트파워 성장과 이에 따라 높아지고 있는 국가 브랜드는 시사하는 바가 크다. 그 단적인 예가 한국의 가수 싸이이며, 그의 히트 곡 '강남 스타일'이 불러온 현상이다."

혜성같이 나타나 세계 팝 음악계에 우뚝 선 싸이는 창의적 인재이며, 그는 틀에 박힌 한국의 교육구조에 안주하거나 속박 받지 않고 자신의 오리지널리티(originality, **독창성**)를 살려 성공한 사례라는 평가다. 그리고 사람이 자원인 한국에선 이런 인재들이 실력을 발휘하는 소프트 파워의 시대로 가야 한다는 뜻을 담고 있다.

'지금 벌어지고 있는 현실이 믿어지지 않습니다'

싸이와 '강남 스타일'이 써내려간 기록은 무수하며 아직도 진행형으로 계속되고 있다. 싸이는 2012년 12월 22일 유튜브 조회 수 10억 건을 돌파함으로써 2005년 유튜브 서비스가 시작된 이후 신기록을 세웠다. 이전 기록은 8억 건을 기록한 저스틴 비버의 '베이비(Baby)' 뮤직 비디오였다. 유튜브 책임자는 MTV 인터뷰에서 "싸이의 '강남 스타일'이 세운 기록은 콘텐츠 자체의 대중성과 참신함, 전 세계 누리꾼이 정보를 교환할 수 있는 통신망의 발달 등이 맞물려 탄생한 결과다. 유튜브 조회수 10억 건은 다시 일어나기 힘든 경이로운 사건"이라며 놀라워했다.

미국 최대 유료 음원 유통회사인 아이튠즈의 음원과 뮤직비디오 차트 동시 1위, 미국보다 보수적인 영국 아이튠즈 1위에 이어 아이튠즈 차트가 있는 세계 22개 나라 중 캐나다, 호주, 덴마크, 노르웨이 등 대부분의 국가에서 1위를 차지해 기염을 토했다. 2012 MTV EMA(유럽 뮤직 어워즈) 베스트 비디오상, AMA(아메리칸 뮤직 어워드) 뉴미디어상, MAMA(엠넷 아시안 뮤직 어워즈) 4관왕 등 싸이와 '강남 스타일'이 받은 상은 셀 수 없을 만큼 많다.

2012년 11월 5일 프랑스 파리 에펠탑 맞은 편 트로카데로 광장에 운집한 2만여 명의 플래시몹은 '2012 싸이 기적'의 결정판이었다. 싸이와 그 일행은 이 행사를 기획한 프랑스 라디오 음악채널 NRJ가 내준 전용기를 타고 미국에서 프랑스 파리로 건너갔다. 오랜 세월 문화 선진국으로 바라보기만 했던 나라들에서 이런 환대를 받을 것으로 예상했던 한국인은 아무도 없었을 것이다.

초여름 더위기 맹위를 떨치던 2012년 7월 15일 발매된 싸이 6집 '싸이 육갑甲'은 음원 공개 직후 주요 음원 사이트에서 1위에 오르는 등 예상대로 국내에서 빠른 호응을 얻었다. 하지만 출시와 동시에 폭발적인 반응을 얻은 건 아니었다. 10대들이 절대적 영향력을 갖고 있는 국내 대중가요 시장은 아이돌 가수들이 음원시장을 석권하고 있다. 이런 현실을 반영하듯

영국 파이낸셜 타임스(FT)는 '싸이 현상'에 대해 '틀에 박혀 있던 한국 사회가 독창성을 발휘한 창의적 인재를 인정한 사건이었다'며 소프트파워의 가능성을 평가했다.

이미 30대 중반에 두 아이의 아버지인 싸이의 '강남 스타일'은 7월 월간 가온차트에선 4위에 머물렀다. 이때만 해도 연예계에선 싸이가 그동안 선보였던 많은 히트곡 수준의 평년작이 발표됐다는 평가가 많았다.

그러나 전혀 예상치 못했던 폭풍 같은 반응은 미국에서부터 시작됐다. 7월 30일 미국의 유명 래퍼 티페인이 SNS를 통해 93만 명의 팔로어에게 '강남 스타일'을 극찬하고 뮤직비디오를 소개하면서 불과 사흘 만에 유튜브 조회 1,000만 회를 기록했다. 바로 다음날 미국의 뉴스 전문채널 CNN이 '코리아의 팝가수 싸이의 노래가 미국에서 신드롬을 일으킬 조짐을 보이고 있다'고 전하면서 여러 매체들은 이름도 생소한 싸이와 '강남 스타일'을 비중 있게 다루기 시작했다. 브리트니 스피어스, 톰 크루즈 등 톱스타들이 자신의 트위터에 싸이와 '강남 스타일'을 언급하며 파급속도는 훨씬 더 빨라졌다.

이후 싸이의 소속사 YG 엔터테인먼트는 저스틴 비버 등을 키워낸 세계적 연예 기획자 스쿠터 브라운과 매니지먼트 계약을 하면서 글로벌 흥행 요소를 키워나갔다. 스쿠터 브라운과 손잡은 이후 싸이가 미국 NBC의 '엘런 드제너러스쇼', '투데이쇼' 미국 최고의 시사 코미디 프로그램인 '새터데이 나이트 라이브'에 잇따라 게스트로 초대된 것은 매니지먼트의 힘이었다. 싸이의 말춤은 미국과 유럽, 남미 등으로 급속히 퍼져나갔고 국내보다 해외에서 더 뜨거운 반응을 얻은 '강남 스타일' 돌풍은 초고속으로 글로벌 문화코드로 자리 잡아갔다.

기자 : "출시된 지 불과 2주 만에 세계적인 주목을 받기 시작했는데, 예상했던 일인가요?"

싸이 : "저도 아직 실감이 안 됩니다. 해외진출이나 월드스타가 되는 것을 생각해본 적도 없는데 지금 벌어지고 있는 현실이 믿어지지 않습니다. 대부분의 K-팝 스타들이 제 후배들입니다. 그냥 제 역할은 그들을 응원하고 외국에서 성과를 거두고 귀국하면 술을 사주는 정도로 생각했습니다. 제가 주인공이 될 거라곤 생각해 보지 못했거든요. 많은 후배들이 그 정도의 성과를 거두는 것만도 대견하다고 생각했었거든요."

'강남 스타일'이 빌보드 차트 2위 진입을 눈앞에 뒀던 9월 중순 싸이의 솔직한 답변이다. 엔터테인먼트, 스포츠, 문화 등을 통틀어 '자고 일어나 보니 벼락 스타가 돼있었다'란 말이 있지만 이번 싸이의 경우만큼 극적인 스포트라이트는 전례를 찾아보기 어렵다.

빌보드 차트 64위로 '핫 100 차트'에 처음 진입한 뒤 한 주 만에 11위로 올라섰고, 다음 주부턴 연속 7주 동안 2위를 기록했다. 차트 1위 자리를 굳게 지킨 미국의 5인조 락그룹 마룬 파이브(Maroon 5)가 부른 '원 모어 나이트(One More Night)'의 장기집권으로 '강남 스타일'은 1위 등극엔 실패했다.

'싸이를 싸이답게 했던 게 성공 요인'

당초 '강남 스타일'은 내수용으로 기획된 작품이었다고 한다. sexy lady와 style이란 단 세 개의 단어를 제외하곤 그 흔한 영어 가사도 찾아볼 수 없다. 지난 반세기 동안 빌보드 차트는 아시아 가수들에게 넘을 수 없는 장벽이었다. 1963년 일본 가수 사카모토 규가 일본어로 부른 '스키야키'가 아시아 가수가 빌보드 싱글 차트 1위에 오른 유일한 기록이다. 1년 뒤 열린 동경올림픽의 후광효과 덕도 있었다.

싸이 '강남 스타일'의 성공 요인에 대해선 다양한 해석이 나오고 있다. 엔터테인먼트 업계에선 벌써부터 제2, 제3의 성공 신화를 쓰기 위한 치열한 경쟁도 벌어지고 있다. 그동안 박진영, 비, 원더걸스 등이 미국 시장에 도전장을 내긴 했지만 성과는 만족스럽지 못했다. 미국 시장을 겨냥해 철저히 기획된 도전이 줄줄이 실패로 끝난 것과 비교하면 국내용으로 만들어진 싸이의 노래가 빅히트한 건 아이러니라 할 수 있다.

워싱턴 포스트는 "싸이 '강남 스타일'의 성공 요인에 대해 우선 뮤직비디오가 대중의 시선을 쉽게 끌 수 있는 요소들로 이뤄졌고, 언제 어디서나 패러디, 리믹스가 가능하다는 점이 대중에게 크게 어필했다. 이는 한국의 무명 가수가 미국 주류 엔터테인먼트 세계를 파고드는 원동력이 됐으며, '강남 스타일'은 혁신 사례로 평가 받을 만하다."라고 썼다.

대중문화 전문가인 충남대 언론정보학과 김수정 교수에게 싸이와 '강남 스타일'의 성공 요인을 물었다. 그는 여러 요인이 복합돼 나타난 현상을 한두 개의 인과관계로 결론짓는 것은 바람직스럽지 않다면서 다음과 같은 견해를 밝혔다.

"21세기 세계화의 조건들, 이를테면 경제세계화, 문화세계화, 인간의 이동에 의한 세계화, 기술의 세계화 등 세계적 공통감수성과 욕구가 싸이의 '강남 스타일'과 맞아떨어진 결과물이라고 봅니다.

그것은 2가지로 압축되는데 하나는 표현의 욕구(expression), 다른 하나는 공유의 욕구(sharing)입니다. 표현은 참여로 나타나고, 그것은 개방을 조건으로 한다는 점에서 참여와 개방의 웹 2.0과 절묘하게 결합됐다고 볼 수 있습니다.

싸이의 노래를 매개로 세계 각지의 사람들에게 파생적(자기가 사는 곳 또는 속한 곳의 스타일을 보여주는) 표현을 가능하게 했으며, 그들이 직접 업로드해서 자신들의 패러디나 모방을 전 세계인들과 공유할 수 있게 한 점이 가장 중요한 성공 요인이었다고 봅니다.

여기에 유튜브와 SNS의 역할, 그리고 힐리우드 스디를 포함한 피위풀한 트위터 사용자들의 개입 등이 싸이에겐 결정적인 행운 요소가 됐습니다."

김 교수는 싸이라는 대중가수의 독창성과 창의성이 구현될 수 있었던 과정에 대해 이런 해석도 덧붙였다.

"가수 싸이가 다른 사람과 다르게 볼 줄 아는 '사상의 울퉁불퉁함'이 그의 성공을 가져왔다고 봅니다. 그런 점에서 남의 시선을 의식하고, 남의 시선에서 자신의 존재감을 찾는 한국의 집단주의와 일렬로 줄 세우는 문화에선 어떤 분야가 됐건 싸이와 같은 창의적인 인재가 탄생하기 어렵습니다.

독창성은 남과 다르게 볼 줄 아는 법, 그리고 그래도 된다는 사회적 토양이 있어야 나오는 것이라고 생각합니다. 자신만의 독창성과 창의력을 최대한 발휘할 수 있는 사회적 여건이 마련될 때 다양한 분야에서 여러 형상의 인재들이 쏟아져 나올 것이라고 봅니다.

그럴 때면 각 부문에서 노벨상을 받는 사람도 많아지지 않겠습니까?"

2012년 11월 뉴욕 메디슨 스퀘어 가든에서 마돈나와 공연하는 싸이.

'강남 스타일'이 폭발적으로 인기를 얻은 배경엔 싸이 측이 저작권에 대해 대범한 태도를 취하면서 오히려 세계적으로 수많은 패러디를 만들어낸 것도 주요 요인이 됐다. KT 경영연구소는 싸이가 저작권을 포기하면서 패러디를 장려했던 방법이 대성공의 한 원인이라고 평가했다.

KT의 '강남 스타일, 한류의 글로벌전략 방정식을 다시 쓰다'란 제목의 보고서엔 이렇게 쓰여 있다. "싸이는 강력하고 일원화된 마케팅 툴로 패러디 동영상을 허용해 원 저작물의 확산을 배가시켰다. 싸이는 저작권 침해를 소송의 먹잇감이라기보다 권리를 주장하지 않고 방임함으로써 패러디를 독려했다."

싸이의 소속사 YG 엔터테인먼트 양현석 사장은 이런 분석과 전망을 밝혔다.

"미국이나 유럽 시장은 전략을 짜서 들어갈 시장이 아닙니다. 아이돌 중심의 한국 대중음악과 미국이나 유럽의 대중음악은 기본부터 많이 다르다고 봅니다. 그렇기 때문에 가장 기본이 되는 음악성은 물론이고 차별성, 개성이 전제돼야 합니다.

세계는 싸이를 보면서 코믹한 요소만 느낀 게 아니라 이 세 가지 요소를 함께 느꼈다고 생각합니다.

레이디 가가, LMFAO처럼 세상에 없던 사람들이 무대를 점령하는 것입니다. 싸이 또한 그런 길을 가야 합니다. 아이돌 중심의 K-팝은 언젠가 한계에 부닥칠 것이라고 생각합니다."

철저하게 기획돼 공장에서 찍어나오 듯하는 이른바 아이돌 스타의 생명력은 길지 않을 것이란 게 양현석의 예상이다. 그래서 미국이나 유럽 시장을 고려한다면 아이돌보다 싸이 같은 독창적이고 창의적인 뮤지션이 배출돼야 한다는 말이다. 양현석은 최고의 히트작 싸이 6집 앨범에 대해 이런 탄생 배경도 설명했다.

"싸이가 병역문제 등 개인적인 풍파를 겪으면서 그의 음악이 예전보다 착해지는 느낌을 받았습니다. 하지만 싸이에게 더 싸이다워져야 한다고 주문했습니다. 싸이 전성기 때의 모습을 보고 싶었고 그렇게 응원해줬습니다.

10년 전 싸이가 불렀던 '새', '챔피언' 등을 떠올릴 때마다 당시의 싸이가 가장 싸이다웠다고 생각했기 때문입니다. 그렇게 탄생한 것이 '강남 스타일'이었습니다."

한국의 대표적인 싱어송라이터인 싸이에게 '강남 스타일'을 제작할 당시 특별한 메시지를 염두에 뒀었는지 물었다.

싸이 : "노래가 워낙 관심을 끌다 보니까 그런 질문을 많이 받았습니다. 전 그냥 단순히 한국 사람들이 너무 피곤에 지쳐있고, 날씨도 견디기 힘들 만큼 덥고, 경제도 어렵고, 사람들 지갑도 얇아져서 그런 사람들에게 삶을 즐기라는 의미에서 만든 겁니다.

거창한 사회적 메시지는 없었습니다. 솔직히 이렇게 세계적으로 주목을 받을 거라고 생각도 못했고요."

이른바 대박과 행운은 전혀 예상치 못했던 데서 아주 뜻밖의 모양새로 예정에 없이 찾아드는 것인지 모른다. 싸이가 '강남 스타일'이란 곡을 쓰고 뮤직비디오를 만들 때만 해도 그는 특별한 기대를 한 것은 아니었다. 오히려 평범한 반응을 얻었던 전작 때문에 의기소침해 있었고 예전의 인기를 회복할 수 있을지 확신을 갖지 못하던 시기였다.

데뷔 이후 굴곡과 반전이 거듭된 세월

1977년 생인 싸이, 박재상은 그의 나이 만 21살 때인 1999년 조PD 2집 'In Stardom Version 2.0'에 참여하면서 처음 연예계에 발을 들였다. 2001년에 발표한 'PSY From The Psycho World!'가 그의 정식 1집이다. 그가 시가총액 2,400억 원 대의 코스피 상장사 대표인 아버지와 외식사업을 왕성하게 벌이고 있는 어머니를 둔 유복한 가정환경에서 자란 사실은 잘 알려져 있다.

서울의 세화고등학교를 졸업하고 보스턴 대학에 유학했던 박재상이 부모 몰래 실용음악 위주의 버클리 음악대학으로 옮겨 곡절을 겪었다는 이야기도 널리 알려진 사실이다. 결국 대학을 마치지 못하고 귀국한 뒤 10년 남짓 연예인으로 활동한 싸이는 심한 굴곡과 반전을 경험하며 성숙돼 갔다.

엽기가수란 새로운 콘셉트로 한창 인기를 얻어 가던 2001년 11월 대마초 사건에 연루돼 벌금형을 선고 받고 연예계를 잠시 떠났던 싸이는 2002년 월드컵 열기를 계기로 방송과 무대에 다시 등장해 '챔피언'과 '낙원'이 대성공을 거둔다. 대마초 사건 이후 대체복무를 하며 자숙하던 싸이는 성공적인 컴백과 결혼 등으로 다시 정상급의 인기를 찾아 갔다. 그런데 승승장구할 것으로 보이던 그에게 다시 시련이 닥친다.

싸이는 사회적 논란이 일었던 '불공정 병역특례'로 송사를 벌였고, 일부 사안에 대해 무혐의 판결을 받기도 했으나 결국 '두 번째 군대 입소'라는 화제를 낳으며 훈련소로 향했다. 그는 도합 55개월, 4년 7개월을 사병으로 복무한 흔치 않은 기록을 갖고 있다. 예비군 신분이었던 그는 30살 나이에 다시 머리를 깎고 논산 육군훈련소에 입소하면서 짧은 한 마디를 남겼다.

"담담히 받아들이겠습니다. 비록 잘못인 줄 모르고 지나친 일이었지만 국가와 법이 인정할 수 없다고 한다면 그 뜻에 따르겠습니다."

가수 싸이 인생의 최대 고비는 그렇게 찾아왔다. 싸이는 당시의 심정을 이렇게 밝혔다.

"그때 굉장히 힘들었던 것은 저를 기다리는 사람들이 있다는 현실이었습니다. 태어난 지 두 달 밖에 안 된 쌍둥이 딸과 그 아이들을 둔 아내, 이렇게 세 여자를 남겨 두고 간다는 게 힘들었습니다. 그건 제가 평생을 두고 갚아야하겠지요."

박재상은 쓰린 가슴을 안고 웃는 낯으로 다시 훈련소에 입영했지만 여론은 그다지 호의적이지 않았다. 몇 년 뒤 30대 중반이 된 싸이가 다시 대중의 선택을 받을 수 있을 지는 매우 회의적이었다.

'모든 순간들이 마지막 기회라고 생각합니다'

2009년 7월 병장으로 '두 번째 전역'한 싸이는 2010년 8월 YG 엔터테인먼트로 소속사를 옮기고 그해 10월부터 본격적인 컴백작업에 들어갔다. 군 제대 후 혼자 활동하던 싸이는 예전 같지 않은 '현실의 벽'을 절감했다고 한다. 두 번의 군 입대로 공백이 있었던 싸이는 혼자 작업한 5집 앨범이 신통치 않은 반응을 얻자 고민 끝에 YG 양현석을 찾아간 것이다.

일부에선 싸이 특유의 공연 매너와 노래 스타일로 볼 때 이미 30대 중반이 된 그가 다시 정상에 서기는 어려울 거란 전망을 하기도 했으나 그 같은 비관론은 여지없이 빗나갔다. 싸이는 얼핏 가창력이나 음악성보다 코믹한 요소와 파격적인 공연을 앞세운 '퍼포먼스 위주의 엔터테이너'로 인식되곤 한다.

그러나 그가 다년간 줄기차게 만들어 발표한 노래들은 여느 싱어송라이터와 비교해도 손색이 없다. 싸이가 가장 애착을 갖고 있다는 '낙원', 이승기의 발라드 곡 '내 여자라니까', DJ DOC의 '나 이런 사람이야', 임창정의 'Bye', 그리고 싸이가 군 입대 직전 서인영에게 써준 곡 '신데렐라'등이 모두 싸이가 작사, 작곡한 작품들이다. 물론 싸이의 창작활동엔 그의 음악 동반자인 유건형의 도움이 컸음은 잘 알려진 사실이다. 싸이가 곡을 만드는 과정에 대해 들어 봤다.

싸이 : "다른 사람들은 어떻게 생각하실지 몰라도 곡 하나를 쓸 때 굉장히 애를 많이 씁니다. 많이 힘들죠. 그런데 힘든 것은 괜찮은데 한번 곡을 만든 다음에 수정을 못하는 스타일입니다. 일단 만들어 놨는데 마음에 들지 않으면 그 곡을 버려버립니다.

곡 하나를 고치는 시간보다 새로 만드는 시간이 훨씬 빠르거든요. 곡을 쓰고서 버려야만 할 때 많이 힘들어요. 음악을 만들 때 속도는 아주 빠른 편인데, 일단 만들어진 나음엔 손을 내지 못하는 버릇이 있습니다."

한번 영감이 오면 단번에 곡을 써내려가는 게 싸이의 창작 스타일이다. 그리고 성에 차지 않을 땐 과감하게 작품을 포기하고 다시는 돌아보지 않는다. 아티스트로서 싸이가 희열을 느낄 때는 언제일까?

싸이 : "대중들이 칭찬해 줄 때도 기쁘지만 업계에 계신 전문가들로부터 인정을 받을 때 진정한 보람을 느끼지요. 선수가 선수를 알아본다는 말이 있잖아요? 그런 분들이 싸이가 저기서 왜 저런 행동을 하는지 이해해줄 때 힘이 솟고, 제가 주도면밀하게 설정을 하는 것까지 알아봐주시고 인정해 주실 때 정말로 흐뭇하죠.

제가 겉으로 보이는 이미지와 달리 뭐 하나가 꽂히면 정말 거기에 푹 빠져드는 타입이거든요. 노력도 많이 하고, 집요할 정도로 준비도 철저히 하는 편입니다. 그런데 제 겉모습만 보고 노력하곤 거리가 먼 사람으로 보시는 분들이 아주 많죠."

가까이서 싸이를 지켜본 사람들은 대중에게 비쳐진 인상과 달리 싸이가 아주 세심한 것까지 철저하게 챙기고 준비하는, 땀방울을 아끼지 않는 진정한 프로페셔널이라고 입을 모은다. 싸이는 보통 세 시간 넘는 공연을 하면서 숨이 가빠지고 기력이 소진될 때 산소흡입기의 도움을 받기도 하고, 종아리에 경련이 일 때면 응급처치를 받기도 한다. 무대 뒤에서 바늘로 다리를 찔러가며 고인 피를 빼내고 다시 등장해 앵콜을 소화하는 게 무대에 서는 싸이의 진면목이다.

탈수증상이 심해지고 경련이 일어도 응급처치만 한 채 곧바로 무대에 뛰어 올라가는 이유는 콘서트를 보러 온 수많은 청중들의 흐름을 깨고 싶지 않기 때문이라고 그는 말했다. 싸이 특유의 무대 매너와 폭발력의 비결은 무엇일까?

싸이 : "무대에 오르면 모든 에너지를 쏟아야 한다는 생각에 무대에 올라가기 전에는 최대한 에너지를 모아둡니다. 공연하는 저는 한 명이지만

관객은 많게는 수만 명도 될 수 있잖아요? 제 공연을 보기 위해 찾아주신 분들인데 저 혼자 수만 명 분량의 에너지를 갖고 무대에 올라가야 한다고 생각하거든요. 컨디션이 좋지 않은 경우도 간혹 있지만 그럴 때일수록 공연 직전에 에너지를 더욱 응축해 놓습니다. 그래도 일단 무대에 올라가면 모든 게 해소되거든요. 때로 너무 힘들고 피곤할 때가 있어도 무대에 올라 한 곡을 하면 그런 게 한 번에 다 사라지거든요."

기자 : "그런 에너지가 어디서 샘솟는 겁니까?"

싸이 : "저는 정말 다이내믹한 사람입니다. 공연을 할 때도 마지막이라고 생각하고, 술을 마실 때도 마지막이라고 생각하고, 작사나 작곡을 할 때도 이것이 마지막이라고 생각을 합니다. 제 인생의 모든 순간들이 마지막 기회라고 생각합니다. 그런 마음가짐이면 한순간도 최선을 다하지 않을 수 없지요. 한 번 끝나고 나면 모두가 마지막인데 어떻게 대충할 수가 있겠습니까?"

싸이의 독창적, 창의적 삶이 던진 메시지

2012년 10월 서울시청 앞 서울광장에 수만 명(서울시청 추산 10만 명)의 관객이 모인 무대에 오른 싸이는 굵은 땀방울을 뚝뚝 흘리며 열창을 이어 나갔다. 비록 35년의 길지 않은 인생을 산 싸이지만 그는 가장 격한 감정을 억누를 수 없었던 무대였다고 말했다. 싸이는 누군가 건네준 소주병을 손에 들고 가쁜 숨을 몰아쉬며 이렇게 말했다.

"건강에 좋지 않은 겁니다. 멀리하세요. 웬만하면 시작하지 마세요. 정

말 지금 이 무대, 이 자리, 이 관
객, 이 상황…. 제 가수인생이
끝날 때까지 다시 이런 자리가
마련될 수 있을지도 의문이고
정말 못 견디겠어요. 너무 좋아
서요."

2012년 12월 싸이는 미국 버락 오바마 대통령이 참석한 가운데 '크리스마스 인 워싱턴' 공연에 출연했다.

　　싸이는 전형적인 '연예인 스
타일'이 아니다. 그의 지극히
동양적이고 독특한 마스크, 짧
고 굵은 몸통. 일부에선 그의 가창력에 대해서조차 혹평을 하기도 한다.
그렇다고 싸이가 요즘 연예계 풍조대로 철저하게 기획되거나 디자인된 상
품도 아니다.

　　'강남 스타일' 정도의 빅히트작은 철저한 준비와 의도에 의해서 만들어
질 수 없다. 시장의 상황과 시대의 흐름, 공급자의 의도, 여기에 천운이 절
묘하게 맞아떨어진 것이다. 다만 이런 행운은 그냥 찾아오지 않는다. 모방
이나 기획으로만 될 수 있는 것도 아닐 것이다.

　　싸이가 오랜 시간 가꾸고 지켜온 '나만의 세계'에 바탕을 둔 독창성이
세상으로부터 인정을 받은 것이다. 자신만의 영역, 다시 말해 오리지널리
티가 없이 세계무대를 정복하고 글로벌 시장을 제패할 순 없다. 문화예술
이란 남들과 다른 나만의 세상을 펼쳐가며 무에서 유를 만들어내는 작업
이기 때문이다. 일찍이 싸이가 틀에 박힌 교과서적 삶을 깨고 그만의 독창
성을 갈고 닦아온 결과가 오늘날의 신드롬을 불러온 것이다. 이 시간에도
누군가와 비슷해지기 위해 틀 안에 갇혀 있는 젊은이들이 있다면 어린 나

이에 그 틀을 깨고 박차고 나갔던 싸이의 독창적인 삶을 한번 꿈꿔볼 만한 일이다.

싸이 : "'강남 스타일'로 제 인생이 180도 바뀌었습니다. 당초에 국내 계획만 있었는데 이제는 세계로 확장을 할 수밖에 없는 상황이 됐습니다.
제 목표는 세상에서 제일 박진감 있고 에너지 넘치는 그런 아름다운 콘서트를 여는 것입니다."

싸이는 이 시간에도 세계 여러 나라를 돌며 그의 독창성을 마음껏 발산하고 있다. 그래서 연말 연초에 계획됐던 국내 활동은 모두 포기했다. 그리고 '강남 스타일'에 이은 후속작을 탄생시키기 위해 작업에 몰두해 있다. 이번엔 처음부터 미국시장, 나아가 글로벌 마켓을 겨냥한 대작을 내놓겠다는 게 싸이의 꿈이다.

데뷔 12년차라고 하지만 '두 번의 군복무'와 그에 얽힌 송사에 매달렸던 기간을 제외하면 싸이가 마음껏 실력을 발휘한 시간은 그리 길지 않다. 무수한 신기록을 만들어낸 '강남 스타일'을 논외로 하더라도 자신의 독창적인 잠재력을 갈고 닦아서 글로벌 무대에 우뚝 선 창의적 인재라는 점 하나만으로도 그는 우리 사회에 값진 기여를 한 셈이다.

싸이 PSY (박재상 朴載相)

1977년 12월 서울 출생. 서울 세화고를 졸업하고 미국 보스턴대학, 버클리 음악대학에서 수학했다. 2001년 1집 발표 후 같은 해 '새', 2002년 '챔피언', '낙원', 2006년 '연예인', 2010년 'Right Now' 발표. 2012년 '강남 스타일'로 유튜브 사상 최대 조회건수를 기록했고 빌보드 싱글차트 7주 연속 2위에 올랐다. 정부로부터 옥관 문화훈장을 받았다.

‘최틀러의 눈물’
前 한나라당 대표   최 병 렬

'최틀러의 눈물'

최병렬 | 前 한나라당 대표

'패거리 만들지 않고, 돈 쓰는 선거하지 않겠다'

조선일보 편집국장 출신으로 5공화국과 6공화국, 김영삼 정부를 거치며 4선 국회의원에 문화공보부와 공보처, 노동부 장관, 서울시장 등을 역임한 최병렬의 별명은 '최틀러'이다. 강한 조직 장악력이나 무리를 해서라도 목표를 달성하고야 마는 추진력에서 이런 별칭이 비롯됐을 것이다. 또 빈틈없는 업무처리와 타고난 관운 등도 독재적 인상을 주는 이 애칭이 더욱 어울리게 했을 것이다. 신문사 편집국장 시절부터 그는 신상필벌이 분명했다고 한다. 일설에 따르면 최병렬에게 시달리던 신문사 후배기자가 "내가 히틀러 아래서 일하는 건지, 최병렬 아래서 일하는 건지 모르겠다."고 푸념한 데서 별명이 유래됐다는 말도 있다.

최병렬 자신이 그의 자서전 머리말의 제목을 '최틀러적 삶'이라 적은 것으로 봐서 스스로도 애칭 '최틀러'에 애착을 갖는 것으로 해석된다.

조선일보 사장과 회장을 지낸 방우영은 그의 저서 '나는 아침이 두려웠다'에서 최병렬에 대해 이렇게 적었다. "다부지고 빈틈이 없는 차돌 같은 성격이며, 만사에 의욕적이고 활력에 넘치는 돌격형 지휘관이었다. 부하 다룰 줄도 알아서 기자 개개인이 갖고 있는 능력과 에너지를 최대한 뽑아낸 사람이 최병렬이었다."

실제로 최병렬이 편집국장으로 재임했던 1980년대 초반 조선일보는 경쟁사들을 멀찌감치 따돌리고 '일간지 1위' 자리를 공고히 다졌다.

12대, 14대, 15대에 이어 16대 국회에서 4선의원이 된 그는 한나라당 내에서 줄곧 비주류에 머물렀다. 이회창 총재를 따르는 세력이 워낙 두텁고 막강했기 때문이다. 최병렬은 1997년 대선을 앞둔 한나라당 후보 경선에선 꼴찌를 했고, 2002년 대선의 당내 경선에선 이회창 후보에 이어 2위를 했다. 5년 사이에 그의 지지율이 큰 폭으로 상승한 것이다. 1997년 1.96% 득표율에 비하면 2002년 34.5%는 비약적인 발전이었다. 세력이나 계보도 없이 항상 혼자 뛰는 선거전이었지만 최병렬의 가치가 당원들로부터 인정을 받아가는 과정이었다.

이회창, 이수성, 이인제, 이한동, 박찬종, 김덕룡 등 중량급 인사들이 총출동해 관심을 끌었던 97년 대선의 당내 경선에서 단기필마로 선거전을 벌이던 최병렬의 모습이 인상적이었다. 다른 후보들은 조직과 계파를 총동원해 구시대적 득표활동을 벌였지만 최병렬은 끝까지 자신의 방식을 고수했다.

"이제 힘찬 출발을 하고자 합니다. 그 첫걸음은 깨끗한 선거라는 정치

실험으로 시작됩니다. 대권도전을 위한 세력이나 조직을 만들지 않았고, 돈을 쓰지 않았고, 그 흔한 선거사무실도 없습니다. 패거리를 만들지 않았다고 해서, 돈을 쓴 적이 없다고 해서 지도자가 될 자격이 없다면, 이 나라는 더 이상 희망이 없습니다. 저는 반드시 거대하고 비생산적인 공룡들의 숲을 헤치고 보다 건실하고 생산적인 황소의 모습으로 당당히 전진할 것입니다."

경선에 참여하면서 최병렬이 밝힌 출마의 변이다. 실제로 그는 캠프 사무실을 차리지 않고 국회 의원회관과 자택을 캠프로 이용했다. 돈과 향응이 오가던 경선 풍토에서 뭐 저런 득표활동이 다 있나 하며 어리둥절해 하는 당원들도 있었을 것이다. 하지만 시대가 변하고 의식이 바뀌면서 '최병렬 식 선거운동'은 5년 뒤 대선후보 경선에서 이회창에 이은 당내 2위란 결과로 나타났다.

최 대표의 발목을 잡은 대선자금 문제

2002년 대선에 나선 이회창 총재가 두 번째 대권 도전에 실패한 이후 당의 와해 위기에서 치러진 한나라당 대표 경선. 이 경선에서 최병렬은 당 대표에 당선된다. 2003년 6월 26일 최병렬, 서청원, 강재섭, 이재오, 김덕룡, 김형오 등이 나선 당대표 경선에서 최병렬은 같은 신문사 후배기자 출신인 서청원을 3,100여 표 차이로 누르고 당 대표에 오른다.

언제나 비주류에 머물던 최병렬이 처음으로 주류의 대열에 서게 된 것이다. 하지만 최병렬은 당 대표를 맡은 직후부터 연이어 터져 나온 2002년 대선 비자금 문제로 당을 정비할 겨를도 없이 내우외환에 시달렸다. 2003년 말까지 언론에 보도된 2002년 불법 대선자금 규모는 모두 5,000

억 원에 이른다.

한나라당과 이회창 후보의 측근들이 SK, LG, 삼성 등 재벌기업들로 부터 받은 정치자금으로서 돈의 전달 방법 등을 놓고 숱한 비난을 받게 된다. 대선 패배의 충격이 채 가시지 않은 한나라당은 언론과 여론의 집중포화를 받으며 휘청거렸다. 이 막대한 불법 대선자금은 최병렬 대표의 재임 기간 내내 그에게 족쇄로 작용했고, 결국 2004년 17대 총선을 앞두고 그가 총재직을 사퇴하고 정계를 떠나는 원인(遠因)이 된다.

허주와 '최틀러의 눈물'

이듬해 치러질 17대 총선을 앞두고 당내 분란을 겪던 최 대표는 2003년 11월 노무현 대통령 측근 비리 특검법 처리를 명분으로 65세 고령에 단식투쟁을 벌였다. 단식농성을 마치고 겨우 몸을 추스르던 최병렬은 해가 저물어 가던 12월 어느 날 예고도 없이 기자실을 찾았다. 리포트나 야근을 위해 회사로 들어갈 기자들은 대부분 자리를 뜬 시간, 최 대표는 기자실에 남아 있던 기자들을 모아 여의도 당사 옆 식당으로 향했다. 당시 최병렬 대표의 개혁노선을 따르던 안상수, 홍준표 의원 등이 동행했으며 보쌈과 소주를 시켜 놓고 둘러앉은 최 대표 일행과 기자들은 단식농성 후일담, 이듬해 총선을 앞둔 전략, 대선 비자금 수사를 둘러싼 여야에 대한 검찰의 편파수사 등을 얘기하던 중이었다.

항상 여권의 권력 핵심부에서 정책기획통으로 활약했던 최병렬은 비주류의 길을 걸으며 여러 차례 경선에서 고전할 때에도 결코 힘겨워하는 모습을 보이지 않은 인물이었다. 그런데 이날 저녁자리의 '최틀러'는 예전과 달리 힘들고 지친 모습이 언뜻언뜻 비쳐졌다. 고령의 단식투쟁 끝이라 그럴 것이라 생각했으나 기자들에게 소주잔을 채워주던 최 대표는 분명 예전 꼿꼿하던 '최틀러'의 모습이 아니었다. 그는 두 번 연속 야당으로 주저앉은 당의 상황, 몇 달 앞으로 다가온 이듬해 총선의 불투명한 전망, 그리고 정치에 대한 소회 등을 담담하게 털어 놓았다.

그러던 '최틀러'는 불과 한 달 전 투병 끝에 작고한 허주(虛舟) 김윤환을 떠올리며 눈물을 훔쳤다. 국회장으로 치러진 허주의 장례식에서 조사를 읽어 내려가며 울먹였던 최병렬이었다. 초겨울 국회 앞마당에서 거행된 장례식은 정치의 영욕을 모두 맛봤으나 그가 베푼 인덕에 비해 마무리가 아쉬웠던 김윤환의 마지막 가는 길을 모두들 애석해 하는 분위기였다. 조사를 읽으며 떨리는 최병렬의 목소리는 가슴 깊은 곳에서부터 우러나오는 아쉬움과 애통함이 그대로 묻어났었다.

우리 정치사에 큰 족적을 남긴 허주 김윤환을 잠시 떠올려본다. 최병렬의 신문사 선배이기도 한 그는 경북 선산 출신으로 박정희, 김재규와 동향이다. 박정희 대통령에 의해 유정회 국회의원으로 발탁된 그는 5공 핵심 인사들과의 친분으로 전두환 정권에서 대통령 정무비서관, 대통령 비서실장을 지냈고 노태우 정권에선 원내총무와 정무장관을 역임했다. 1992년 대선을 앞두고 YS와 민정계가 대립할 때 민정계 출신으론 가장 먼저 김영삼에 힘을 실어줬고, 1997년 대선 경선에선 이회창의 손을 들어줌으로써 한때 '킹메이커'라 불리기도 했다.

2000년 16대 총선 직전 철석같이 믿었던 이회창 총재로부터 공천탈락이란 수모를 당한 허주는 한동안 두문불출하며 분을 삭였다. 그는 이기택, 이수성, 조순, 박찬종 등 공천탈락자들과 함께 민국당을 급조해 선거에 나섰으나 한나라당에 몰표를 던진 고향의 표심에도 배신을 당하고 만다.

2003년 11월 최병렬 대표는 노무현 대통령 측근 비리 특검법 도입을 촉구하며 당사에서 단식농성을 벌였다. 최 대표를 위로 방문한 김수환 추기경.

이회창이 허주를 버린 것에 대해선 아직도 여러 해석이 분분하다. 공천 당시 사무총장이었던 하순봉 등 여러 사람이 공천 번복을 요구했으나 받아들여지지 않았다. 김윤환은 2002년 대선 막바지 다시 이회창과 손을 잡았으나 선거는 패배로 끝났고 병을 얻었던 허주는 1년 뒤 눈을 감았다.

최병렬은 기자들 앞에서도 허주의 아쉬웠던 정치 말년에 대해 안타까운 표정을 감추지 못했다. 여섯 살 터울로 정치권에 먼저 발을 들인 허주를 형으로 부르던 최병렬에게 인생무상과 마음대로 되지 않는 당 운영, 당 대표로서의 무거운 책임감 등이 오버랩 됐을 것이다. 울컥하는 심정이 그대로 느껴졌다. 더욱이 김윤환과 최병렬은 5공에서 6공으로 넘어가는 전두환과 노태우 대통령의 권력교체 시점에 각각 청와대 비서실장과 6공화국 신임 대통령의 취임준비 실무를 맡아 두 전 현직 대통령 사이의 미묘한 감정대립을 풀어가며 마음고생을 함께 나눴던 각별한 사이였다.

자리에 둘러 앉아 있던 기자들은 모두 놀랐다. 다른 사람도 아니고 '최틀러' 최병렬이 기자들 앞에서 눈물을 보이다니…. 야당 출입 반장부터 말진까지 뒤섞여 있던 기자들은 기자실로 돌아온 뒤 이제 막 단식농성을 마친 '최틀러의 눈물'을 기사화하지 않기로 결정했다. 각 언론사 별로 정보보고로만 다루기로 뜻을 모았다. 찔러도 피 한 방울 나지 않을 것 같던 최병렬은 이 무렵부터 약한 모습이 엿보이기 시작했다.

'나 자신을 희생해 당을 살리겠다'며 퇴진

그로부터 불과 석 달이 지난 2004년 3월 최 대표는 홍사덕 원내대표와 함께 민주당 잔류세력을 규합해 노무현 대통령 탄핵을 주도했으나 17대 총선 직전 초유의 대통령 탄핵은 부메랑이 되어 야당인 한나라당과 민주당의 급속한 몰락을 불러왔다.

선거를 코앞에 두고 위기감을 느낀 한나라당 소장파들은 탄핵의 주역인 최 대표를 사정없이 코너에 몰았고, 정치권에서 마지막 소임이 남아 있을 법했던 그는 결국 총선 불출마를 선언하며 정치무대에서 퇴장했다. 이 와중에 최 대표 체제에서 당직을 맡거나 정치적으로 덕을 봤던 사람들이 하루아침에 얼굴을 바꾸고 돌아서는 모습에서 우리 정치의 비정함을 새삼 확인했다는 사람들이 많았다.

대표직 사퇴를 두고 막판 고심에 고심을 거듭하던 그는 기자들과의 연락도 일체 끊은 채 아내와 단 둘이 경남 진주와 전남 구례 화엄사 등을 돌며 마음을 정리했다. 대표직을 던진 며칠 뒤 최병렬은 이렇게 밝혔다.

"정당함과 부당함을 이야기하기 전에 나의 퇴진을 주장한 사람들이 요구했다고 해서 그런 결정을 한 것은 아니다. 내가 서울을 떠나서 심각하게 생각한 것이 있다. 당 지지도가 이렇게 내려가서, 총선에서 안정 의석을 지켜내지 못한다면 당과 나라가 어떻게 될 것인가를 심각하게 고민했다. 당을 책임진 사람으로서 위기가 보이는데 아무것도 하지 않는다면 무책임한 것이란 결론에 도달했다."

최병렬은 대표직을 물러나면서 전당대회를 소집하도록 했고 그의 후임 대표로 박근혜가 선출된다. 최병렬은 훗날 자신의 깨끗한 퇴진이 밑거름이 돼 한나라당이 박근혜 대표 체제로 17대 총선에서 기사회생했다는 점에 자부심을 갖는다고 말했다. 아쉬움은 많지만 후회는 없다면서 그때의 급박했던 상황이 다시 벌어진다고 해도 역시 최선의 결정은 자신을 희생해 당을 살리는 것이라 믿는다고 밝혔다. 우리 정치권에서 찾아보기 쉽지 않은 깨끗하고 담백한 처신을 했던 정치인임을 부인할 수 없다.

신문사 편집국장으로 승승장구하다 타의에 의해 12대 총선에서 비례대표 의원으로 차출돼 정치에 발을 들인 최병렬은 꼭 20년 만에 그렇게 정계를 떠났다.

서울시장, 성수대교에서 삼풍백화점까지

최병렬은 서울과 부산 등 광역시도에 지방자치가 실시되기 전 마지막 임명직 서울시장을 지냈다. 그의 서울시장 8개월 임기는 성수대교 붕괴사고로 시작해 삼풍백화점 붕괴사고로 막을 내린 기이한 인연이 있다.

1994년 10월 21일 성수대교가 무너져 등굣길 여학생 등 32명이 숨지고 17명이 다친 대형사고의 책임을 지고 이원종, 우명규 서울시장이 연이어 물러난 뒤 김영삼 대통령은 현역 국회의원이던 최병렬에게 사태수습을 맡겼다. 정계와 언론계, 각 부처 장관 등을 두루 거치며 빈틈없는 일처리와 야무진 실무 능력을 인정받은 최병렬이 언제 어디서 또 터질지 모를 대형 사고를 미연에 방지하는 적임자라고 판단한 것이다. 최병렬은 개발연대 고속성장 과정에서 두서없이 세워지고 지어진 '허약한 골조'를 찾아내 보수할 임무를 부여 받은 것이다.

대한민국이 세계 역사상 유례를 찾기 힘든 초고속성장을 내달렸던 1960, 70, 80년대 최병렬은 언론인, 정치인, 고위관료로 그 최선두에 서서 달렸던 상징적인 인물이다. 그가 성수대교 붕괴사고로 예정에 없던 서울시장직을 수행한 것도 피할 수 없는 운명일 것이다. 성수대교는 '초고속성장 시대'의 주인공인 대통령 박정희가 1979년 10·26 바로 열흘 전 개통식에서 테이프 커팅을 한 곳이다. 박정희는 서울의 남북을 잇는 한강의 열한 번째 다리, 성수대교 개통식에 참석해 1,160미터 거리를 북에서 남으로 걸어서 건넜다. 그리고 열흘 뒤 그는 부하 차지철, 김재규 등과 운명을 함께 하며 '개발시대'의 막을 내렸다.

최 시장이 서울시장에 취임했을 당시 당산철교를 비롯해 서울 시내 주요 교량과 대형건물이 제2의 성수대교가 될 수 있다는 괴담이 떠돌았다. 하지만 최 시장은 서울시내 주요 교량과 지하철 등에 대한 대대적인 안전점검과 보수작업을 별 탈 없이 수행한 뒤 직선제 서울시장에 선출된 조순에게 시장 직을 넘길 일만 남긴 채 퇴임 준비를 하고 있었다.

6·27 지방선거로 새 서울시장이 뽑힌 지 이틀 만인 1995년 6월 29일 발생한 삼풍백화점 붕괴사고. 이미 퇴임기자회견까지 마치고 사고 당일

저녁엔 세종문화회관에서 서울시 간부들과 퇴임 만찬까지 잡아놨던 최병
렬은 대형 백화점이 무너져 내렸다는 급보를 받고 붕괴 참사의 현장으로
달려가야 했다.

　지하로 내려간 최병렬 시장은 철근과 콘크리트 등 건물 더미에 깔려 눈
만 뜬 채 고통에 신음하고 절규하던 사람들을 위해 아무것도 해줄 수 없는
안타까움과 처참한 광경에 눈물을 쏟았다고 한다. 한동안 밤잠을 설치고
가위에 눌렸다는 그는 이후 사고현장 주변을 지날 일이 있으면 가급적 그
곳을 피해 다닌다고 한다. 501명이 숨지고 930여 명이 다쳤던 사고현장의
지하에서 들었던 울부짖는 소리가 아직도 생생하기 때문이다.

　최병렬은 서울에서 발생한 초대형 재난사고로 예정에 없던 서울시장
임기를 시작했고, 또 다른 붕괴사고를 지켜보며 그의 인생에 마지막 임명
직 임기를 마쳤다. 그는 자신의 인생에서 가장 즐겁고 행복했던 시기가 신
문사 편집국장 시절이었고, 가장 힘들고 괴로웠던 때가 서울시장 임기 8
개월 동안이었다고 술회했다. 시장 시절 밤낮없이 한강의 모든 교량에 대
한 점검과 보수를 실시했고, 휴일이면 손수 차를 몰아 보수현장을 찾아다
녔으나 마음은 편치 않았다고 했다. 고속성장의 개발연대에 우후죽순처럼
지어진 수많은 시설물은 언제 어디서 어떤 일이 벌어질지 모를 화약고 같
았기 때문이다.

대표 최병렬의 '미완성 개혁작업'

2002년 16대 대통령선거에서 이회창 후보가 패한 뒤 한나라당은 이른
바 '차떼기 사건'까지 터지면서 보수세력 존폐 위기에 몰렸다. 이때 한나라
당 대표에 선출된 사람이 최병렬이고, 그는 이듬해 치러질 17대 국회의원

총선을 앞두고 당의 체질개선과 보수세력의 재건을 위해 무진 애를 썼다.

당 쇄신작업엔 개혁파였던 김문수, 이재오, 안상수, 홍준표, 박진 등을 기용했고, 최 대표의 개혁노선이 막 결실의 꽃망울을 터트릴 무렵 노무현 대통령 탄핵이란 핵폭탄이 정치권을 강타하면서 최병렬의 원대한 구상은 한순간 물거품이 돼버렸다. 당대 최고의 전략가 최병렬의 한나라당 개혁 작업이 결실을 맺었다면 2004년 총선에서 열린우리당의 압승도, 박근혜의 천막당사도 없었을 것이며 노무현 대통령의 행로도 많이 달라지지 않았을까?

판세 전체를 굽어보는 안목과 식견이 탁월하다고 평가 받는 최병렬은 18대 대통령선거를 앞둔 시점에 다시 한 번 주목을 받기도 했다. 유력 대선 주자인 새누리당 박근혜 후보의 원로자문그룹으로서 그의 행보가 눈길을 끌었던 것이다. 잘 알려져 있다시피 최병렬은 1987년 '1노3김'의 대권 경쟁에서 노태우에게 승리를 안겨준 전략가였다.

2004년 3월 24일 한나라당 전당대회에서 차기 대표직을 박근혜에게 물려준 최병렬은 박근혜에 대해 남다른 평가를 했다. 아주 오랜 세월 언론인으로, 정치인으로 대한민국 정치사를 지켜본 최병렬은 2007년 이명박, 박근혜의 대통령후보 경선을 역사상 가장 드라마틱했던 경쟁으로 꼽고 있다. 2007년 대선 후보를 결정하기 위한 이명박, 박근혜의 치열한 경쟁에서 박근혜는 내의원 투표에서 이기고도 여론조사에서 지는 바람에 대통령 후보 자리를 이병박에게 내줬다. 8월 20일 서울 잠실 올림픽 체조경기장의 전당대회장에서 한때 승리했다는 보고까지 받았던 박근혜 후보는 졸지에 연설대에 다시 올라 경선 승복연설을 하게 된다.

최병렬은 준비된 원고도 없이, 눈물도 보이지 않고 의연하게 연설을 마치는 박근혜를 보면서 오랜 세월을 거치며 단련된 내공에 깊은 감명을 받았다고 했다. 자신이 좌절한 순간에 그처럼 미동도 없이 남을 감동시키는 연설을 들은 적이 없다고 그는 말했다.

최병렬은 승복연설이 끝난 직후 박근혜를 찾아가 "이 연설로 박근혜는 영웅이 되었다."라고 말해줬다. 실제로 박근혜가 5년 뒤 압도적인 지지를 받으며 새누리당의 대통령 후보가 될 수 있었던 힘은 바로 그 승복연설이었다는 견해가 많다. 그만큼 2007년 박근혜의 승복연설은 정치사에서 큰 의미를 갖고 있다.

그리고 5년이 흘렀다. 최병렬은 5년 전 승복연설의 감동을 간직한 채 '박근혜 대통령 만들기'에 밀알 같은 역할이라도 기꺼이 하겠다며 18대 대통령 선거전에서 눈에 보이지 않는 소임을 다했다. 관운을 모두 누렸지만 한 줌 아쉬움과 회한을 남긴 채 정치와 결별해야 했던 그에게 진정 마지막 임무가 기다리고 있을지도 모를 일이다.

최병렬 (崔秉烈)

1938년 6월 경상남도 산청 출생. 부산고, 서울대 법대 졸업. 1980년 조선일보 편집국장, 1988년 문화공보부 장관, 1990년 공보처 장관, 1990년 노동부 장관, 1994년 서울특별시 시장을 역임했다. 1985년 12대 총선에서 민정당 비례대표로 등원한 이후 14, 15, 16대 국회의원을 지냈다. 2003년 한나라당 대표에 당선된 뒤 2004년 노무현 대통령 탄핵사태 이후 대표직을 사퇴하고 정계를 떠났다.

공감
소통
공유

최병렬

'독수리 5형제'의 끝나지 않은 정치 실험

이부영, 이우재, 김부겸, 안영근, 김영춘

노무현 참여정부가 출범한 2003년 여름, 정치권에선 '신당 창당설'과 '정계 개편설'이 최고의 기삿거리였다. 여야의 개혁 성향 의원들이 의기투합해 신당을 창당할 것이란 설과 한나라당 일부 의원들이 탈당한 뒤 노 대통령의 개혁노선에 동참할 것이란 게 두 가지 시나리오였다. 'DJ 정당' 색채가 여전히 남아 있던 새천년민주당에서 친노 정치인들이 이탈할 가능성이 커지는 가운데 두 번 연속 대통령선거 패배 이후 망가질 대로 망가진 한나라당에서 누가 탈당의 깃발을 들 것인지를 놓고 의견이 분분했다. '탈당 리스트'가 나도는 가운데 이탈 그룹의 리더를 누가 맡느냐에 따라 향후 정계개편의 밑그림이 달리 그려지는 상황이었다.

매일같이 언론사 정보보고엔 많은 의원들의 이름이 오르내렸지만 한나라당 탈당파는 이른바 '독수리 5형제'로 압축되어갔다. 이부영, 이우재, 김부겸, 안영근, 김영춘. 한나라당 내에선 비록 소수파에 머물렀지만 다들 개혁성향이 강하고 이회창 총재 체제에 쓴소리를 마다하지 않던 당내 인재들이었다.

당적을 옮기는 정치인들은 가급적 소리가 나지 않게 야반도주하듯 당을 깔이디는 게 통상적인 일이다. 1998년 여야가 바뀌었던 김대중 정부 출범 첫 해에도 한나라당에선 현역 의원들의 이탈이 줄을 이었다. 그해 초봄부터 시작된 탈당행렬은 여름이 지날 때까지 반 년 이상 계속되면서 야당의 뿌리를 흔들었기 때문에 참여정부 출범 첫해인 2003년에도 탈당 규모에 정치권의 관심이 쏠렸으나 이탈 규모는 예상보다 크지 않았다.

새 정권 출범 초기 야당에서 여당으로 말을 갈아 탈 때엔 이 눈치 저 눈치를 볼 수밖에 없다. 그렇지만 이들 '독수리 5형제'의 탈당 과정은 이색적이었다. 2003년 7월 한나라당 출입기자들을 여의도의 한 중국음식점으로 불러 무슨 출마 기자회견이라도 하듯 나름 당당한 모습을 보였다. 독수리 5형제의 리더였던 이부영을 비롯해 탈당파 5명은 기자들 자리를 돌며 일일이 맥주를 따라줬다. 탈당에 따른 배경과 이유는 길게 설명하지 않았던 것으로 기억된다. 그들의 얼굴엔 만감이 교차했다. 보통 야당 의원의 여당행에 대해선 비판적인 기사가 뒤따르지만 이들에 대해선 연민의 시선으로 바라보며 장래가 촉망되는 정치인들의 앞날을 걱정해 주는 기사가 훨씬 많았다.

독수리 5형제는 결국 새천년민주당을 깨고 나온 친노그룹과 합쳐서 열린우리당을 만들었고 한나라당 출신이란 딱지에도 불구하고 이부영은 이듬해 신생 열린우리당의 당 의장까지 지냈다. 한 가지 안타까운 것은 이들 5명이 모두 19대 국회에 이름을 올리지 못했다는 사실이다.

14, 15, 16대 국회의원을 지내며 탄탄대로를 걷던 이부영은 열린우리당 참여 이후 정치역정에 심한 우여곡절을 겪었다. 2012년 19대 총선에선 8년 만에 정치적 재기를 노렸지만 서울 강동구청장 출신 새누리당 신동우 후보에게 석패했다.

민중당 대표를 지내고 1996년 15대 총선에서 이재오, 김문수 등과 함께 YS의 신한국당에 영입됐던 이른바 '재야 3인방' 중 한 명인 이우재는 노무현 대통령 시절 한국마사회 회장을 끝으로 공직을 떠났다.

역시 민중당 출신인 안영근은 재선 후 스스로 여의도 정치판을 떠났다가 19대 총선에 출사표를 냈지만 민주통합당 인천 남동구갑 당내 경선에서 청와대 국정상황실장과 인사수석을 지낸 박남춘에 패해 본선에 나서지 못했다.

김부겸은 지역감정 타파를 기치로 3선을 기록한 경기도 군포 지역구를 떠나 고향인 대구 수성갑에 출마했으나 역시 '무모한 도전'은 실패로 막을 내렸다.

한나라당에서 16대 의원을, 열린우리당에서 17대 의원을 지내고 지난 2007년 17대 대통령선거에선 창조한국당 문국현 후보를 도왔던 김영춘 역시 19대 총선에 민주통합당 후보로 '적지'인 부산진갑에 나섰으나 새누리당 나성린 후보에게 아깝게 패했다. 밤새 엎치락 뒤치락한 개표 결과는 나성린 39.5%, 김영춘 35.8% 득표의 근소한 차이였다.

한때 여야당 모두에서 기대를 한몸에 받았던 이들이 모두 국회 입성에 실패했다는 점이 대한민국 정치의 현실을 대변하는 듯하다.

'가장 촉망 받는 정치인 1위' 이부영

이부영은 초재선 의원 시절 정치부 기자들을 대상으로 한 설문조사에서 항상 '가장 촉망받는 국회의원' 1위에 뽑혔다. '신언서판(身言書判)을 두루 갖춘 차세대 가장 강력한 대통령 후보'란 평가가 따라 다니기도 했다. 이부영이 초선의원 시절이던 1994년 1월 월간 신동아가 정치부 기자 72명을 대상으로 실시한 '국회의원 부문별 베스트 조사'에서 그는 모든 항목의 최상위권을 차지했다.

'합리적이고 민주적인 정치인의 자질을 보여 앞으로 훌륭한 정치가로 성장할 가능성이 많은 인물은 누구입니까?'

'의원 상호 간에 가장 신뢰받고 있다고 여겨지는 의원은 누구입니까?'

위의 두 개 항목에서 이부영은 모두 압도적으로 1위에 올랐다. 앞의 장래성 부문에선 이부영 1위, 이해찬 2위, 손학규 3위, 강재섭 4위, 제정구 5위, 강삼재 6위, 김덕룡이 7위에 올랐다.

의원 상호 간의 신뢰도를 물은 두 번째 질문에서도 이부영은 1위를 지켰다. 이부영에 이어 김윤환, 이만섭, 이협, 제정구, 조세형, 김원기 등이 뒤를 이었다.

당시 이부영 의원은 "참다운 정치개혁을 이루기 위해선 국회의 위상을 높이는 일이 중요 과제로 제기돼야 한다. 지난날 우리 국회가 제 구실을 하지 못했다고 해서 또다시 국회를 경시하고 정부의 독선으로 개혁을 추진하는 것은 옳지 않다. 국회가 국민의 대의기관이며 정부권력을 견제할 수 있는 유일한 기관임을 인식한다면 국회를 통한 개혁이 다소 복잡하고 시간이 걸린다 해도 민주주의를 위한 비용으로 생각하는 지혜가 필요하다."고 말했다.

한때 재야운동권의 대부였지만 점진적 개혁을 주장하는 의회주의자의 간절한 소망을 그대로 보여주는 대목이다. 국회와 국회의원에 대한 국민들의 혐오감과 회의론에 편승해 국회의원 정수를 대폭 줄이겠다는 대선 공약이 난무하는 시대에 그래도 의회가 앞장서 개혁과 자정에 나서야 한다는 이부영의 20년 전 소신은 시사하는 바가 많다. 안타깝게도 의회주의자 이부영은 2004년 이후 세 번 연속 의사당 입성에 실패하고 말았다.

개혁성향의 김부겸은 특유의 온건함과 합리성을 바탕으로 여야 두루 원만한 대인관계를 바탕으로 항상 기대주로 꼽혔다. 극단적인 대립과 편 가르기가 일상화된 여의도에 흔치 않은 인물이다. 한나라당 대표를 지낸 홍준표는 김부겸을 가리켜 "한나라당에 머물렀으면 당 대표와 대선후보가 되고도 남았을 인재다."라는 말을 늘 달고 다녔다.

독수리 5형제

　대한민국의 정치풍토에서 이들이 설 자리는 아직 좁아 보인다. 한때 언론의 스포트라이트를 받던 이들이 의사당으로 돌아와 미처 펼치지 못한 정치개혁의 꿈을 이루는 날이 찾아올지 지켜볼 일이다.

새누리당 의원 이 재 오

이재오 | 새누리당 의원

'이회창 제왕체제'에 공개적인 쓴소리

1997년 대통령선거에서 패한 한나라당은 1998년 새해 벽두부터 집권 여당이 된 새정치국민회의로 이탈자가 속출하고 내부에선 대선 패배 책임론이 비등하면서 당 체제가 혼란에 빠지게 된다. 지도체제를 놓고 '이회창 2선 퇴진론'과 '이회창 중심의 당 정비론'이 팽팽히 맞섰으나 한나라당의 지배구조는 이미 YS계 인사들에서 이회창 계로 옮겨간 상태였다. 1998년 4월 한나라당 1차 전당대회는 조순 총재, 이회창 명예총재라는 어정쩡한 지도부를 구성했지만 소속 의원들의 이탈행이 계속되는 등 강력한 리더십을 가진 야당의 존재가 필요하다는 목소리가 커지면서 그해 8월 31일 잠실 올림픽체육관에서 2차 전당대회를 열어 이회창이 총재로 선출된다. 대선 패배 후 8개월여 만의 빠른 복귀였다.

차기 대선에 이회창이 나설 것이 유력한 만큼 당권은 다른 사람이 맡아 이회창이 또다시 집중 표적이 되는 것을 피해야 한다는 주장도 있었지만 이런 목소리는 '이 총재 추대론'에 묻히고 말았다. 한나라당은 이회창 총재가 전권을 쥐고 2000년 16대 총선과 2002년 대선을 향한 진군을 시작한다. 당 안팎, 여야 할 것 없이 차기 대권의 가장 강력한 도전자는 이회창이란 관측에 아무 이견이 없었다. 여야 진영 어딜 찾아봐도 이회창에 필적할 인물이 없어 보였던 게 당시의 대세였다. 지금도 회자되는 이른바 '이회창 대세론'이다.

한나라당 내부적으론 이회창 친정체제가 더욱 단단해지면서 이 총재 측근 그룹이 몇 겹씩 총재를 둘러쌌고, 이들이 여러 개 그룹으로 분화되면서 권력집단화 양상을 보여 갔다. 의원총회에선 이 총재에 비판적이거나 심기를 거스르는 발언을 하기 어려운 분위기였다. 1998년과 1999년 한나라당이 장외투쟁을 불사하며 김대중 정부에 맞서 대여투쟁의 수위를 높여갈 때, '몇 년만 참으면 청와대 주인이 되실 분한테 감히….' 이런 풍토가 한나라당을 감싸고 있었다. 더욱이 2000년 16대 총선 공천권을 쥐고 있는 이회창의 당내 권위는 대통령을 능가할 정도였다. 이런 분위기 속에 의원총회에서 이 총재를 향해 쓴소리를 마다하지 않았던 사람이 있다. 평생 재야에서 반독재투쟁을 하다 민중당을 창당해 무모한 좌파정당 실험 끝에 실패를 인정하고 보수정당에 몸을 담은 이재오다.

'대선에서 패한 한나라당이 차기대권 대세론에 안주하면 안 된다. 이 총재 주변을 겹겹이 둘러싸고 있는 측근그룹에 의해 정보가 차단되고 있다. 당의 체질을 개혁하지 않으면 2002년 대선에서 또 당할 수 있다' 이재오의 주장은 대체로 이런 것이었다.

이재오 의원이 의원총회에서 발언을 신청하거나 발언을 마치고 단상에서 내려올 때 한나라당 의총장의 분위기는 싸늘했다. 세상 돌아가는 것도 모르는 초선 의원이 괜한 발언을 하고 공연히 문제를 일으킨다는 곱지 않은 시선이었다. 외로운 이재오에게 원군이 되거나 동조하는 이는 찾아보기 어려웠다. 재야운동을 함께했던 동지도 있었고, 한나라당 체질변화를 바라는 소장파도 있었지만 막강한 이 총재 측근들의 눈에 나지 않을까 의원총회장에서 이재오 곁에 앉는 것조차 눈치를 살피는 이들이 많았다.

당시 한나라당엔 전직 장차관, 고위 관료, 유수의 대기업과 고위 장성 출신들이 즐비했지만 문제의 핵심을 짚어 날카롭게 비판하는 이재오의 주장에 모두들 움찔할 수밖에 없었다. 한나라당은 분명 야당이었지만 그 구성원들의 뇌리엔 자신들이 아직도 기득권층이며 줄만 잘 서있다 보면 곧 정권을 되찾고 한자리씩 나눠가질 수 있다는 안이한 생각이 팽배해 있었다. 이회창 총재가 그를 둘러싼 측근 그룹에 치우치지 않고 이재오의 이런 목소리에 좀 더 귀를 기울였다면 이 총재의 운명도, 대한민국의 역사도 많이 달라졌을 것이다.

'은평구 구산동 이재오의 집을 한번 가보라'

이명박 정부 출범 이후 이 대통령 못지않게 비판을 많이 받은 정치인이 바로 이재오다. 그는 실질적인 권력 2인자로서 막후실세라는 곱시 않은 시선을 받았다. 그가 실제로 막후에서 얼마나 권력을 휘둘렀는지는 아직 뚜렷이 밝혀진 바 없으나 지난 1988년 가진 돈 850만 원과 대출금 2,000만원으로 마련해 20여 년째 살고 있는 은평구 구산동 그의 집을 가보고, 자전거를 타고 은평구 구석구석을 누비는 그를 보면서 이재오에 대한 생각이 달라졌다는 사람들이 많다.

　실제로 우락부락한 얼굴 모습에 투박한 경상도 사투리를 쓰는 이재오는 대중친화적인 정치인은 아니다. 그래서 그의 정치적 비중이나 정치권 인사들의 평가에 비해 대중지지도는 항상 낮은 편이다.

　이재오는 결혼 직후 은평구에 터를 잡아 불광동, 역촌동, 갈현동, 대조동 등 은평구에서만 40년을 살고 있다. 정치인으로서도 1992년 14대 총선에서 민중당 후보로 출마해 3위로 낙선한 이래 은평 을(乙) 지역구를 20년째 지키고 있다.

　5번의 투옥과 10년의 감옥생활을 한 이재오는 출옥한 뒤 9평짜리 연립주택에서 치매를 앓던 장인까지 모시고 모두 여섯 식구가 한 집에서 살았다고 한다. 이 무렵 이재오는 몸을 제대로 뉘일 곳이 없는 비좁은 집을 나서 독서실 생활을 했다. 그는 독서실 생활을 하던 때 수감생활을 하며 구상했던 '해방 후 한국 학생운동사'를 집필해 1984년 책을 펴냈다.

　은평구 구산동 217-20의 스물세 평짜리 단독주택은 이재오가 20년 넘게 살고 있는 곳이다. 지은 지 50년이 다 됐다고 한다. 이회창은 한나라당 총재 시절 허름하고 비좁은 이재오의 집을 방문한 뒤 이재오의 힘이 어디에서 나오는지 알겠다고 말한 바 있다.

　평생 운동권으로 살았다는 이른바 386 인사들도 권력의 곁불을 쬔 탓인지 일반인과 비교해 재산이 상당히 많은 경우가 허다하다. 변변한 직업도 없이 이른바 '운동'만 했다는 인사들이 그 정도의 짧은 경력에 언제 저토록 많은 재산을 모았을까 의아하게 만드는 인사들이 상당히 많다. 입만 열면 서민을 위한다고 하고, 자신은 재물에 아무런 관심이 없는 듯 언행을 하는 정치인 가운데서도 그 내막을 들여다보면 '재테크 고수'들이 의외로 많다는 걸 알 수 있다.

5선의원에 이명박 정부에서 권력 2인자란 말을 들었던 이재오의 생활상은 언행이 다르고 안과 밖이 일치하지 않는 많은 젊은 정치인들과 대조된다. 이명박 정부 초기 장관 후보에 오른 인사들의 재산문제가 잇따르자 이재오는 이런 발언을 했다.

"장관 후보자들의 일부 재산을 보고 좀 놀랐다. 돈이 많거나 땅이 많다는 것을 두고 비난할 생각은 없다. 다만 공직자가 그 정도로 재산이 많으면 공직자의 사고 자체가 자연스럽게 자기 재산이나 자신이 처한 사회적 위치에서 국민과 사회를 보게 된다. 공직자의 사고 자체가 돈 많은 기준으로 사물을 대한다면 나라가 제대로 되겠는가?

편중된 사고를 가질 수 있다. 그런 점에서 재산이 많은 사람은 공직 제의가 들어올 때 스스로 사양해야 한다."

자기주장이 강한 이재오는 누구 못지않게 '안티'가 많은 정치인 중 한 명이다. 그렇지만 인사청문회를 열어 보면 부동산 투기에 위장전입자가 숱하고, 정권말기가 되면 권력실세들이 어김없이 부패의 실상을 드러내는 현실에서 이재오가 세속의 물욕을 탐하거나 이권에 관심을 두지 않은 인물인 것만큼은 인정해줘야 한다는 게 정치권의 대체적인 평가다.

4번 도전 끝에 원내대표 당선

1996년 15대 총선에서 재야인사로는 막차로 김영삼 대통령에 의해 신한국당에 입당한 이재오는 4년 뒤 재선에 성공한다. 그의 첫 국회의원 당선 때엔 48,146표를 얻어 서울지역 최다 득표를 기록했고, 2000년 16대 총선에선 '영남 출신의 여당의원은 재선이 불가능하다는 은평 지역구의 전통'을 깨고 재선의원이 됐다. 당초 고전이 예상됐지만 이재오는 5만 3천여 표를 얻어 4만 3천여 표에 그친 여당 후보를 여유 있게 앞섰다.

당내 경선에서 번번이 실패했던 이재오는 2001년 5월 원내총무 경선 2차 결선투표에서 출석의원 119명 중 75표를 얻어 당선된다. 원내총무 경선에 나서 연거푸 낙선하던 그가 4번째 도전 끝에 원내사령탑에 오른 것이다. 재야 출신으로 개혁성향과 자기색채가 강한 이재오를 백안시하던 한나라당 내에서도 그에 대한 인식이 점차 바뀌어 가고 있음을 증명한 것이며, 당내 주류와 거리가 멀었던 이재오가 의회정치의 중심부로 편입되는 정치적으로 아주 중요한 순간이었다.

이재오의 원내총무 임기 1년 동안, 정권말기에 들어선 정부여당과 원내 제1당인 야당 한나라당은 차기 대권을 염두에 둔 첨예한 기싸움을 벌였다. 이 기간 이용호 게이트, 진승현 게이트, 정현준 게이트 등 권력형 스캔들이 잇따라 터져 나오면서 '이재오 리더십'이 시험대에 올랐다. 한나라당 안에서 항상 소수비주류의 입장이었던 이재오는 원내총무로 일하며 이상만 좇는 재야 강성인사가 아닌, 협상력과 추진력을 갖춘 합리적 리더십의 소유자란 평가를 받게 된다. 그를 따르고 심정적으로 지지하는 의원들도 눈에 띄게 늘어 갔다. 이때 이재오가 마련한 정치적 자산은 당내 기반이 없던 이명박을 대통령으로 만드는 과정에서 결정적인 승리의 요인이 된다. 박근혜에겐 이재오 같은 헌신적인 참모가 없어 다잡았던 2007년 경선에서 패배했다는 분석도 있다.

두 번 연속 대선 패배로 한나라당이 혼란에 빠져 있던 2003년 봄 이재오는 당 대표 경선에 출마한다. 이제 막 임기를 시작한 노무현 참여정부를 견제하는 한편 1년 뒤 치러질 17대 총선을 준비해야 하는 막중한 임무가 걸려 있었다.

신록이 푸르러 가던 국회 의원동산에서 만난 이재오는 한나라당이 변화하지 않고선 더 이상 국민의 지지를 받을 수 없다며 당의 환골탈태를 여러 차례 강조했다. 그는 이때 지구당과 후원회를 폐지하고, 정당조직을 시민운동과 봉사활동 위주로 탈바꿈시키겠다며 도덕성을 갖춘 야당지도부의 필요성을 역설했다. 이재오 식 대표 경선의 득표전은 이전의 다른 정치인은 물론 경선에 나선 다른 후보들과도 뚜렷이 차별화됐다. 사람을 동원하고 조직을 가동하는 방식은 찾아볼 수 없었다. 따라서 이재오는 항상 세가 약한 정치인, 또는 독불장군이란 인상을 줄 수밖에 없었고 당직자들이나 기자들에게도 그다지 인기 있는 인물이 아니었다.

최병렬, 서청원, 강재섭, 김형오 등이 출마했던 당 대표 경선은 최병렬과 서청원의 치열한 경쟁 끝에 최병렬 대표 체제를 탄생시켰다. 당시만 해도 당 대표 경선에 조직선거가 필요했고 위원장 줄 세우기나 금품과 향응 제공 등이 공공연히 벌어졌지만 이재오는 끝까지 '나 홀로 선거'를 치러냈다. 이재오는 대표 경선이 있은 지 넉 달 만에 최병렬 대표의 부름을 받아 사무총장 겸 비상대책위원장이란 중책을 맡게 된다. 최 대표는 미완성으로 막을 내린 '최병렬 식 한나라당 개혁'의 최선봉 역할을 이재오에게 맡겼던 것이다.

대통령 직선제 쟁취가 지상과제였던 '1987년 체제'를 마감하고 분권형 개헌이 돼야 한다는 주장이 확산되고 있다. 개헌론에 불씨를 지핀 이재오 행보에 언론의 관심이 쏠리고 있다.

'분권형 개헌이 시대정신입니다'

자타가 공인하는 '이명박 대통령 만들기'의 1등 공신인 이재오는 이명박 정부 5년 동안 수차례 부침(浮沈)을 거듭했다. '왕의 남자'란 닉네임과 달리 2008년 총선에서 대선 후보로 나왔던 문국현에게 낙선의 고배를 마셨고, 재보선에서 기사회생한 그는 2012년 총선에선 5선 의원이 되지만 대통령 후보 경선에선 논란 끝에 출마를 포기하고 말았다. 18대 대통령선거 박근혜의 '보수대결집'에는 맨 마지막으로 합류해 선거전 막판 전국을 돌며 힘을 보탰다.

현 시점에서 그에게 가장 관심이 가는 것은 개헌을 둘러싼 향후 역할이다. 여와 야, 보수와 진보를 모두 넘나들 수 있는 몇 안 되는 인사 중 하나인 이재오의 행보와 역할에 따라 새 정부 출범 이후 개헌논의가 급속히 진전될 수 있기 때문이다. 개헌논의는 미래 정치지형의 지각변동, 나아가 통일시대를 대비한 남북관계에 까지 큰 변수로 작용할 것이다. 2010년 8월 30일 특임장관에 오른 이재오는 개헌의 필요성을 역설하며 개헌론 확산에 앞장섰다.

'최빈국에 부패한 나라들은 대통령제를 하고 있고, 소득 3만 달러 이상에 청렴한 나라들은 의원내각제로 권력이 분산돼 있다. 개헌은 정권의 시대적 임무다.'

이재오는 여러 자리에서 개헌의 역사적 불가피성과 필요성에 대해 목소리를 높였다. 한때 한나라당 내 최대 계파를 형성했던 친이계 계파 모임 '함께 내일로'를 중심으로 개헌론의 불씨를 살리기 위한 움직임이 활발했지만 이재오의 개헌 주장은 박근혜 계의 강력한 반대에 부딪치고 야당으로 부터도 호응을 얻지 못했다. 한나라당 지도부의 중도성향 홍준표, 나경원, 정두언 최고위원 등도 차기 대선 일정 등을 감안할 때 시일이 촉박하다며 개헌논의에 동조하지 않았다.

19대 총선에서 야권 단일후보 천호선을 맞아 천신만고 끝에 5선 고지에 오른 이재오는 다음 정권에선 헌법을 고쳐 권력을 분산시키고 군사독재의 잔재와 부정부패를 근원적으로 없애야 한다면서 다시 개헌론의 총대를 메고 나섰다. 4년 중임 분권형 대통령제로 헌법을 고쳐야 한다는 게 이재오의 소신이자 철학이다. 5년 단임 대통령제 하에선 대통령 측근과 친인척들의 권력형 부패가 사라지지 않고, 이 같은 부패가 청산되지 않고선 선진국에 진입할 수 없기 때문에 권력을 분산해서 부패 요인을 원천적으로 없애야 한다는 게 '이재오 개헌론'의 핵심이다. 국방, 외교, 통일 분야는 대통령이 맡고, 내치(內治)는 과감하게 내각에 권한을 분산시켜야 정권마다 반복되는 부정부패현상이 사라진다는 게 그의 생각이다.

다음 시대 대한민국의 국가 어젠다는 부패청산이라고 밝힌 이재오는 권력 부패, 고위공직자 부패, 기업 부패가 모두 사라져야 하는데 이명박 정부에서도 결국 측근과 친인척 부패를 막지 못했다며 안타까워했다. 이명박 정부가 비교적 양호한 경제 분야 성과에도 불구하고 국민들로부터 냉담한 평가를 받은 것은 권력 핵심인사들의 연이은 부정부패와 이명박의 편향된 인사에서 비롯됐다는 게 '권력의 분산'을 촉구하는 이재오 생각의 바탕이다. 나아가 정치권력뿐만 아니라 기업권력, 문화권력 등도 나누고 공유해야 한다는 것이 이재오의 철학이다.

특임장관 시절 이재오의 개헌 주장은 곳곳에서 꼼수라는 비판과 지적을 받았으며 진의가 어떻든 이런 의혹의 시선 때문에 개헌론은 힘을 받지 못했다. 이명박 정권의 2인자인 이재오가 대통령 임기가 종반으로 향하는 시점에 권력구조를 바꾸겠다고 주장하는 것은 그런 오해를 받기에 충분했다. 정권 초기에 강한 '개헌 드라이브'를 걸었다면 개헌의 성사 여부를 떠나 여론과 정치권에서 그렇게까지 외면 받지는 않았을 것이다.

우리 사회엔 극단적인 권력의 불균형을 초래하는 대통령중심제, 나아가 과도기적 '1987년 체제'의 막을 내리고 새로운 권력구조가 탄생해야 한다는 주장이 폭넓게 존재해 있다. 군부독재 체제만 무너뜨릴 수 있다면 어떤 모순도 감수하겠다는 절박한 심정에서 졸속으로 만들어진 현재의 권력구조와 선거제도가 꼭 30년이 흐른 2017년 제19대 대통령선거가 치러지기 전에 어떤 형태로 바뀔 것인가?

2012년 10월엔 출신 정당과 정파를 망라해 대한민국 정치발전을 지켜봐온 국가원로들이 민주주의 발전과 국민통합을 위한 제도 개혁, 나아가 분권형 개헌을 촉구하고 나서는 등 개헌론은 그 어느 때보다 추진동력을 얻고 있다. 김원기, 임채정, 박관용, 김형오 전 국회의장, 고건, 이홍구, 이한동, 이수성 전 국무총리, 이기택 전 민주당 대표, 목요상 헌정회장, 권노갑 김대중 재단 이사장, 이부영 전 열린우리당 의장, 이우재, 이종찬, 정대철, 김상현, 김덕룡 전 의원 등이 개헌 요구에 동참한 이들이다.

이재오가 앞장서 불씨를 지핀 개헌론의 향방은 미래 대한민국의 지형과 통일한국 이후의 국가체제에도 지대한 영향을 줄 것이다. 이재오의 개헌에 대한 소신이 2013년 새 정부 출범 이후 어떤 열매를 맺을 수 있을지 지켜볼 일이다.

'온몸으로 세상을 살아온 사람이 대통령 돼야'

해방둥이로 태어난 이재오는 '고생을 타고 났다'는 그 시대 다른 사람들보다도 훨씬 더 혹독한 인생을 살았다. 일제 강점기 탄부로 일본에 끌려갔다 돌아온 아버지 밑에서 지독하게 가난했던 어린 시절을 지낸 그의 인생은 투옥과 시련으로 점철됐다. 이재오 인생의 전반부는 고난과 시련의 연속이었다. 4·19 직후 부당하게 전근하게 된 교장선생님을 막아서다가 처음으로 유치장 생활을 한 이재오는 이후 모두 5번 투옥에 10년의 세월을 감옥에서 지냈다.

민주화 이후에도 모든 전직 대통령들이 퇴임 이후 명예가 실추되는 모습을 지켜봤고, 스스로 '킹 메이커' 역할을 하기도 했던 이재오는 대통령의 덕목에 대해 '온 몸으로 세상을 살아온 사람'이어야 한다고 밝힌 바 있다.

'가난한 대통령, 행복한 국민'이 그가 생각하는 정치의 이상향이다. 이재오는 늘 자신이 세상을 그렇게 살아왔다고 말한다.

유신 반대 시위를 배후조종한 혐의를 받아 교사로서 고등학교 수업 도중 체포돼 극심한 고문을 받은 일, 1987년 대선을 앞두고 재야가 사분오열될 때 '군정종식 후보단일화 쟁취 국민협의회'를 결성해 끝까지 양김의 후보단일화를 주장했던 일, 민중당을 창당해 이 땅에 진보정당의 토대를 만들었던 일 등등이 그가 소신껏 행동한 인생사의 일부다. 또 그의 가치관과 정치철학의 바탕엔 일제 징용 탄부였던 아버지가 진폐증으로 고생하다 목숨을 잃은 일, 감옥에서 죽음 직전까지 가혹하게 고문당했던 일, 여든 살에 치매에 걸린 장인을 98세 임종까지 한 집에 모시고 산 일 등이 모두 뒤엉켜 있을 것이다.

이재오는 비록 걸어온 길이 판이하지만 자신과 이명박이 진정한 공감대를 느낀 것은 국가를 위해 헌신하는 마음과 애국이었다고 말한 적이 있다. 이재오 자신이 일찍이 경험하지 못한 '애국'을 이명박은 다른 방식으로 실천하고 있는 것을 보고 충격을 받았다고 했다. 이재오가 초선, 이명박이 재선 의원이었던 1996년, 이명박이 대정부 질문에서 국토개조를 위한 어젠다를 제시하는 것을 보고 그는 국가경영에 대한 확고한 신념과 미래에 대한 과감한 도전의식에 깊은 인상을 받았다고 했다. 이후 이재오는 이명박 서울시장 후보의 선거대책본부장과 서울시장 직무인수위원장을 맡았고, 국가발전전략연구회를 만들어 MB정부 탄생을 위한 정책적 밑그림을 그렸다. 국회와 당 내에 지지세력이 미약했던 이명박을 위해 집권 플랜을 짜고 세를 모으는 데도 전력을 다했다.

하지만 이명박 정부 5년을 되돌아보면 만감이 교차한다. 이재오는 이명박 정부가 문을 닫는 시점에서 두 가지 점이 무척 아쉽다고 말했다. '하나는 2007년 대선 당시, 서민들이 오늘은 못 살아도 내일은 잘살 수 있다는 희망 하나로 이명박을 찍었는데 그들의 삶이 나아지지 않았다는 것이고, 또 하나 안타까운 것은 이명박의 인사 문제였다'고 밝혔다.

1964년 한일회담 반대투쟁을 주도하다 대학에서 제적된 이후 5번의 투옥과 10년 세월을 감옥에서 보낸 이재오. 청소년 시절 작가 심훈의 상록수에 나오는 박동혁에 깊은 감명을 받아 농촌운동가의 꿈을 키웠다는 이재오가 그의 나이 칠순을 앞둔 시점에 어떤 승부수로 필생의 소망인 '정의가 강물처럼 흐르는 국가'를 완성시킬 것인지 지켜본다.

이재오 (李在五)

1945년 1월 강원도 명주군(현재의 강릉시에서)에서 출생해 고향인 경상북도 영양에서 성장했다. 중앙대 재학 중 한일회담 반대 시위로 제적된 뒤 1996년 32년 만에 졸업했다. 서울 장훈고, 대성고 등에서 국어교사로 재직했고 독재정권 하에서 모두 5번 투옥됐다. 1986년 민주통일민중운동연합 민족통일위원장, 1991년 민중당 사무총장을 지낸 뒤 김영삼 대통령의 권유로 신한국당에 입당해 15, 16, 17, 18, 19대 국회의원과 한나라당 사무총장, 원내대표를 거쳐 2010년 특임장관에 올랐다.

국순당 대표 배중호

"K-팝, K-푸드에서
K-컬처로 나아간다"

배중호 | 국순당 대표

K-팝, K-푸드에서 K-컬처로 나아간다

우리 전통 술 시장의 명맥이 끊길 위기에 놓였던 시절, 전통주 복원에 나서 국내외 주류시장에 돌풍을 일으키고 대한민국 전통주의 위상을 바꿔 놓은 기업이 있다. 일제강점기와 서구문물의 급속한 유입, 산업화를 거치면서 수백 년 동안 이어져 온 우리 조상들의 전통주는 거의 대부분 사라졌고 제조법조차 남아 있지 않았다. 수익성을 떠나 누군가는 전통주, 나아가 전통음식과 전통문화의 계승, 발전에 앞장서야 한다는 사명감으로 술을 빚고 연구하고 있는 국순당 배중효 대표 일가가 바로 그들이다.

회사 이름도 누룩으로 빚은 진한 술을 뜻하는 국순당(麴醇堂)이다. 배중호는 2008년 창포주를 시작으로 이화주와 소곡주, 미림주, 백하주에 이어 2012년 신도주, 송절주까지 20번째 우리 술 복원사업을 이어가고 있다. 물론 수익이 남는 일은 아니다. 급속한 산업화를 거치며 사라져버린 우리 전통문화를 누군가 복원하고 재생시켜서 후대에 전승해야 한다는 사명감 하나로 일을 벌이고 있다.

창업주인 아버지 배상면 회장을 이어 전통주와 전통문화의 글로벌화에 승부를 건 배중호 대표는 국순당이 백세주 바람을 일으키며 한창 성가를 올리던 2002년 가을엔 엔씨소프트 김택진 회장에 이어 코스닥 시장 대주주 주식 평가액 2위에 오르기도 했다. 배상면 명예회장에 이어 2남 1녀 형제자매가 각각 다른 전통주 회사를 경영하는, 세계적으로도 흔치 않은 '전통주 패밀리'의 경영기법과 인생철학 등을 듣고자 2012년 초 배중호 대표의 사무실과 전통주 체험관, 그리고 도봉산 등을 오가며 솔직한 속내를 들어봤다.

그는 단순한 전통주 복원과 제조를 뛰어넘어 'K-팝'에서 시작된 한류를 'K-푸드', 더 나아가 'K-컬처'로 완성하고자 하는 '글로벌 한류'의 첨병이었다.

'우리 술의 글로벌화' 가능성 확인

지난 한 세기를 돌아볼 때 대한민국은 외래 문물과 외래문화를 끊임없이 받아들이며 익히고 배우는 과정이었다. 산업화는 말할 것도 없고 문화적 측면에서도 우리 것을 바깥 세상에 전하기보다는 서구문물이나 중국 또는 일본 것을 들여와 베끼거나 모방하며 그들을 따라가는 과정이었다. 그러던 것이 21세기, 즉 2000년대에 들어서면서 대중음악, 영화, 엔터테인먼트, 게임 등 대한민국의 문화산업이 다른 나라에서 통하기 시작했으며, 최근엔 K-팝, K-푸드 등의 단어가 일반명사화되는 현상까지 나타나고 있다. 불과 십여 년 전까지만 해도 상상할 수 없었던 대한민국 문화의 글로벌화에 세계는 물론 우리 스스로도 놀라고 있다.

가업을 이은 전통술 제조에서 시작해 우리 전통음식과 전통문화에 남다른 관심과 애정을 갖고 있는 배중호 대표는 이런 현상에 대해 어떤 생각을 갖고 있을까?

기자 : "일본, 중국 등 아시아권역에서 시작된 대한민국 문화, 즉 한류 바람이 멀리 유럽과 남아메리카 등지로 확산되고 있습니다. 대중문화에서 시작된 이런 흐름이 우리 문화의 세계화로 발전할 수 있다고 보십니까?"

배중호 : "세계의 각 나라, 각 민족, 각 문화마다 독특한 술 문화를 갖고 있습니다. 아주 오랜 세월 이어져 오면서 그 문화의 모든 것이 어우러져 만들어진 게 술이고, 술은 문화의 한 부분입니다.

최근 우리나라의 문화가 한류라는 이름으로 세계 각지로 확산되고 있습니다만 우리 음식문화가 함께 들어가야 합니다. 우리 음식과 술이 문화와 접목돼서 다른 나라 사람들이 문화란 큰 덩어리로 함께 즐길 수 있게 해줘야 합니다.

개별적이고 단발적인 아이템의 수출만으론 생명력이 오래 갈 수 없다고 봅니다. 그런 의미에서 K-팝이나 영화 등을 통해 차츰 우리 음식이 그들에게 부각되고 인식되고 있는 것은 긍정적입니다. 이전엔 상상하기 어려웠던 아주 고무적인 현상입니다.

비록 한류가 엔터테인먼트에서 시작됐지만 우리 문화가 세계로 뻗어나가면서 그 효과는 여러 분야로 확산될 것이라고 기대합니다."

1970, 80년대 국내 영화관의 최고 흥행 코드였던 홍콩 영화가 어느 날 갑자기 썰물 빠져나가 듯 퇴조한 것과 같이 단발적인 문화상품의 수출은

생명력을 가질 수 없다는 게 배 대표의 생각이다. 모든 문화에는 음식이 바탕이 된다는 것이 그의 철학이다.

배중호 대표는 해마다 세계 여러 곳에서 열리는 세계주류박람회나 품평회, 경연대회에 국순당에서 만든 전통주를 갖고 참가한다. 열심히 공부해 시험을 보는 수험생의 심정으로 그들의 반응을 살피고 그들에게 조언을 구한다. 배 대표는 최근 몇 년 동안 막걸리를 앞세워 미국의 각종 행사에 참가했다. 처음에 낯설어 하던 이방인들의 반응이 해가 갈수록 호의적인 태도로 바뀌는 것을 보며 가능성을 확인했고, 뿌듯한 자부심을 갖게 됐다고 말했다.

기자 : "한국도 아니고 미국 현지에서 서양인들에게 막걸리는 무척 낯선 술이고 생소한 음식일 것 같은데요, 그들의 반응은 어땠습니까?"

배중호 : "우리가 막걸리를 만들어 처음 미국 시음회에 가서 맛을 선보였을 때 그들의 반응은 아주 당혹스러웠습니다. 그건 미국 소비자들에게 전혀 불가능한 제품이었어요. 시음을 시키면 입에 넣는 순간 막걸리를 한 모금도 삼키지 못하고 쓰레기통으로 달려가서 뱉어버리는 겁니다. 시큼 달콤한 맛이 그들에겐 너무 생소했겠지요. 그런데 그들도 한두 번 입맛을 들이고, 처음의 그 생소했던 맛이 익숙해지자 언제 그랬을까 싶을 정도로 반응이 바뀌었습니다.

작년엔 미국 LA에 가서 한 잔에 몇 달러씩 받고 와인과 함께 시음을 시켰는데, 거기서 받은 시음티켓 모두를 갖고 와서 막걸리만 마시는 사람들이 있을 정도로 반응이 달라졌습니다."

막걸리와 전혀 어울릴 것 같지 않은 미국인들의 그런 모습을 보면서 우리 전통주, 나아가 전통문화의 세계화 가능성에 확신이 들었다고 배 대표는 말했다. 실제로 2010년 6월 미국 샌프란시스코에서 열린 국제 와인 대회에서 국순당의 자양백세주가 은상을 받았으며, 국순당 생막걸리는 스파클링 와인 부문 동상을 수상했다. 거부반응을 보이던 서양인들에게 막걸리가 일종의 '코리언 와인'으로 대접을 받게 되는 과정이었다. 배중호는 우리 전통주와 전혀 어울릴 것 같지 않던 서양인들의 입맛이 우리 것을 인정하기 시작했다는 데 보람을 느꼈다고 했다. 하지만 우리 것에 대해 스스로 자부심을 갖고 아끼는 마음을 갖지 않고선 성공하기 어려운 일이라며 아쉬움도 있었다고 말했다.

기자 : "지난 2010년 G20 정상회의 때 우리 술이 아닌 와인이 공식만찬 테이블 위에 올라와 잠시나마 이야깃거리가 된 적이 있습니다. 어떤 생각이 들었습니까?"

배중호 : "속에서 불이 나고 울화통이 터졌다고 말씀드릴게요. 한편으론 우리 같은 사람들이 좀 더 열심히 해야겠다는 생각도 들었고요. 우리 스스로 우리 것에 대한 자신감이 없다는 생각을 했습니다. 우리 술을 만드는 우리 같은 사람들이 좀 더 관심을 갖고 공감하도록 힘썼어야 하는데 거기까지는 여할을 못했던 겁니다. 정부에서도 벌써부디 직극직으로 나섰어야 했는데 그렇지 못했고요. 이제는 정부에서도 연구소를 만드는 등 늦게나마 우리 같이 앞서서 전통주 연구를 해온 사람들을 따라오고 있습니다. 늦은 감은 있지만 다행이지요."

이런 생각이 전해진 덕분인지 2012년 서울에서 열린 핵 안보 정상회의
에선 와인과 함께 우리 전통주가 공식 만찬주에 올랐다. 우리 쌀로 빚은
생막걸리가 2010년 유네스코 세계문화예술교육대회 공식 건배주로 선정
되는 등 최근 다양한 행사에 우리 술이 만찬주, 건배주로 선택되면서 위상
을 높이고 있다.

서양의 와인이 건강에 좋다고 알려져 있지만 배중호 대표는 우리 전통
주, 그 중에서도 막걸리는 와인과 비교되지 않을 정도로 친인간적이며 자
연친화적이라고 자랑했다.

배중호 : "막걸리는 대표적으로 많이 알고 있는 부분이 유산균이 함유돼
있어서 장에 좋다, 식이섬유 때문에 변이라든지 다이어트에 좋다고 합니
다. 하지만 이것 뿐만 아니고 항암작용, 항노화작용, 항산화작용 등에 심
지어 통풍 억제작용도 있습니다. 우리가 지속적으로 학계와 협조해 논문
을 발표하고 있는데 그런 효과들이 학문적으로도 그대로 증명이 되고 있
습니다. 막걸리가 술만 아니었으면, 또 알코올 자체가 갖고 있는 부작용만
아니라면 그렇게 몸에 좋은 식품이 있을까 하는 생각을 갖고 있지요."

막걸리의 효능에 대해 과학적, 학문적 연구에 들어가 있다는 배 대표는
실제 인체에 미치는 영향에 있어서 막걸리가 와인보다 훨씬 뛰어난 기능
을 갖고 있다고 말했다.

우리 술에 일생을 바친 배상면

국순당과 배중호 대표를 이야기하자면 전통주 복원사업의 선구자이며
창업자인 배 대표의 아버지 배상면 회장을 빼놓을 수 없다. 1924년생으로

구순을 앞둔 배상면 회장은 한국전쟁의 와중에 처음으로 주조장을 열었으며, 1970년 한국미생물공업연구소를 차려 체계적인 주류사업에 나섰다. 이후 회사 이름을 배한산업과 국순당으로 바꾼 배상면 회장은 1991년 백세주를 출시하면서 주류시장에 돌풍을 일으켰다. 국순당은 1999년 주류업계 최초로 벤처기업 인증을 취득한 데 이어 2000년 8월 코스닥시장에 상장된다.

배중호가 아버지 배상면의 권유에 따라 대학에서 생화학을 전공한 것은 그가 술을 연구하고 제조하게 된 운명의 시작이었다. 대학 졸업 후 잠시 롯데그룹 계열의 무역회사에서 근무한 배중호는 아버지의 부름을 받고 전통주 제조업에 뛰어든다. 배상면 회장은 아들 배중호를 전남 순천에 있던 공장에 내려 보내 밑바닥 잡일부터 가르쳤다. 한국과학기술연구원(KIST)에서 미생물 배양 신기술을 익히게 한 뒤엔 연구업무에 전념토록 했다. 배중호가 탄탄한 이론과 경험을 갖추게 되는 첫걸음이었다.

기자 : "대학 졸업 후 무역회사에서 직장생활을 시작했는데, 아버지의 주류업에 동참하게 된 계기가 궁금합니다. 당시만 해도 사업체가 커지기 전이었고, 지방근무를 해야 했는데 갈등은 없었습니까?"

배중호 : "그 당시에 전통주 시장이 급속도로 위축되는 상황이었기 때문에 그 분야에 별 매력을 느끼지 못했습니다. 여러 가지 규제가 있었기 때문에 막걸리를 비롯해서 전통주는 거의 고사상태, 빈사상태 직전이었지요. 1970년대엔 수출장려정책 때문에 무역회사가 선망의 직장이었어요. 그런데 대기업에서 근무해 보니 개인이 하나의 부속품에 지나지 않는다는

생각도 들고 내가 할 수 있는 것에 대한 한계도 느꼈습니다. 아버지 회사의 공장이 전남 순천에 있었는데 먼 지방까지 사람들이 가려고 하지 않았어요. 연구원을 구하기 어렵던 때에 아버지께선 아들인 제가 사업에 동참하기를 권유하셨고 제가 그 뜻을 따르게 된 겁니다."

배상면 회장은 전통주를 연구하고 복원하면서 옛 문헌을 샅샅이 찾아봐도 구체적인 제조 방법을 찾을 길이 없었다. 일본 사람들이 남겨 놓은 기록이 도움을 줬지만 왜곡되거나 잘못 알려져 있는 부분도 많았다.

우리 조상들이 후세들에게 기록을 남기지 않은 점을 안타깝게 생각한 배 회장은 그 이유가 자기 직업과 기술에 대한 자부심이 없었고, 이를 자식들에게 물려주고 싶지 않았을 것이란 결론을 내렸다고 한다. 이때부터 장남 중호, 차남 영호에게 전통주 제조업을 맡긴 배상면 회장은 1993년 회사 이름을 국순당으로 바꾸면서 본격적인 술 사업, 즉 주류기업을 키우기 시작한다.

백세주의 성공과 야심작 '별'의 실패

1991년 세상에 나온 백세주가 처음부터 주목을 끈 것은 아니었다. 1994년까지만 해도 24억 원에 그쳤던 백세주의 매출액은 모든 주류가 마이너스 성장을 하던 IMF 외환위기를 거치며 오히려 가파른 성장세를 타기 시작했다. 어느 업종을 막론하고 매우 드문 현상이었다. 2001년엔 매출액 984억 원을 기록해 7년 만에 무려 40배가 넘는 폭발적 매출증가세를 보였다. 관련 업계 종사자 대부분이 전통 술의 대중화는 불가능하다면서 국순당의 잠재력을 과소평가하던 시기였다.

인삼을 비롯해 구기자, 오미자 등 10여 종류의 한약재를 사용해 몸에 좋은 약주라는 콘셉트로 마케팅을 한 것과 100세까지 장수한다는 의미로 제품이름을 백세주로 지은 것이 결정적인 성공요인이었다. 운도 따랐다. 백세주가 막 이름을 알리기 시작하던 1993년 약주에 한해 판매구역 해제조치가 내려졌다. 이전엔 약주공장이 소재한 강원도 안에서만 판매가 가능했던 것이 전국을 무대로 공격적인 마케팅과 홍보를 할 수 있게 된 것이다.

아무도 관심을 갖지 않던 전통주가 시장에 돌풍을 일으키면서 매스컴에선 연일 배상면과 국순당의 성공신화를 기사화했다. 월간 신동아에선 '국순당과 백세주의 성공은 민족주(民族酒)의 개발과 현대화라는 과제를 달성한 모범사례'라고 평가했고, 한겨레21은 '설 땅이 없던 전통주의 시대는 옛 이야기다. 이제 우리 고유의 술도 개발 여하에 따라선 얼마든지 상품성과 경쟁력을 갖출 수 있다'라고 썼다. 프랑스의 코냑이나 영국의 스카치위스키에 비교되는 우리 전통주가 탄생했다는 자부심이 업계에 퍼져나갔다.

하지만 2003년 정점을 찍은 백세주 매출은 이후 감소세를 보였다. 와인 열풍이 불어닥친 데다 약주 시장에 강력한 경쟁자들이 속속 진입했기 때문이다. 전통 약주가 주류 업계의 '블루오션'이자 황금시장으로 떠오르면서 진로, 두산 등 메이저 업체들이 경쟁에 뛰어들었다. 국순당은 전국적인 유통망과 마케팅 기술을 갖춘 대기업들과 경쟁을 벌여야 하는 처지가 됐나.

기자 : "대기업들이 시장에 뛰어들면서 대기업과 중소기업의 역할 등에 대해 많은 생각을 했을 것 같습니다."

배중호 : "대기업은 표준화된 제품을 저렴하게 대량생산하고, 중소기업은 특화제품을 만드는 것이 일종의 역할 분담이라고 생각합니다. 상생발전하기 위해 중소기업이 대기업의 유통망을 공유하는 것도 한 방법일 수 있지요. 대기업과 중소기업이 똑같은 시장을 놓고 전면전을 벌인다는 것은 바람직하지 않습니다. 중소기업도 특화된 노력 없이 가격경쟁만 벌여선 미래가 없다고 생각합니다."

배중호 대표는 백세주의 성공 이후 온 정성을 들여 브랜드 '별'을 시장에 내놓는다. 아버지의 후광을 벗고 그가 처음으로 시장에 도전장을 낸 상품이었다. 하지만 백세주를 능가할 것으로 확신했던 '별'에 대한 시장의 반응은 예상 밖으로 신통치 않았다. 공전의 히트를 기록한 백세주를 통해 전통주의 가능성을 확인했던 배중호에게 야심작 '별'의 조기 단종은 아직도 아픔으로 남아 있다.

배중호 : "모든 음식이 그렇지만 술도 먹던 것을 바꾸는데 시간이 걸립니다. 백세주도 히트했다고 그러지만 시장에서 인정받는 데 10년의 세월이 걸렸습니다. 복분자주가 요즘 뜨고 있지만 출시된 시점으로 보면 20년이 걸렸고요. 시간이 필요한 것인데 '별'을 출시해 놓고 조급하게 1년 안에 승부를 내려다보니 숙성되는 기간이 짧았지요. 조금씩 개선하면서 소비자에게 입맛을 맞춰가야 하는 건데 포기가 너무 빨랐다고 생각합니다. 모든 결정에 있어서 너무 서둘렀던 게 아닌가 지금도 후회가 되죠."

예상 밖의 히트를 한 백세주의 성공을 경험했던 배중호는 후속작에 대해 너무 조급하게 시장의 반응을 기대했었다며, CEO로서 자신의 경영실패를 인정한다고 아쉬워했다. 그는 '별'의 실패를 겪으면서 일본인들의 장인정신을 배우는 값진 경험을 했다고 말했다. 아무리 작은 기업, 동네의 작은 가게라 하더라도 오랜 세월 대를 이어 승부하는 일본인들의 장인정신이 어떤 가치를 갖고 있는지 깨달았다는 것이다.

배중호 : "일본인들은 아주 오랜 세월 사케에 대한 연구를 굉장히 많이 해왔습니다. 아주 세세한 부분까지 연구를 많이 했고 문헌과 자료가 방대합니다. 사케를 만드는 사람들의 긍지도 대단하다는 걸 여러 번 체험했지요. 일본 전역에는 사케를 만드는 큰 공장도 많지만 작은 공장도 엄청나게 많은 데 놀랐습니다. 지역마다 특성이 있고 특징이 있는데, 사케를 만드는 과정이 마치 예술품을 빚는 그런 모습이었어요. 제가 작은 사케 공장을 하나 인수하려고 했는데 그쪽에서 팔지 않겠다는 겁니다. 일본 사람들이 사케를 만드는 것은 자기네 전통인데 아무리 많은 돈을 줘도 외국인에게 파는 것은 용납되지 않는다는 겁니다. 자기 제품, 자기 문화에 대한 긍지가 강한 것을 보면서 우리도 본받아야 한다는 생각을 했습니다."

이런 데 자극 받은 배중호는 전통주의 세계화, 나아가 전통음식의 글로벌화를 위해 수강료 한 푼 받지 않고 서울 강남의 국순당 본사 사옥에서 전통주 강좌를 열고 있다. 2011년 한 해에만 4천 명이 넘는 사람들이 수강했다.

배중호 : "우리나라 사람들이 우리 술에 대해 너무 모른다는 것을 깨닫고 이런 강좌를 만들어야겠다는 생각을 했습니다. 와인에 대한 공부는 열심히 해요. 국내에 와인 강좌는 수백 개가 될 겁니다. 석사과정도 개설돼 있고요. 정작 우리 술에 대해선 학사과정도 없는 게 현실입니다. 너무 모

'더 좋은 제품을 만들기 위해 2남1녀 자식들도 경쟁을 해야 된다'는 게 배상면 창업주의 생각이다.(왼쪽부터 배혜정 사장, 배 회장 부부, 배중호 대표)

르기 때문에 더 좋아지거나 친근해질 수 없겠구나 하는 생각이 들었지요. 그런데 이 강좌에 젊은이들이 찾아오고 전통에 관심을 갖는 모습을 보면서 가능성을 발견하게 됐습니다."

국순당은 또 경북대와 손잡고 국내에선 처음으로 대학원에 전통주 연구 과정을 만들었다. 배상면 회장이 사재를 털어 전통주 연구개발과 후학 양성을 목적으로 설립한 그 곳에선 옛 문헌에 나와 있는 전통주 복원과 새로운 전통주 개발이 이뤄지고 있다.

배 대표는 외국에 갔을 때 차이니스 레스토랑이나 저패니스 레스토랑은 아주 작은 마을에서도 쉽게 찾을 수 있지만 한국음식을 맛보기 위해 찾아 헤매도 코리언 레스토랑은 찾기 쉽지 않다면서 지금부터라도 우리 것을 알리는 노력을 게을리 하지 않아야 한다고 말했다. 그런 의미에서 그

는 2012년 여름 일본 도쿄 중심부에 생막걸리와 파전 등을 주 메뉴로 하
는 70석 규모의 전통주점 '고리마루(korimaru)'를 열었다. 우리 술을 해외에
전파하기 위해선 먼저 술 문화부터 알려야 한다는 뜻이 담겨 있으며 미국,
프랑스, 중국 등지에도 전통주점을 열 계획이다.

술이나 음식이나 우리나라만큼 다양하고 자연친화적인 재료를 사용하
는 문화는 찾아보기 어렵다는 배중호는 우리 술, 나아가 우리 음식과 우리
문화가 글로벌화 될 가능성은 충분하다고 강조했다.

2남 1녀가 각각 다른 전통주 회사 경영

배상면 회장의 2남 1녀는 특이하게도 각각 3개의 다른 전통주 회사를
경영하고 있다. 장남인 배중호가 국순당, 차남 배영호는 배상면주가, 그리
고 딸 배혜정은 배혜정 누룩도가의 CEO이다. 여느 대기업들의 문어발식
업종확장과 대조적인 대목이다. 그래서 한때 형제간 다툼이나 반목을 우
려하는 시선도 있었지만, 형제들의 각자 경영은 배상면 회장의 전통주에
대한 각별한 애정과 장인정신에서 비롯된 '전통주 패밀리'의 독특한 경영
기법이었다. 국내 대부분 대기업들의 자녀들이 여러 업종, 관련도 없는 분
야에 나서서 문어발식 경영을 하고 있는 것과 대조되는 매우 특이한 현상
이다.

기자 · "배상면 회장의 세 자녀가 같은 업종에서 각각 다른 세 개의 회사
를 경영하고 있습니다. 매우 이례적인 일인데 어떤 배경이 있습니까?"

배중호 : "저희 3남매가 각각 다른 전통주 회사를 경영하는 것은 아버님
의 철학입니다. 3남매 누구라도 우리 술에 관심을 갖고 어느 누구도 빠지

지 않고 해야 한다는 생각입니다. 아버지의 권유로 우리 술 사업을 하고 있는 사람이 우리 3남매뿐만 아니라 양조장을 하시는 분 등 수십 명이 됩니다. 가능하다면 많은 사람들이 다양한 연구를 하고 다양한 제품을 만들어 봐야 한다는 게 아버지의 철학입니다.

'자식들 사이에도 선의의 경쟁을 해라, 더 좋은 제품을 만들기 위해 경쟁해라.'

아버님은 현재의 구도에 만족하십니다. 다들 자기 분야에서 열심히 하고 있으니까요."

1996년 차남 영호 씨가 주식회사 배상면주가로 독립한 직후 백세주를 내세운 국순당과 산사춘에 승부를 건 배상면주가 사이엔 치열한 경쟁구도가 만들어졌다. CF모델도 국순당은 송강호, 배상면주가는 이미연과 이효리를 앞세워 팽팽한 마케팅 경쟁을 벌였다. 국순당의 백세주가 3, 40대 남성을 집중공략한 데 반해 배상면주가의 산사춘은 2, 30대 여성을 타깃으로 한 홍보전이었다. 현재 국순당은 대중화, 고급화 전략에 나서고 있는 반면 배상면주가는 다품종 소량 생산으로 전통주 마니아 계층을 공략 대상으로 하고 있다.

20년 간 전업주부로 지내다 가장 늦게 기업인으로 변신한 배혜정 사장의 배혜정 누룩도가는 고급 전통 탁주의 개발에 나서 젖산량이 월등히 많고 대량생산이 가능한 기능성 탁주에 승부를 걸고 있다. '국내 주류업계의 여성 CEO 1호'로 주목받는 배혜정 사장은 업계에 먼저 진출한 오빠와 남동생의 도움 없이 스스로 성공하겠다며 10여 년째 부단한 도전에 나서고 있다. 이들 3남매는 아버지 배상면 회장의 '좋은 제품을 만들기 위한 4가지 원칙'을 늘 염두에 두고 있다.

'원료는 최고급품만 쓴다.

문제가 될 만한 첨가물은 사용하지 않는다.

소비자와 약속한 품질은 엄수한다.

제품이 가진 가치 이상의 값은 받지 않는다.'

먹을거리를 다루는 모든 사람들이 한시도 잊지 말아야 할 경구일 것이다.

배중호 대표와 대화를 하다 보면 항상 그의 철학과 인생관의 바탕에 전통과 문화가 자리 잡고 있음을 알 수 있다. 반도체나 자동차, 휴대폰 등을 수조 원 어치씩 수출하는 기업도 필요하지만 우리 음식이나 우리 문화를 바탕으로 대한민국의 전통을 세계화하는 데 앞장서는 기업, 또는 기업인도 분명 필요하다. '세계인이 공유하는 문화'가 된 이탈리아의 스파게티나 피자, 일본의 스시, 더 나아가 코카콜라나 맥도널드의 빅맥 등은 배중호와 같은 사람이 우리 사회에 왜 필요한지를 잘 말해 준다. 그는 지금도 문화재청과 공동으로 문화재 지킴이 활동을 벌이고 있으며, 조선왕조 궁중음식과 궁중병과, 그리고 잊혀지고 버려진 우리 술의 복원에 앞장서고 있다.

배중호 (裵重浩)

1953년 5월 대구 출생. 서울 용산고, 연세대 생화학과 졸업. 1980년 국순당의 전신인 배한산업에 입사해 1992년부터 국순당 대표이사 사장을 맡고 있다. 한국 미생물학회 이사, 코스닥등록협의회 감사를 역임했으며 2002년 철탑산업훈장을 받았다.

"북한 동포 인권 외면은 자기기만이며 위선"

前 신민당 당수　이 철 승

"북한 동포 인권 외면은 자기기만이며 위선"

이철승 | 前 신민당 당수

우리 사회 곳곳에 널리 분포한 탈북자들

탈북자와 납북자 문제를 다룬 연속 기획 다큐멘터리를 취재하고 제작하면서 여러 명의 탈북자와 탈북자를 돕는 사람들, 납북자 가족들, 그리고 정책적, 외교적으로 탈북자 문제를 공론화하려는 사람들을 두루 만났다. 지금은 탈북자, 또는 새터민이라 불리는 사람들의 숫자도 많아져 2만 4천 명을 넘어섰고 그들의 실상이 많이 알려졌지만 10여 년 전인 2000년대 초반만 해도 사정은 매우 달랐다.

그들을 만나면서 알게 된 몇 가지 흥미로운 사실이 있었다. 탈북자들 상당수가 특례입학 등을 거쳐 국내 유수의 대학에서 학교생활을 하는 등 우리 사회 곳곳에 이미 널리 분포돼 있었다. 겉으론 식별이 될 리 없는 그들은 우리 이웃, 직장, 학교, 종교단체 등에서 서울 사람들과 다를 바 없이 일상생활을 하고 있었다. 그들은 일반적인 선입견과 달리 자본주의에 적응하는 과정이 무척 빨랐으며 부의 축적에 대한 동기부여 또한 강렬했다. 직업이나 직위 등의 여러 제약으로 자본을 많이 축적하지는 못했지만 자본에 대한 열망, 의욕은 오히려 자본주의에서 나고 자란 사람들 보다 더 강한 것으로 비쳐졌다.

또 하나는 탈북자들의 숫자가 크게 늘면서 그들의 처지, 환경, 현실이 매우 큰 편차를 보이고 있다는 점이다. 이미 고등교육을 받고 남한 땅에서 명사 대접을 받으며 경쟁적인 자본주의의 출발 선상에 선 사람이 있는가 하면 가장 극빈하고 곤궁한 상태를 벗어나지 못하고 오히려 공산주의에 대한 미련을 떨치지 못한 채 하루하루를 힘겹게 버티는 사람들도 많았다.

최근 다시 북한으로 귀환하는 탈북자들이 하나둘씩 나오고 있는 배경엔 이런 현실이 존재하고 있을 것이다. 다양한 계층의 탈북자들을 만나면서 탈북자 문제가 고정된 어느 일방의 피상적 시각으로만 접근해선 곤란하다는 생각이 든 것은 그 때문이었다.

중국 각지를 떠도는 탈북자들은 물론 중국, 북한 접경지에서 목숨을 걸고 탈북자들을 돕는 사람들을 지원하던 '피랍, 탈북자 인권과 구명을 위한 시민연대'의 이서 대표, 도희윤 현 '행복한 통일로' 대표, 6·25 때 납북된 아버지와 남한에 남겨진 가족들의 애환을 가슴에 안고 납북 인사들의 인권운동에 앞장선 '납북인사가족협의회' 이미일 이사장 등은 이 분야에서 한 발 먼저 자갈밭을 일군 사람들이다.

납북어부의 딸로 북한에서 태어나 어머니와 함께 두만강을 헤엄쳐 건너 탈북한 뒤 남한에서 납북어부의 본처와 아들을 만나 자신들의 운명에 넋을 놓았다는 김인숙 씨의 사연도 기구했다. 그녀의 아버지는 1968년 서해 연평도에서 조업 중 납북됐고 북한에서 새살림을 차렸으나 북한생활에 적응하지 못하고 부산에 남겨둔 가족을 그리다 눈을 감았다. 서울의 한 대학에서 사회복지학을 전공하던 김인숙 씨는 사회복지사가 돼 힘들고 지친 사람들에게 힘이 되겠다는 소박한 꿈을 키우고 있었다.

7선의 야당 당수, '작은 정치' 접고 '큰 정치'로

탈북자와 납북자 문제 해결에 나선 이들 가운데 원로정치인 이철승과 서울시장을 지낸 김상철 변호사가 있었다. 그들은 법적, 제도적 측면과 외교적 노력으로 탈북자 문제를 풀어야 한다는 입장에서 문제의 공론화와 국제문제화를 수년째 시도하고 있는 사람들이었다. 사재를 털어 탈북자 인권과 지위확보를 위한 시민운동에 나선 1세대 인사들이다.

헌정회 회장을 지낸 이철승 자유민주민족회의 대표는 잘 알려진 야당 원로정치인이다. 그는 광복 직후 반탁전국학생총연맹 운동을 시작으로 1948년 정부 수립 이후 이승만 대통령의 자유당에 반기를 들고 줄곧 반독재투쟁의 선봉에 섰다. 1954년 무소속으로 3대 국회 민의원이 된 이래 4, 5, 8, 9, 10, 12대에 걸쳐 7선 국회의원이었으며, 유신정권 하에서 야당 당수를 지냈다.

고등학교 시절 한국인과 한글을 모독하고 멸시하는 언사를 일삼던 일본인 교사를 교신 비다에 내동댕이쳤고, 1954년 이른바 '사사오입(四捨五入) 발췌 개헌' 파동 때엔 날치기 통과 사회를 보던 최순주 국회부의장의 멱살을 잡고 항의하는 등 그의 평생엔 의분을 참지 못한 열혈 행동파의 궤적이 뚜렷이 남아 있다.

이철승은 1971년 제7대 대통령 선거를 앞두고 김영삼, 김대중과 함께 '40대 기수론'의 주역으로 촉망받는 정치인이었으나 박정희 대통령의 유신개헌 이후 그가 주창한 '중도통합론'이 양김의 선명노선에 비해 투쟁성이 약하다는 비판을 받으면서 정치인으로서 세력이 급속히 약화됐다. 1980년 전두환 신군부 등장으로 정치활동이 금지됐던 그는 1985년 12대 총선에서 신민당 후보로 고향 전주에서 당선돼 화려하게 정치무대에 복귀했다. 하지만 이후 영호남을 양분한 YS와 DJ의 '영호남 지역 정치구도'에 밀려 13대 총선에선 수십 년 아성인 전주에서 낙선함으로써 정치인 이철승의 시대를 마감했다.

소석(素石) 이철승에겐 항상 두 가지 상반된 평가가 뒤따라다닌다. 하나는 온건합리적인 현실주의자라는 평가이며, 또 다른 하나는 독재시대 권력과 타협하려 했던 선명하지 않은 정치인이라는 두 가지 대조적인 평판이다. 그런데 평생을 이철승의 정치라이벌이었던 김영삼과 함께하며 정치적으로 이철승의 반대편에 섰던 이민우 전 신민당 총재는 생전의 인터뷰에서 이런 말을 남겼다.

이민우 : "내가 수십 년 정치를 해오면서 그래도 지조 있게 한 길을 걸었던 사람인데 지금 와서 생각하면 사람을 잘못 보거나 잘못 판단했던 적도 있었던 것 같아요. 같은 시대 정치를 함께 한 이철승 씨 말인데…. 나는 김영삼 씨 등과 민주당 구파 계열이고 이철승 씨는 민주당 신파 계열이어서 야당인 신민당을 함께하면서도 항상 대립하고 의견이 달랐어요.

박정희 유신정권이 말기로 가면서 이철승 씨가 주장한 중도통합론이 '사쿠라'라는 비판을 많이 받았지. 그가 야당 당수할 때 미국이나 일본 같은 곳에 해외방문하면 교포들이 사쿠라 정치인이 왔다면서 일본 사쿠라 사과에 빗대서 사과를 보자기에 싸서 선물로 주고 그런 일도 있었고, 아무튼 이철승 씨가 욕을 많이 먹었어요. 나도 이철승 씨의 중도통합론을 반대했었고…. 그런데 지금 와서 생각해 보면 아직도 자유민주주의 운동을 하고 있는 이철승 씨의 속마음을 몰랐던 것 아닌가 하는 생각이 많이 들어요. 누가 진짜 애국자인가 하는 생각도 해보게 되고….

권력을 눈앞에 두고 자기 욕심만 부린 사람도 있었지만 이철승 씨 같이 평생 한 길을 걸은 사람도 평가를 받아야 하는 것이지.”

역사의 물줄기는 모두 인과관계가 있다. 한때 독재와 타협하려 했다는 비판을 받기도 한 이철승이지만 그는 독재정권을 무너뜨린 시발점을 제공한 장본인이다. 10·26의 원인이 된 부마항쟁, 부마항쟁의 단초가 된 'YH사태'와 김영삼 신민당 총재 제명이 있고, 그 뿌리는 꼭 1년 전 야당의 총선 승리에서 찾을 수 있다. 그리고 헌정 사상 처음인 야당의 총선승리 당시 신민당 당수가 바로 이철승이었다.

1978년 12월 12일 10대 국회의원 선거에서 신민당은 공화당보다 1.1% 높은 득표율로 사실상 독재정권 붕괴의 서막을 열었다. 그래서 이철승은 해마다 찾아오는 12월 12일을 특별한 감회로 맞는다고 했다. 엄혹했던 시절에 집권 공화당에 맞서 승리를 거둔 야당 신민당의 승리는 이후 대한민국 역사의 물줄기를 바꿔 놨다.

7선의 호남 대표 정치인이었던 이철승은 그에게 정치적 좌절감을 안긴 지역구도에 대해 이렇게 평가했다.

이철승 : “양김의 이분법적 흑백논리와 지역감정을 이용한 패거리 정치

북한 인권문제의 국제문제화를 줄기차게 주장했던 이철승은 2004년 미국 의회의 '북한 인권법' 제정을 이끌어냈다. 유엔 청원 운동을 벌이던 2002년 당시 인터뷰 모습.

로 유권자들은 이성을 잃고 황색 지역광풍에 휘둘렸습니다. 나는 유세 때마다 전주 시민들의 양식 있는 판단을 호소했지만 김영삼, 김대중 씨의 영호남 지역대결과 지역감정 조장 앞에 영호남인들은 갈대와 같이 흔들렸고, 이는 아직까지도 계속되는 국민 분열의 원인이 됐어요.

13대 총선을 치르면서 회의와 회한을 갖기도 했지만 이후 '작은 정치'를 접고 '큰 정치'의 길에 나선 계기가 됐다는 점을 오히려 고맙게 생각합니다."

지역구도와 지역감정을 조장하는 정치현실에 절망했던 이철승은 이후 여의도를 떠나 '큰 정치'에 발을 들였다.

'6·25 국군포로들이 아직도 북한 땅에 살아 있는데…'

2002년 탈북자 문제와 관련해 그를 만났을 때 이철승은 탈북한 6·25

전쟁 국군포로들을 통해 아직도 많은 국군 포로들이 처참한 상태로 북한에 생존해 있다는 사실을 확인했다고 말했다. 그는 나라를 위해 전쟁터에 나갔다가 포로가 된 사람들이 엄연히 살아 있는데 그들을 지금같이 외면할 수는 없다는 말로 인터뷰를 시작했다.

기자 : "오랜 세월 야당의 지도자 역할을 하셨습니다. 함께 정치를 하던 김영삼 씨는 이미 대통령을 지냈고, 김대중 대통령도 임기가 다 끝나가고 있는데, 이철승 의장께서는 방향을 달리 해서 현재 탈북자 인권운동을 벌이고 있습니다. 현실 정치를 떠나 북한 인권 문제에 나서게 된 동기가 궁금합니다."

이철승 : "내가 정치를 하면서 추구했던 가치는 자유, 인권, 민주였어요. 이런 가치가 가장 처참하게 훼손되고 있는 곳이 바로 북한이고, 가장 시급하게 도움의 손길을 필요로 하는 사람들이 바로 삶과 죽음의 생사기로에 서 있는 탈북자들입니다. 강제 송환된 탈북자들이 얼마나 심각한 고문과 보복에 시달리는지, 또 아직도 돌아오지 못하고 있는 납북자와 국군포로들이 어떤 고초를 겪고 있는지 탈북국군포로인 조창호, 양순용, 장무환 씨 등이 그 참상을 증언한 바 있습니다.

그들을 돕고 구하기 위한 국제사회의 행동이 시급합니다. 국내에서만 목소리를 높여서 해결될 수 있는 문제가 아닙니다. 그래서 범시민운동 차원에서 우선적으로 유엔인권위원회와 국제적십자사에 대한 서명운동을 시작했고 미귀환 국군포로, 납북자 대책에 대한 촉구를 하게 된 겁니다."

이철승은 지난 1999년 4월, 홀로 UN을 방문해 코피 아난 당시 UN 사

무총장에게 국군포로와 납북자 문제, 그리고 탈북난민 문제의 해결을 호
소했다. 납북자와 탈북자 문제가 남과 북의 문제가 아니라 국제사회 차원
에서 해결해야 할 사안이라고 봤기 때문이다. 또 정치, 경제 등 여러 사안
이 복잡하게 연관돼 있는 북한 인권 문제는 그들의 젖줄 역할을 하는 중국
과 러시아를 움직이지 않고선 해결이 불가능하다는 게 그의 생각이었다.

그런 그의 노력 덕분이었는지 지난 2004년 미국에서 북한인권법이 제
정돼 북한주민의 인권 신장, 북한 주민 지원, 탈북자 보호에 대한 국제적
인 법제가 마련됐다.

'북한동포 인권 외면은 자기기만이며 위선'

이철승 의장은 경제와 인권을 비롯한 북한문제의 포괄적인 해결과 개
선을 위해 중국의 역할이 절대적이라면서 역사적으로 중화주의와 경직된
사회주의 체제가 아직도 뿌리 깊은 중국에 대해 우리 정부가 적극적이고
유연한 태도로 접근해야 한다고 주문했다.

이철승 : "중국 정부는 유엔 안보리이사국으로서 유엔인권선언과 국제
난민협약을 조속히 준수해야 합니다. 중국은 탈북자들의 유엔 난민 지위
를 인정하고 강제송환을 하루 빨리 중단해야 합니다. 탈북했던 일가족이
중국 공안 손에 붙들려서 다시 북한으로 송환되고, 북한 땅에서 어떤 극악
한 일이 벌어지는지 다 알면서도 이를 외면한다는 것은 최소한 인간의 양
심으로 허용될 수 없는 일입니다. 같은 민족으로서 부끄러울 뿐이에요. 북
한 동포의 인권을 외면하면서 민주정부, 인권정부라고 말하는 현 정부의
행태는 자기기만이며 위선입니다."

온갖 풍상을 겪으면서도 우리 사회 보수우익을 자처하며 탈북자 현지조사와 국제법상 난민심사를 요구한 데 이어 유엔인권위원회와 유엔고등판무관실에 호소문을 보내는 등 한국사회에서 공론화를 꺼리는 '음지의 일'에 매달린 이철승. 그는 일부 보람도 있었지만 사안의 중대함에 비해 우리 정부의 태도가 지나치게 미온적이고, 우리 국민들이 동족의 비극에 너무 무관심하다며 목소리를 높였다.

노정객 이철승은 우리 사회가 같은 민족의 비극을 외면하는 태도, 나만 배부르면 그만이라는 우리 사회의 비뚤어진 세태를 비판하지 않을 수 없다면서 자신은 생이 다하는 날까지 자유와 인권이란 가치를 추구하는 데 힘을 보태겠다고 말했다.

이철승 : "우리가 지금 대한민국에서 자유를 구가하고 밥술이나 먹고 세계 10위권 경제대국이라고 하지만 각계각층의 인텔리 지식인이나 정치인, 경제인들이 가슴에 손을 얹고 생각해 봐야 합니다. 북한도 우리 동포이고 우리 혈육인데 그들이 오죽하면 2백만 명씩 굶어 죽고 많은 사람들이 목숨을 걸고 강을 건너 중국으로 탈출하겠습니까? 북한 국경을 넘더라도 중국에서도 가축과 다를 바 없이 팔려 다니고 숨어 다니는데 같은 민족으로서 그런 참상을 본체만체한다는 것은 인간의 최소한의 양심에 비추어서도 안 될 일입니다.

서울에서 불과 몇 킬로미터 밖에 떨어져 있지 않은 유전선 이북은 지구상에 가장 열악하고 처참한 곳입니다. 우리 국민, 정부가 이 문제를 외면하는 한 대한민국과 국민들은 국제사회에서 비겁하고 정의롭지 않다는 평가를 면할 수 없을 겁니다."

분열과 갈등이 심화된 우리 사회에서 자칫 북한 문제를 잘못 거론했다가는 우익 또는 좌익으로 매도당하거나 낙인찍히는 일이 비일비재하다. 그래서 양식이 있고 뜻이 있는 인사들조차 이 문제를 외면하는 경우가 많다. 그러나 노정객 이철승의 말대로 최소한 인간의 양심, 동포에 대한 정의 차원에서도 더 이상 방치할 수 없는 사안임엔 분명하다.

만 90세를 넘긴 이철승은 지금도 서울평화상 문화재단 이사장, 자유민주민족회의 대표 등으로 왕성한 활동을 벌이고 있다. 2012년 10월 그는 반기문 유엔 사무총장에게 서울평화상을 시상하면서 '반 총장이 기후변화와 여성, 아동 분야 등 범세계적인 의제를 설정하고 큰 진전을 이뤄내 인류의 복지 향상에 이바지했다'고 말했다.

반세기 넘도록 대한민국 현대사를 함께한 그에게 2013년 출범하는 새 정부, 새 대통령에게 어떤 점을 주문하고 싶은지 물었다.

이철승 : "이념이나 지역, 계층에 따라 분열된 국가를 대통합할 수 있는 지도자가 필요합니다. 모사(謀事)는 재인(在人)이라는 말이 있는데, 지역을 초월해 삼고초려하는 자세로 인재를 등용해야 합니다. 지금 한반도를 둘러싼 국제정세는 마치 구한말과 비슷한 양상을 띠고 있어요. 향후 수년 간 경제적으로나 정치적으로 어려운 환경이 조성될 겁니다. 남북한이 분단된 현실에서 우리 내부의 분열은 민족적으로 큰 어려움을 초래할 수 있습니다. 나눠지고 갈라진 국민들을 한데 모으고 그런 에너지를 국가발전의 밑천으로 활용할 줄 아는 리더십이 절실합니다."

민족주의자, 반공주의자, 자유주의자, 민주주의의 신봉자로 살아온 이철승 의장은 자유, 인권, 민주에 이어 마지막 소망인 통일을 꼭 보고 싶다면서 '매화는 일생을 추운 곳에 살아도 향기를 팔지 않는다'는 매일생한불매향(梅一生寒不賣香)이란 말을 남겼다.

이철승 (李哲承)

1922년 5월 서울 출생, 전라북도 전주에서 자랐다. 전주고등보통학교(전주고), 보성전문학교(고려대)를 졸업하고 광복 후 신탁통치 반대운동을 하며 정치에 발을 들여 제헌의회 선거에서 낙선했으나 이후 3, 4, 5, 8, 9, 10, 12대 국회에서 7선 국회의원이 됐다. 1978년 10대 총선에서 신민당 당수로 야당 승리를 이끌어 박정희 정권이 막을 내리는 단초를 마련했다. 지역구도에 절망해 정계를 떠난 뒤 헌정회장을 거쳐 자유민주민족회의 대표상임의장과 서울평화상 문화재단 이사장 역임.

前 서울시장　　　김 상 철

"대북정책은 우리 내부의 컨센서스가 우선돼야"

'소신 판결 법관', '시국사건 변호사'로 명성

김상철 변호사는 서울대 법대를 수석졸업한 뒤 불과 스물여섯 나이에 사법연수원을 수료하고 서울형사지방법원과 서울민사지방법원 등에서 7년 동안 판사를 지냈다. 1975년 김대중 선거법 위반사건을 맡아 불구속 재판을 한 게 문제돼 지방법원으로 전보되는 등 '정권의 시녀'가 된 사법부 현실에 절망한 김상철은 전두환 신군부 등장 시점에 법복을 벗고 변호사 개업을 한다.

독일 연수 도중 광주민주화운동 소식을 접하고 분개한 심상철은 정권을 잡기 위해 양민을 학살한 군사정권으로부터 임명장을 받을 수 없다면서 판사의 길을 접었다. 변호사로 변신한 그는 시국사범과 양심수가 양산되던 시절, '인권변호사', '시국사건 변호사'로 법조계에 이름을 떨쳤다.

판사 시절 긴급조치 위반자를 비롯해 각종 시국사건에서 영장을 기각하는 등 '소신 판결'로 주목받았던 김상철은 변호사 개업 이후 대우자동차 파업사건, 권인숙 양 부천서 성고문 사건, 김근태 고문사건, 박종철 고문치사 사건 등 각종 대형 시국사건의 변론을 맡았다. 웬만큼 의식이 있다는 변호사들도 수임을 꺼리던 껄끄러운 사건들이었지만 김상철은 권력의 눈치를 살피지 않았다. 민변(민주사회를 위한 변호사 모임)의 전신인 정법회를 태동시키는 데에도 산파 역할을 했다.

직선제 개헌 투쟁과 민주화 시위가 고조됐던 1987년, 민주헌법쟁취 국민운동본부 상임집행위원을 맡은 그는 대통령 직선제를 이끌어내는 데 앞장섰다. 노태우 6·29선언 이후 여야의 개헌협상이 결렬 위기에 처했을 때엔 중재안을 제시해 현행 직선제 개헌의 토대를 마련했다. 대통령 선거를 불과 반 년 앞두고서도 정치인들이 당리당략에 얽매여 개헌협상이 교착상태에 빠지자 김상철이 나서 '솔로몬의 지혜'를 제시했던 것이다. 자칫 대통령 직선제가 무산될 위기에 그는 해법을 내놓고 여야를 설득했으며, 그 헌법이 현재까지 이어지고 있는 이른바 '1987년 체제'이다.

김상철은 그해 말 대통령선거를 앞두고 투표일 직전까지 김영삼과 김대중의 단일화를 촉구했으나 뜻을 이루지 못했다. 양김 분열 이후 치러진 1988년 제13대 총선에선 김영삼의 통일민주당, 김대중의 평화민주당으로 부터 영입제의를 모두 거절하고 홀로 우리정의당을 만들어 '무모한 정치실험'을 하기도 했다. 국민의 피와 땀으로 만들어준 직선제의 제단 앞에서 분열로 역사의 죄인이 된 양김과 그 추종세력을 단죄하겠다는 결기를 보였지만 현실정치의 벽은 높았다. '달걀로 바위치기' 식의 정치실험에 대해 김상철은 이렇게 말했다.

　김상철 : "신군부 세력의 쿠데타로 집권한 사람들이 7년 동안 국민을 억압하고 언론을 통제하고 인권이 유린되는 세월을 보냈습니다. 그러다 1987년 국민과 학생들이 큰 희생을 치르면서 대통령 직선제 개헌을 쟁취해냈지요. 군부독재를 한 번 더 연장하려던 집권세력이 시민들의 항거에 항복 선언을 한 것이었습니다.

　그런데 그 엄혹했던 시절 6·10항쟁을 통해 국민들이 만들어준 절호의 민주화 기회를 기존의 야당이 독선과 아집에 빠져 놓쳐버린 겁니다. 대통령 직선제에 이은 민주정부 집권을 코앞에 두고 야당이 둘로 쪼개지고 분열하면서 결국 역사적으로 퇴행하는 결과가 되고 말았습니다."

　양김의 분열과 두 보스 아래 줄을 선 사람들···. 김상철은 그들이 양쪽으로 편을 갈라 만들어 놓은 정당에 몸을 담을 수는 없었다. 인권변호사로서 김영삼의 통일민주당, 김대중의 평화민주당 양측 모두 친분 있는 인사들이 많았으나 그는 끝내 이들과 손을 잡지 않았다.

서울시장 발탁과 7일 간의 짧았던 임기

　김영삼 대통령 당선 이후 첫 조각 작업에서 40대 중반의 나이에 관선 26대 서울시장에 발탁된 김상철은 젊고 개혁적인 인사로서 서울시정 개혁의 적임자로 많은 기대를 모았다. 당시 개혁을 바랐던 사람들이 김상철에 걸었던 기대는 취임 초기의 현 박원순 서울시장에 못지않았다. 파격적인 김상철 서울시장 임명에 대한 1993년 2월 27일 경향신문 기사 일부다.

탄탄대로 판사의 길을 마다하고 '시대의 반항아'로 산 김상철 전 서울시장. 독재시절엔 인권변호사로, 양김 패권시대엔 홀로 독자노선을 걸었고 '햇볕정책' 시대엔 북한 인권운동에 앞장섰다.

'새 정부 출범에 따른 의표를 찌른 의외성과 파격성의 인사이다. 정권교체를 다시 한 번 실감할 수 있으며 개혁의 칼날을 예견하게 한다. 김상철 신임 시장은 젊고 행정경험이 전무해 관료들, 특히 국장급 이상의 고참 간부들과 마찰도 우려된다. 서울시의 고시 출신 젊은 관료나 공무원들은 30년 동안 TK 위주 인사와 부정부패에 무감각해진 서울시의 행정이 바로 잡히는 계기가 될 것으로 기대하고 있다.'

김상철은 취임 일성으로 서울시의 고질적인 부패와 한국병을 퇴치하는 게 선결과제라면서 개혁행성의 물들시 않은 일꾼이 되겠다고 포부를 밝혔다. 실제로 비리의 온상으로 '복마전(伏魔殿)'이라 불리던 서울시와 그 산하단체에선 신임 시장의 '신선한 개혁바람'을 경계하는 분위기가 완연했다. 하지만 김 시장은 그가 살던 서울 서초구 우면동 집에 대한 '형질변경'

과 '그린벨트 훼손' 시비에 휘말려 7일 만에 짧은 서울시장직을 마쳤다. 인터뷰 당시 김 변호사는 10년 전 기억과 억울함에 대해 굳이 해명하려 하지 않았다.

당시의 사건은 몇 가지 요소가 얽히고설키면서 문민정부 출범초기 희생양을 만들어낸 측면이 있다. 김영삼 대통령의 조각인사에서 다수의 장관 후보자들에게 갖가지 문제점이 발견됐고, 언론은 속보 경쟁에 나섰다. YS 정부 출범 당시는 부동산 문제, 세금 문제, 자녀 입학 문제 등을 대상으로 입각 후보자들이 언론의 검증대에 오른 첫 사례였다.

김상철 서울시장의 경우, 1보를 전한 신문사와 이른바 '물을 먹은' 신문들 사이에 경쟁적인 기사쓰기와 자극적인 제목달기가 상승작용을 일으키며 여론을 악화시키는 원인이 됐다. 지금처럼 서울시장을 시민들의 투표로 선출하거나 청문회 등의 절차를 거쳐 임명하는 방식이었다면 해명이 될 수도 있는 사안이었으나 언론의 파상공세에 청와대도 서울시도 손을 들고 말았다.

당시 취재에 나섰던 한 언론인은 후일 '그때는 과학적이고 체계적인 검증이 어려웠다. 누군가에게 문제점이 발견되면 모든 언론이 경쟁적으로 기사를 키웠으며, 입각 대상자 대부분에서 문제점이 발견됐지만 누구는 살아남고 누구는 낙마하는 일이 벌어졌다. 하이에나 언론의 속성이 극성기를 맞았던 시기였다'라고 회고한 바 있다. 또 한편으론 새 시장의 개혁 칼날에 맞서 서울시청 내 일부 부패세력이 조직적으로 움직였다는 분석도 존재한다.

개성 강하고 굽힐 줄 모르던 인권변호사 출신의 김상철은 마당에 잔디 심어 놓은 것을 '무단 형질변경'이라 하고, 서울 변두리의 주택 마당에서 채소를 손수 재배해 먹는 것을 두고 '초호화 별장'이나 '그린벨트 훼손'이라고 무차별 공격하는 언론에 대해 초기대응을 제대로 하지 못했다. 실제 당시 특정 신문이 연일 1면 톱기사로 대서특필하며 시민들의 감정을 자극했던 '도심 속 초호화 전원주택', '주택 불법 증개축' 등은 사실과 다른 점이 있는 것으로 후에 밝혀지기도 했지만 이미 김상철 서울시장은 7일 간의 짧은 임기를 마감한 뒤였다.

한동안 세상과 발길을 끊고 예전의 활발한 활동을 접었던 김상철은 1999년부터 탈북난민보호 UN청원 운동본부(현 세이브엔케이) 본부장을 맡아 새로운 영역에서 자유와 인권이란 평생의 철학과 소신을 행동에 옮겼다. 그는 불과 2년 만에 1,180만 명의 서명을 받아 유엔총회와 유엔난민고등 판무관실, 미국과 EU 의회 등에 전달하면서 북한 동포들의 인권문제를 국제문제화 하는 데 앞장섰다.

'정의의 관점에서도 외면할 수 없는 문제'

그와 처음 만났던 2002년, 김상철은 탈북난민의 참상이 한국의 언론이 아닌, 외국 신문에서 먼저 다뤄지는 것을 보고 사비를 들여 탈북자 인권 보호운동에 나서게 됐다면서 잘 먹고 잘 사는 서울과 지척인 곳에서 이 순간에도 수많은 동포들이 생과 사를 오가고 있다며 우리 국민들의 관심을 호소했다.

김상철 : "워싱턴 포스트 신문 1면에 톱기사로 탈북자 문제를 지적하는

기사가 실렸습니다. 그때만 해도 탈북자 문제가 피상적으로 다뤄지고 실상이 구체적으로 알려지지 않았을 때입니다. 오히려 탈북자들의 처참한 상황을 먼저 세상에 알린 것은 외국인들이었고 외국 언론이었습니다. 외국인들도 저렇게 탈북자들의 인권유린에 분개하고 있는데 우리 국민, 우리 언론이 너무 무관심하다는 생각이 들었지요.

1998년 11월 '헌법을 생각하는 변호사 모임'에서 제가 탈북자들의 법적 지위에 대한 세미나를 열어 처음으로 이 문제를 공론화했습니다. 탈북자는 대한민국 국민이고, 국제법상 난민이 분명하다는 점을 밝혔지요. 당시엔 국내외적으로 그런 목소리를 내기 힘든 상황이었지만 누군가는 탈북자 문제 해결에 불을 붙여야 한다고 생각했습니다. 우리 국내만 봐도 조그만 이해관계에도 얼마나 많은 단체, 기구들이 서로 나서서 목소리를 내고 이익을 앞세우고 합니까? 그런데 지구상에 가장 약한 존재이고, 어디서도 보호 받지 못하는 사람들을 위해 누군가는 나서야 하는 게 당연한 것 아닙니까? 정의라는 관점에서도 외면할 수 없는 문제라고 생각했습니다."

김상철은 외교관례상 여러 제약이 따르는 정부보다 민간기구들이 탈북자 문제에 앞장서야 한다면서 중국이 인도주주의적인 손길을 내밀 때까지 국제기구와 연대해 투쟁의 수위를 높여가겠다고 말했다.

김상철 : "중국이 국제적인 입력과 감시 때문에 현재와 같은 색출과 강제송환을 해선 안 되겠구나 하는 판단을 내리도록 해야 합니다. 그러기 위해선 중국이 북한과 협정을 이행하고 의리를 지킨다는 차원에서 탈북자 색출과 강제송환을 계속할 경우 국제사회의 비난이 높아지고 나아가 경제적으로도 손실이 된다는 사실을 깨닫게 해야 합니다. 중국인들은 역사적으

로도 실사구시(實事求是) 한다고 하지 않습니까? 그들이 현실적으로 타산을 하고 계산을 하겠지요. 장기적으로 북한의 눈치를 보면서 탈북자 문제를 눈감아주는 게 이익인지, 아니면 국제사회의 비난을 받으며 경제적으로로도 제재를 받고 손해를 감수하는 게 자기네 국익에 이로운 것인지 판단을 하게 해야 합니다.

우리 정부는 물론 국제사회의 압력이 절대적으로 필요하고요. 중국에서 자행되고 있는 강제송환이 얼마나 인권을 유린하는 반인도적인 처사인가 하는 것을 국제사회에 널리 알려야 합니다. 중국으로 하여금 지금 그들이 북한과의 관계 때문에 행하고 있는 처사가 결국은 경제적, 국제적으로 손해로 돌아온다는 것을 깨닫게 해야만 이 문제가 풀릴 겁니다.”

‘우리 내부의 컨센서스가 우선돼야 합니다’

첫 인터뷰 이후 10년이 흐른 2012년, 오랜 세월 북한동포 인권문제에 힘써온 그의 소회와 평가를 물었다.

김상철 : “제가 1999년부터 북한 인권 문제에 나서기 시작했는데 당시는 정부의 햇볕정책 등의 영향으로 공개적인 논의가 어려운 상황이었습니다. 자칫 편향된 보수주의자로 매도되는 분위기도 있었고요. 하지만 엄연한 북한 동포들의 현실을 외면하거나 왜곡하는 것은 정의롭지 못한 것이라 생각해 어려움 속에서도 운동을 지속했던 겁니다.

김대중, 노무현 정부 10년이 흐르고 이명박 정부가 들어선 뒤에도 대북문제를 둘러싼 첨예한 이념과 정책 대립 속에 탈북자와 북한 인권문제가 큰 진전을 보지 못했다고 생각합니다. 다만 우리 같은 사람들의 꾸준한 노력으로 올해 초 중국대사관 앞 탈북자 강제송환 반대 시위, 대통령의 탈북자 보호 발언, 연예인 등 유명 인사들의 강제송환 반대 성명 등을 이끌어 낼 수 있었다고 봅니다.

탈북민 25,000명 시대가 됐습니다만 이 가운데 2,000명 정도가 우리 단체의 직간접적인 도움을 받아 자유를 찾을 수 있었고, 그 중 1,000여 명은 국제법적 난민지위를 얻어 해외에서 대한민국으로 정식 입국이 가능했던 겁니다. 10년 전엔 불가능했던 일이지요. 유엔인권위원회와 유엔총회, 미국과 EU 의회에서 북한인권 결의안과 북한인권법이 통과된 것에 자부심과 성취감을 갖고 있습니다."

기자 : "김정은 체제 이후 북한에도 변화의 조짐이 보이고 있습니다. 최근 북한의 동향을 어떻게 평가하며, 향후 전망은 어떻습니까?"

김상철 : "단순히 김정은이 놀이공원을 방문하고 디즈니 공연을 관람하는 것에 큰 의미를 두고 싶진 않습니다. 무엇보다 우리 정부와 국민들이 북한정권의 정체성을 어떻게 인식할 것인가, 대북정책의 목표가 무엇인가를 분명히 할 필요가 있습니다. 지난 십여 년 동안 우리 내부에서 조차 의견이 갈리고 갈등이 유발된 것은 불행한 일입니다.

이에 대한 우리 내부의 컨센서스(의견일치, 합의)가 아직 부족합니다. 정상회담이 목적인지, 북한정권의 안정과 분란 유시가 목적인지, 아니면 통일이 최우선인지 등에 대한 우리의 방향이 설정돼야 합니다. 그런 게 우선되지 않는다면 북한문제는 지난(至難)할 뿐만 아니라 우리 국민과 민족의 에너지를 헛되이 소모하는 결과가 될 것입니다. 자유민주주의체제에 기반을 둔 통일의지와 대한민국 헌법정신의 수호가 대북정책의 기초가 돼야 하는 것은 물론이고요.”

기자 : “2013년 출범하는 새 정부엔 어떤 점을 주문하고 싶습니까?”

김상철 : “대선 후보들이 공통적으로 밝혔듯이 이번 대선의 역사적 의미
와 시대정신이 ‘국민통합’에 있다는 데 동의합니다. 다만 무엇에 기초한 통
합인지가 중요합니다. 대한민국의 자유민주주의 체제, 이에 기초한 한반
도 통일, 남북한 국민들의 생명과 인권의 존중, 그리고 국제 협력 등이 국
가의 최우선 목표가 돼야 합니다.”

인권과 자유가 억압받고 양심수가 불온분자로 둔갑하는 엄혹했던 시기
에 ‘소신 판결에 앞장선 법관’, ‘인권변호사’로 활약했던 김상철. 법관으로
서 탄탄대로를 갈 수 있었지만 스스로 정의의 깃발을 들고 험로를 선택했
던 그는 어쩌면 ‘시대의 반항아’인지도 모른다. 독재정권 시절엔 민권을 외
쳤고, 양김 패권시대엔 홀연히 독자노선을 걸었으며, 햇볕정책이 대세이
던 시대엔 음지의 탈북자와 북한 인권을 주장했기 때문이다.

와병 중이던 김상철은 이 책의 원고를 탈고할 즈음, 2012년 12월 13일
밤 병상에서 눈을 감았다. 당초 원고에 쓰였던 ‘병마를 훌훌 털고 일어나
김상철 특유의 추진력과 역동성으로 그가 평생 가장 숭고한 가치로 여겨
왔던 인권, 자유, 정의를 위해 다시한번 정열을 불태울 수 있길 기원해 본
다’란 글은 결국 그에게 전달할 수 없게 됐다.

그가 마지막 열정을 바쳤던 북한 인권 문제는 이제 막 변화의 조짐을 보

이고 있다. 변화의 속도는 천둥치듯 다가올지 아니면 반전과 변고를 거듭하며 더디게 찾아올지 알 수 없다. 그 결실을 보지 못하고 서둘러 떠난 그가 안타까울 뿐이다.

김상철은 병상에서도 자유민주주의와 통일에 대한 관심을 놓지 않았다고 한다. 10년 전 그가 밥을 사고 헤어지며 건네준 말 '대성(大成)하시라'던 말이 잊히지 않는다.

김상철 (金尙哲)

1947년 3월~2012년 12월. 평북 태천 출생, 서울고, 서울대 법대 졸업, 서울대 법학 박사. 독재정권 시절 서울형사지법 판사, 서울민사지법 판사를 지내며 시국사범들에 대한 소신 판결로 명성을 얻은 뒤 전두환 정권 때 법복을 벗고 변호사 개업. '인권 변호사'로 활동하다 김영삼 정부 첫 서울특별시장에 임명됐으나 7일 만에 사임한 뒤 북한 인권 문제의 공론화, 국제문제화에 앞장섰다. 태평양아시아협회 회장, 탈북난민보호운동본부장, 자유지식인선언 공동대표, 미래한국 대표를 지냈다.

국민연금공단 이사장(前 금융위 위원장)　　　　전 광 우

"변곡점에 선 자본주의, '포용력 있는 자본주의' 모색해야"

전광우 | 국민연금공단 이사장(前 금융위 위원장)

대기업들의 실질적 대주주로 성장한 절대강자

국민연금은 우리 국민들의 복지 또는 노후대책의 마지막 보루란 점과 이를 위해 일정 수준 이상의 수익률을 거둬야 한다는 두 가지 측면에서 국민적 관심사가 되고 있다. 국민연금은 2012년 9월말 연금자산 386조 원을 넘어서 세계 3대 연기금의 위상을 놓고 네덜란드 공적연금인 ABP와 간발의 경쟁을 벌이고 있다. 국민연금은 세계에서 가장 빠른 성장세를 보이고 있지만 여전히 기금 고갈의 우려는 해소되지 않고 있다. 따라서 몸집을 키울 만큼 키운 국민연금의 최대 현안은 수익률을 끌어 올려 영원히 기금 고갈의 우려를 잠재우는 것이다.

국민연금의 기금운용수익률을 1% 올리면 국민연금 소진 시점을 10년 늦출 수 있고, 2% 높일 경우엔 영구적으로 소진 가능성이 사라진다. 그런

350

만큼 국민연금의 투자수익률은 우리 국민의 노후대책, 복지정책과 직결되는 중대한 사안이다.

국민연금은 국내외 금융시장과 부동산시장의 '큰 손 투자자'다. 세계 4대 연기금(1위 일본 공적연금 GPIF, 2위 노르웨이 글로벌 펀드연금 GPFG, 3위 네덜란드 공적연금 ABP)인 국민연금은 조만간 네덜란드 공적연금인 ABP를 제치고 세계 3대 연기금의 지위에 올라서게 된다. 지난 2009년 기금 규모 277조 원으로 미국 캘리포니아 퇴직공무원연금(CalPERS)을 추월해 4위 자리에 오른 지 3년 만의 일이다.

국민연금은 또 포스코, KB금융, 하나금융지주, 신한지주 등의 최대주주이며 삼성전자, 현대자동차, 대한항공 등 굴지의 대기업들에서 그룹 총수들보다 훨씬 많은 지분을 보유한 실질적인 대주주다. 국민연금이 대한민국 경제에서 차지하는 위상을 단적으로 보여주는 수치가 바로 1,000조 원이다. 지금의 성장속도로 볼 때 10년 후인 2022년엔 기금 규모가 1,000조 원에 이르게 되는데, 이는 2012년 8월말 코스피 시가총액인 1,098조 원과 맞먹는 수치다.

설립 이후 20여 년 동안 보수적이고 안정적인 투자에 안주해온 국민연금이 지난 2009년 국내외 민, 관, 학계를 두루 섭렵한 전광우 초대 금융위원회 위원장을 이사장으로 영입한 것은 이 같은 막중한 책임이 부여돼 있기 때문이었다.

경영학 교수로 출발해 세계은행 이코노미스트를 거쳐 IMF 외환위기 당시 '경제위기의 소방수'로 투입돼 민간 부문과 공공 부문을 두루 거친 그를

전광우

만나 우리 경제와 국민연금의 미래, 경제민주화와 자본주의, 그리고 글로벌 대표 연기금 CEO로서 철학 등을 들었다. 전광우 이사장이 국민연금에 부임해 3년째에 접어드는 2012년 봄, 국민연금의 수익률이 고공행진을 벌이던 시점이었다.

기자 : "국민연금공단이 설립된 게 지난 1987년이고, 국민연금제도가 실시된 것은 1988년입니다. 설립 25년을 맞은 국민연금의 현안부터 말씀해 주시죠."

전광우 : "국민연금의 2대 축은 크게 제도 운영과 기금 운용으로 나눠집니다. 국민에게 다양하고 만족스런 복지서비스를 제공하기 위해선 기금확충과 동시에 높은 수익률을 유지해야만 하는 과제가 있습니다. 안정성과 수익성을 동시에 추구해야 하는 어려움이 있지만, 다행히도 제가 국민연금에 부임한 지난 2009년 이후 3년 동안 연평균 수익률 7.3%로 기금 수익 규모를 64조 원 늘렸습니다. 미국과 유럽에서 번갈아 터지고 있는 금융위기와 그에 따른 세계 경제 침체 상황을 감안할 때 선방했다는 평가를 받고 있습니다."

기자 : "무엇보다 국민연금 고갈 문제, 즉 얼마를 내고 얼마를 돌려받을 수 있느냐가 국민들의 관심사인데요?"

전광우 : "결론부터 말하자면 지금보다 더 내고, 더 받는 방향으로 국민연금을 개편해야 합니다. 자신의 소득에 비해 연금을 얼마나 받을 수 있는지를 나타내는 게 소득대체율인데 현재의 40% 선에서 더 낮출 수 없는 상

황입니다. 보험료율은 월소득의 9%로 경제협력개발기구(OECD) 국가들 평균의 절반밖에 되지 않습니다. 2060년을 연금 소진 시점으로 예측할 때 국민 각자가 연금을 더 내고 소득보장을 더 많이 받는 방향으로 가야 미래 세대의 부담을 줄여줄 수 있습니다. 궁극적으로 노령화시대 사회적 비용을 최소화하는 방법이기도 하고요."

'수익률 2% 높이면 소진 위험은 없다'

국민연금 도입 이후 지난 24년 간 총수익금이 148조 원인데 비해 최근 3년 동안 64조 원의 수익을 올림으로써 24년 동안 벌어들인 수익의 절반에 가까운 금액을 단 3년 만에 늘린 셈이다. 이런 수익구조의 변화는 2009년과 2010년, 2년 연속 10% 대의 높은 수익률을 올린 덕분이었으며, 그 바탕엔 대체투자 확대 등 투자다변화가 있었다. 대체투자란 채권, 주식 등의 전통적인 금융자산 관리에서 벗어나 부동산이나 사회기반시설 등을 대상으로 한 투자, 또는 벤처 등 다양한 상품투자로 투자대상을 다변화하는 것이다.

지난 세월 국민연금은 안정적이고 보수적인 기금운용으로 일관했다. 주로 안정적인 채권투자에 안주했던 국민연금은 연평균 3% 대의 낮은 수익률에 머물렀고, 그 때문에 항상 '기금 고갈 사태 우려'라는 논란의 중심에 있었다. 하지만 우리 국민의 높아진 복지 기대수준에 맞추기 위해선 국민연금의 연평균 수익률이 최소 5~6%를 유지해야만 한다. 이 때문에 전광우 이사장은 부임 이후 투자다변화와 수익률 제고란 두 마리 토끼를 잡기 위해 끊임없이 체질개선을 해왔다.

전광우 이사장이 국민연금의 수장이 된 뒤 가장 역점을 둔 것은 투자다
변화와 해외진출 확대를 통한 다양한 수익원 발굴, 나아가 높은 수익률을
유지하는 것이었다. 그의 취임 이전 채권에 80% 이상 집중돼 있던 투자 대
상을 주식과 부동산, 대체투자 등으로 포트폴리오를 재구성하는 한편 해
외의 우량 부동산과 기업으로 시각을 넓혔다. '글로벌 마인드'가 바탕이 되
지 않고선 접근하기 어려운 투자법이었다.

2012년 9월 현재 총 380조 원의 기금은 채권 68%, 주식 24%, 대체투
자 8%로 다변화됐다. 해외 유수의 연기금들과 비교해 아직도 국민연금의
채권 투자 비중이 높고, 해외투자에 비해 국내투자 비율이 월등히 높지만
투자다변화 추세는 뚜렷하다. 향후 5년 간 채권투자를 60%로 낮추고 주
식을 30% 이상, 대체투자는 10% 이상으로 확대해 나간다는 것이 전광우
의 구상이다.

기자 : "전광우 이사장의 국민연금 부임 이후 투자다변화가 두드러진 현
상입니다. 일부에선 안정성을 우려하는 시각도 있는데 공격적인 투자 포
트폴리오를 구성하는 이유가 뭡니까?"

전광우 : "2012년 상반기 현재 360조 원을 넘어선 국민연금 기금현황은
2013년 초 400조 원을 돌파하게 됩니다. 향후 30년 동안은 계속 성장해
서 2040년에 2,400조 원으로 정점에 이를 전망인데, 문제는 그 이후입니
다. 고령화와 저출산 추세가 이대로 간다면 그 이후 급속도로 기금 규모가
줄어들어서 재정안정성이 위협받게 됩니다. 우리 경제의 성장 동력이었던
베이비부머 세대의 은퇴가 시작됐다는 점도 주목해야 합니다. 그래서 국

2012년 6월 국민연금 런던 사무소 개소식. 전광우 이사장은 유럽과 아프리카를 겨냥한 전초기지로 삼겠다며 아프리카의 잠재가치를 강조했다.

민연금의 고갈 우려가 나오는 건데, 5년 마다 장기재정추계를 통해 지속적인 제도개선 방안을 마련하고 있습니다.

연평균 수익률을 1% 높이면 기금 고갈 시기를 최대 10년까지 늦출 수 있는 만큼 기금 운용의 수익 극대화가 발등에 떨어진 불입니다. 투자다변화는 그런 배경에서 찾은 해법입니다."

지난 시절 역대 국민연금공단 이사장직은 정치권의 낙하산 또는 고위공무원이 거처 가는 자리로 인식되면서 무사안일, 복지부동의 자세로 원금 지키기에 급급했던 것이 사실이다. 이런 행태에서 만성적인 낮은 수익률과 기금 고갈 우려가 뒤따랐고, 젊은층 사이에선 노후에 국민연금을 받지 못할 수도 있다는 우려가 확산되기도 했었다. 전 이사장은 위험성이 높다는 이유로 투자가 제한돼 있는 헤지펀드나 원자재 등에 대한 투자도 늘려야 하는 시대가 됐다면서 기금운용의 독립성을 강조했다.

'아프리카의 잠재 가치는 무한합니다'

국민연금은 최근 새로운 수익원 창출을 위해 해외투자에 눈을 돌리고 있다. 2011년 미국 뉴욕사무소를 연 데 이어 2012년 6월엔 영국 런던 사무소 개소식을 가졌다. 런던 올림픽 직전 컨벤션효과까지 겨냥했던 이 행사엔 더글러스 플린트 HSBC 금융그룹 회장, 데이비드 루벤스타인 칼라일 그룹 회장, 스테판 그린 영국 상무부 장관, 그리고 존 메이저 전 영국 총리 등 글로벌 금융시장의 거물급 인사 150여 명이 총출동했다. 세계시장에서 대한민국 국민연금의 위상을 새삼 실감할 수 있는 현장이었다.

기자 : "런던올림픽 개막 직전에 국민연금의 런던사무소를 열었습니다. 글로벌 경제 리더들의 주목을 받은 이벤트였는데, 앞으로 어떤 기능과 역할을 기대하고 있습니까?"

전광우 : "과거와 달리 국민연금의 적극적인 해외투자로 세계시장에서 위상이 급격히 높아지고 있습니다. 런던은 뉴욕에 이어 세계 2대 금융 센터이자 유럽의 중심입니다. 지금 유럽의 경제가 매우 어렵지만 그만큼 우량한 부동산이나 주식을 싼 값에 살 수 있다는 장점도 있습니다. 장기적 관전에선 미래 가장 유망한 투자대상이 될 아프리카 내륙에 대한 투자 전 초기지의 역할도 기대하고 있습니다. 아프리카의 부존자원과 광물자원의 가치는 숫자로 따질 수 없을 만큼 무한한 가능성을 갖고 있습니다.

중국, 일본 등이 이미 아프리카 주요 거점을 선점한 상태이긴 하지만 아프리카의 미래가치를 그냥 방관할 수만은 없습니다. 국민연금 런던사무소는 유럽과 아프리카의 투자기회를 모색하는 전초기지 또는 정보센터의 역할을 할 것입니다.”

세계 투자시장의 ‘큰 손’으로 등장한 국민연금의 글로벌 경쟁력을 높이는 데 런던사무소가 견인차 역할을 할 것이란 계획이었다. 유로존 재정위기가 오히려 기회가 될 수도 있다는 게 전 이사장의 생각이다. 그는 ‘배가 항구에 있으면 안전하지만 항구에 정박해 있기 위해 배를 만든 것은 아니다’라면서 진취적이고 도전적인 자세가 필요하다는 말도 덧붙였다.

기자 : “그럼에도 불구하고 유럽의 경제상황이 좀처럼 활로를 찾지 못하고 있는 상태여서 투자위험성은 상존해 있습니다. 투자리스크를 줄이기 위한 방안은 무엇입니까?”

전광우 : “중요한 질문입니다. 지금 매물로 나오는 기업, 부동산의 가격이 바닥인지 아니면 더 떨어질 것인지를 정확히 알 수는 없는 일입니다. 투자 타이밍이 중요한 것은 물론이고 불확실성을 최소화하는 게 필수적인데, 그러기 위해선 과학적이고 합리적인 투자포트폴리오가 핵심입니다. 해당 분야에 전문성과 오랜 경험을 축적한 투자자와 공동투자하는 방법이 활용되기도 하고, 글로벌시장에서 경쟁력 있는 우량기업들과 함께 투자하는 방법도 시도하고 있습니다. 국민연금의 풍부한 자금과 해외투자 정보에 밝은 각 기업들이 공동투자(Corporate Partnership)함으로써 시너지효과를 낼 수 있습니다.

지역별, 분야별 각 섹터에서 오랜 세월 경험과 실적을 축적해온 전문가들을 활용해야만 하는 시대가 온 겁니다. 과거에 비해 투자의 대상이 엄청나게 확장됐기 때문이죠. 또 특정 지역과 분야에 해박한 우량 투자기업과 함께 저평가돼 있는 투자 대상을 발굴하는 작업도 리스크를 줄이는 주요 수단입니다. 글로벌 네트워크의 지속적인 강화와 검증된 해외 운용사와의 파트너십은 모든 투자의 밑바탕이고요."

국민연금의 해외 대체투자 수익률은 12% 대에 이르고 있다. 최근의 침체된 세계 경제 상황을 감안하면 양호한 실적이다. 전광우 이사장 부임 이후 국민연금은 영국 런던의 HSBC 본부 건물을 비롯해 호주 시드니 오로라플레이스, 독일 베를린 소니센터 등 세계 주요도시의 랜드마크에 투자해 기대 이상의 수익을 내고 있다.

국민연금은 해외투자 리스크 감소 방안의 하나로 KT, KT&G, 포스코 등 유수의 대기업들과 4조 1,000억 원 규모의 투자약정을 체결하고 핵심 원천기술을 보유한 기업들을 사들이는 작업도 벌이고 있다. 특화된 분야에서 대기업들이 축적해온 노하우를 공유하겠다는 의미다. 전광우 이사장은 세계 3대 연기금을 바라보는 국민연금이 해외로 진출할 수밖에 없는 당위성을 이렇게 밝혔다.

전광우 : "국민연금이 국내 채권, 주식, 부동산 시장에만 안주할 수 없는 상황입니다. 몸집이 거대한 고래가 드넓은 대양으로 헤엄쳐 나가야 하는 것에 비유할 수 있지요. 이미 국민연금의 규모는 국내시장에선 더 이상 투자 비중을 높일 수 없을 만큼 커졌습니다. 제가 부임한 지난 3년 동안 국민연금의 해외자산이 3배 늘었지만 아직도 전체 기금의 15%에 불과한 수준입니다. 국제투자 비중을 곧 20% 대로 높일 계획이며, 이는 국민연금의 재정안정성을 높이는 시대적 사명이라고 생각하고 있습니다."

2012년 9월 국민연금 창립 25주년을 기념해 열린 '기금운용 국제 컨퍼런스'에 참석한 로렌스 서머스 하버드대 교수(전 미국 재무부 장관)는 '국민연금의 규모로 볼 때 해외투자 비중을 50%까지 올려 다양한 투자에 나서야만 리스크를 분산할 수 있다'고 조언했다.

연금 사각지대 해소, 수혜 대상 확대에 주력

최근 국민연금의 두드러진 현상은 단연 임의가입자 수의 폭발적인 증가세다. 국민연금 가입 의무가 없는 전업주부 등 임의가입자 수는 지난 2009년 말 3만 6,000명에서 2년여 만에 16만 명을 넘어섰다. 불과 2년 만에 4.5배 증가한 놀라운 성장세다. 국민연금의 실효성에 대해 반신반의하던 납부예외자들의 자발적인 가입도 크게 늘어 지난 2년 동안 138만여 명이 증가했다. 전광우 이사장은 팔을 걷어붙이고 직접 국민연금 가입의 필요성을 홍보하고 다니기도 했다.

한때 내기만 하고 돌려받지 못할 것이란 우려가 있던 국민연금이 국민 모두의 노후 안전판 역할을 할 것이란 인식을 심어주는 데 성공했다는 게 공단 측의 자체평가다.

전광우 : "한때 국민연금이 우리 국민들로부터 신뢰를 받지 못한 게 사실입니다. 하지만 날로 수명이 길어지고, 베이비붐 세대의 은퇴 시기가 시작되면서 국민연금이 '노후생활을 지탱해주는 믿을 수 있는 파트너'란 인식을 심어주는 데 어느 정도 성공했다고 봅니다. 국민들의 기대가 커진 만큼 기금운용 측면에서 안정성과 수익성을 함께 높이기 위해 끊임없이 노력해야 된다는 무거운 책임감을 느낍니다."

'평균 수명 90세 시대, 국민연금 가입자 2,000만 명 시대'를 맞아 국민연금에 거는 기대와 역할은 날로 커지고 있다. 하지만 아직도 국민연금의 혜택을 보지 못하는 계층이 엄연히 존재하고 있기 때문에 국민연금이 소외계층을 위한 사업에도 적극적으로 나서야 한다는 주문이 많다.

기자 : "국민연금에 대한 인식이 많이 개선됐고 가입자도 증가하고 있습니다. 하지만 국민연금 혜택에서 소외돼 있는 저소득층 등 연금 사각지대 해소 방안은 무엇입니까?"

전광우 : "공단, 정부, 정치권 등 여러 차원에서 더 노력하고 보완해야 할 부분이 있습니다. 우선 2012년 7월부터 10인 이하 고용 영세사업장을 대상으로 보험료 지원 사업을 시작했습니다. 회사와 직원 모두 보험료 납부에 부담을 갖는 사업장들이 의외로 많은데, 급여수준에 따라 절반 또는 3분의 1을 정부에서 지원하는 프로그램으로서 110만 명 정도가 당장 혜택을 볼 것으로 기대하고 있습니다.

또 '따뜻한 금융'이 필요하다는 측면에서 60세 이상 노인층에게 연 3%대의 낮은 금리로 자금을 빌려주는 실버론 제도를 시작했습니다. 무엇보다 중요한 것은 국민연금의 투자수익률을 높임으로써 재정 부담을 줄이고 수혜계층을 늘려야 한다는 점을 명심하고 있습니다."

전 이사장은 지난 5년 동안 사회책임투자(SRI)가 7배 정도 증가했다면서 이를 확대하고 활성화하기 위한 방안도 모색하고 있다고 밝혔다.

중학교 입시 실패가 전화위복의 계기

1949년 서울 4대문 안 종로통에서 어린 시절을 보낸 전광우는 그맘때 산간벽지, 두메산골에서 문명의 혜택을 입지 못했던 아이들에 비해 유복한 유소년기를 보냈다. 그러나 뜻밖에도 시련은 일찍 찾아왔다. 혜화초등학교를 졸업한 소년 전광우는 중학교 입학시험에 낙방한다. 당시엔 초등학교 어린 아이들까지도 중학교 입시에서 치열한 경쟁의 관문을 뚫어야 하던 시절이었다. 그래서 초등학교를 갓 졸업한 재수생이 양산되기도 했었다.

전광우 : "어린 마음에 중학교 입시에 실패했다는 상처가 깊었습니다. 그렇지만 제 인생의 첫 번째 위기는 바로 기회가 되어 돌아왔지요. 좋은 중학교에 들어간 친구들이 빛나는 모표를 달고 학교를 다니는 것을 보며 부럽기도 했지만 검정고시를 준비해 중학교를 건너뛰고 고등학교에 입학했습니다. 검정고시로 서울사대부속 고등학교에 입학하면서 동기들보다 2년이나 먼저 고등학교에 들어갔지요.

제가 그때 최연소 고등학생으로 텔레비전 인터뷰를 했으니까 매스컴을 좀 빨리 탄 편이라고 볼 수 있지요. 그런데 고등학교 2학년 때 어머니가 돌아가시고, 제 건강도 안 좋아지면서 저의 인생에 가장 암울한 시기를 견뎌야 했습니다. 결국 2년을 다 까먹고 오히려 친구들보다 고등학교 졸업이 늦어졌지요. 지금 생각해 보면 위기는 곧 기회가 된다는 믿음을 그 시절의 경험으로 깨닫게 된 것 같아요. 도전과 그 도전을 극복하는 과정이 저의 청소년기였다고 회고합니다."

서울대 경제학과를 졸업한 전광우는 미국 프린스턴 대학과 예일 대학에 유학했던 큰아버지의 영향을 받아 유학을 결심하고 인디애나 대학교

대학원에 입학한다. 그의 백부인 전성천 박사는 일찍이 미국 유학을 경험하고 이승만 대통령 시절 공보처 장관을 지낸 선각자였다. 대학원에서 경제학 석사 과정을 마친 전광우는 좀 더 실용적인 학문을 해보겠다는 생각으로 박사과정에선 경영학으로 전공을 바꿔 경영학 박사학위를 받았다.

'창의적, 창조적 리더십 살리는 사회로 가야'

전광우 이사장은 미국 유학에서 소중한 깨달음이 있었다고 했다. 창의적이고 창조적인 잠재력을 일깨워주는 사회분위기가 그것이었다. 그는 오래 전부터 강연이나 세미나 자리에서 스티브 잡스, 빌 게이츠 등의 사례를 강조해왔다.

전광우 : "우리나라와 같은 풍토에선 빌 게이츠나 스티브 잡스 같은 창조적인 리더가 나오기 어렵게 돼있습니다. 미국에서 가장 부러웠던 게 그들은 어릴 적부터 창의성과 숨은 잠재력을 키울 수 있는 풍토가 마련돼 있다는 것이었습니다. 새로운 것을 만드는 노력과 실패가 반복되면서 실험정신과 도전정신이 키워지는 과정이 자연스럽게 사회 전반에 존재하고 있더군요. 그에 비해 우리 사회는 도식적, 정형화된 틀 안에 갇혀서 무한한 창의력을 발휘하기 어려운 구조라고 봅니다."

이 무렵 청년 전광우는 아내 하성화 박사를 만나 연애 끝에 가정을 꾸렸다. 그의 아내는 국내에서 심리학으로 학사와 석사를 마쳤지만 음악을 워낙 좋아했던 탓에 미국에 유학해 음악으로 학사, 석사에 이어 박사 과정까지 마친 특이한 이력을 갖고 있다.

경영학 박사학위를 받고 모교인 인디애나 대학에서 강사생활을 시작한 전광우는 미시간 주립대학에서 4년 동안 경영학과 교수를 지낸다. 그리곤 세계은행(IBRD)의 영입 제안을 받아들여 워싱턴 D.C.로 활동무대를 옮겨 국제금융팀장과 수석이코노미스트로 활약한다. 한창 혈기가 왕성하던 학자 전광우는 학문적이고 이론적인 분야로부터 실용적이고 정책적이며 전략적인 분야에 도전하겠다는 포부로 세계은행 이코노미스트로 변신했던 것이다. 종신직의 안락한 인생이 보장됐던 전광우에게 고국의 IMF 외환위기는 또 다른 기회를 제공한다.

국가부도 위기에 직면한 우리 정부는 세계은행에 지원을 요청했고 세계금융 전문가인 전광우는 2년 기간의 파견직 형태로 고국 행 비행기에 오른다. 고국의 경제회생이란 중책을 맡은 그에게 '금융위기 소방수' 또는 '경제위기 구원투수'의 역할이 부여된 것이다. 경제부총리나 재정경제부 장관 특별보좌관을 맡은 전광우는 1998년부터 2000년까지 이규성, 강봉균, 이헌재 장관에 이어 진념 경제부총리 겸 재경부 장관까지 4명의 경제정책 총수를 보좌하는 혼치 않은 경험을 한다. 우리 정부가 국제경제 동향에 어두워 외환위기를 초래했다고 판단한 그는 1999년 4월 외환위기 재발 방지를 목적으로 하는 국제금융센터를 만들어 어윤대 초대 원장에 이어 2대 원장을 지냈다.

세계은행의 2년 파견 임기 종료를 앞두고 워싱턴 복귀와 서울 잔류를 놓고 고민하던 그는 평생이 보장된 세계은행 종신직위와 영주권을 포기하고 여생을 대한민국의 경제발전과 함께하기로 결심한다. 이후 국내 최초의 금융지주회사인 우리금융지주 총괄 부회장에 이어 국내 최초의 민간출신 국제금융대사를 맡았다. 또 옛 금융감독위원회의 감독정책 기능과 재정경제부의 금융정책 기능이 합쳐진 초대 금융위원회 위원장을 지낸 데 이어서 3년 전엔 금융수장 출신 중 최초로 국민연금공단 이사장에 올랐다. 이 같은 빛나는 이력엔 세계은행에서 갈고 닦은 세계경제를 꿰뚫는 안목과 다년간의 경험이 밑바탕이 됐다.

기자 : "세계은행 총재에 한국계인 김용 다트머스 대학 총장이 취임했습니다. 세계은행 출신 선배로서 소감이 남다를 것 같습니다."

전광우 : "한마디로 격세지감을 느낍니다. 김용 총재의 개인적 역량도 탁월하지만 우리나라의 위상이 예전과 크게 달라졌다는 것을 실감합니다. 제가 세계은행에 들어갈 때가 26년 전인데, 그 당시는 한국이 지원을 받는 입장이었지만 지금은 전 세계적으로 가장 모범적인 국가로 인정 받을 정도로 위상이 변했습니다. 김용 총재도 분명히 한국계란 점이 도움이 됐을 겁니다. 성공적인 총재가 되길 기대합니다."

변곡점에 선 자본주의, '포용력 있는 자본주의' 모색 필요

전광우 이사장은 새벽 4시에 하루를 시작한다. 밤사이 진행된 전 세계의 금융시장과 경제뉴스를 파악하고 분석하는 게 일상의 출발점이다. 그를 모셨던 부하직원들로부터 '워커홀릭', '슈퍼 얼리 버드'란 평가를 듣는 그에게 취미를 물었다.

전광우 : "남들이 하는 이런 저런 취미에 한번쯤 관심을 가져봤지만 가장 행복한 시간은 아내와 손잡고 집 주변 산책로를 따라 걷는 겁니다. 다른 사람들이 '닭살 부부'라고 말하기도 하지만 다른 어떤 취미나 여가보다

자본주의가 변곡점에 왔다는 전 이사장은 '포용력 있는 자본주의'를 모색해야 하지만 혹독한 대가를 치른 유럽과 남미의 사례를 유념해야 한다고 말했다.

도 좋은 걸 어떡합니까?"

경제에 대한 해박한 지식과 경험을 바탕으로 한때 대한민국 경제를 총지휘했고 지금은 380조 원의 세계 4대 연기금을 집행하는 그의 재테크 실력이 궁금했다.

기자 : "개인적인, 또는 가정에서 재테크 수단은 무엇이고 실적은 어땠는지 궁금합니다."

전광우 : "믿으실지 모르겠지만 저는 일이 바쁘기도 했고 또 개인적인 부의 축적에 큰 욕심이 없다보니 남들이 한다는 재산 불리기엔 소질이 없었던 것 같습니다. 아쉬움도 없고요. 뒤집어 보면 그런 자세가 공적인 영

역에서 더 몰두하고 역량을 발휘하는 바탕이 되지 않았나 하는 생각도 해 봅니다."

지난 2008년 금융위원회 위원장 시절 그는 공직자 재산공개 때 경기도 성남시 분당 소재 아파트를 포함해 모두 15억 8,500만 원을 신고했다. 그의 경력과 이력 등을 감안하면 입법, 사법, 행정부 인사들의 재산등록 현황 중 비교적 낮은 수치였다. 당시 이성태 한국은행 총재는 17억 원 대, 김종창 금융감독원 원장은 34억 원 대를 신고했다. 전광우 이사장이 국내외를 아우르는 경제전문가지만 개인적인 재테크엔 도무지 관심을 갖는 모습을 보지 못했다는 게 그를 오랫동안 지켜본 주변인사의 전언이다.

갈수록 양극화가 심해지고 있는 경제 환경에서 최대 이슈로 부각된 경제민주화와 사회복지 확대, 그리고 정부의 역할 등에 대한 그의 철학은 무엇일까?

전광우 : "2008년 세계적인 경제위기는 금융 감독 체계의 불완전성이 그 원인을 제공했습니다. 자본주의 발달 과정에서 지금은 변곡점을 맞고 있는 시기입니다. 2000년대 들어 대부분의 나라들이 반복적으로 경제위기를 겪으면서 기존의 시장중심주의 체제가 한계에 이른 것은 분명한 사실입니다.

그래서 양극화 심화나 청년실업 등의 문제는 시장 스스로 치유하기 어려우니 정부가 적극적으로 나서 역할을 해야 한다는 의식과 주장이 확산되고 있는 겁니다. 자유시장경제 체제에 보완해야 될 부분에 대해선 우리가 좀 더 적극적으로 대처해서 경제성장의 혜택이 골고루 나눠질 수 있도록 힘써야 합니다. 그동안 세계가 경험하지 못했던 '포용력 있는 자본주의 시스템'이 모색돼야 하는 시점에 왔다고 봅니다.

그렇다고 해도 시장은 개선의 대상이긴 하지만 대체돼야 할 대상은 아니란 점을 잊어선 안 됩니다. 시장 기능을 대체할 더 나은 시스템이 아직은 없기 때문입니다. 반성하고 개선해야 할 부분이 있지만 그렇다고 과도한 규제나 정부의 지나친 역할 확대는 자칫 시장이 갖는 자생력이나 자정 기능을 훼손할 우려가 있습니다. 시대의 요구가 분출할 때일수록 균형 감각이 중요합니다."

국민연금이 보유한 국내 10대 재벌그룹 상장사의 평균 지분율은 4%를 넘는다. 국민연금은 포스코와 KB금융, 신한지주, 하나금융지주 등 대표기업들의 최대주주이며 삼성전자와 현대자동차 등에선 그룹 총수보다 훨씬 많은 보유지분을 갖고 있는 실질적인 대주주이다. 대기업 총수들의 평균 지분율이 1.9% 정도인 만큼 국민연금은 재벌가를 압도하는 국내 금융시장의 절대강자다. 2012년 6월 말 기준으로 국민연금은 현대차 그룹의 6.5%, 삼성 그룹의 6%, 그리고 한진 그룹의 5% 지분을 보유하는 등 국내 주요 기업 대부분에서 최대주주의 지위를 확보하고 있다.

국민연금이 적극적으로 경영권을 행사할 경우 대기업들의 판도는 크게 달라질 수 있다. 대체로 학계와 시민단체들은 국민연금의 주주권 행사를 주장하는 반면, 재계에선 의결권 행사 등에 반대하는 입장이다. 그래서 국민연금의 의결권 행사를 둘러싼 논란은 좀처럼 접점을 찾지 못하고 있다.

기자 : "국민연금의 국내 주식시장, 특히 대기업 지분 소유 비중이 계속

커지고 있습니다. 이에 따라 국민연금의 주주권 행사, 나아가 경영참여에 대한 찬반론이 있습니다. 견해와 철학을 말씀해 주시죠.”

전광우 : “국민연금이 주요 기업의 주주총회에서 반대의사를 표시하는 등 발언권은 계속 강화되고 있는 추세입니다. 주주권 행사는 국민의 재산권 보호와 주주로서 권리행사란 두 가지 측면이 있습니다. 주주권 행사를 통해 해당 기업의 중장기적 가치를 높일 수 있다는 촉매적 역할과 순기능이 있지만 한편으론 경영간섭이나 경영개입으로 비쳐져서 기업 가치를 훼손할 위험도 있는 만큼 신중하게 접근할 필요가 있습니다. 책임경영, 투명경영이란 점도 중요하고 한 기업의 장기적 관점에서 재무적 판단, 자율적 판단이란 가치도 존중돼야 하는 문제입니다. 학계, 재계 등에서 여러 목소리가 나오고 있지만 중립적이고 합리적인 관점에서 선진국의 사례 등을 충분히 검토해 결론을 내야 한다고 봅니다.”

2012년 대통령선거 국면에서 여야의 주요 후보들이 한결같이 재벌 개혁을 염두에 둔 국민연금의 주주권 강화를 주장했던 만큼 국민연금의 영향력 확대는 불가피한 선택이 될 전망이다. 따라서 경영권을 방어하려는 대주주 측과 사회적 책임을 우선하는 국민연금 간의 의견대립도 예상된다. 대기업 집단에 대한 국민적 불신과 양극화 해소에 대한 사회적 요구, 그리고 개별 기업이 효율적 성장 사이에서 국민연금은 절묘한 선택을 상요받게 될 운명이다.

‘겸즉진, 인위고의 자세로 만년 청년이고 싶다’
2002년 월드컵 직후 ‘히딩크 열풍’이 거셀 때 한 출판사가 국내 대표 경제경영인들을 대상으로 히딩크 리더십에 대해 분석한 책을 펴냈다. 당시 우리금융그룹 부회장이던 전 이사장은 '히딩크와 신뢰경영'이란 제목으로 '명확한 비전과 목표', '핵심전략의 개발과 실행', '공정한 인력관리', '파트너십 대화경영', '믿음 위에 크는 능력'을 강조했다. 그는 특히 국내 기업들에서 연줄로 얽힌 정실주의, 연고주의 때문에 잠재력 있는 인재와 구성원들의 의욕을 꺾고 조직을 무기력화 시키는 사례를 흔히 볼 수 있다면서 CEO들이 앞장서서 혈연, 학연, 지연의 병폐를 끊어야 한다고 책에 썼다.

환갑을 훌쩍 넘긴 나이지만 그는 항상 웃는 낯으로 열정적이며 긍정적으로 삶에 임한다고 했다. 그는 사무엘 울만(Samuel Ullman)의 '청춘(Youth)'이란 시를 즐겨 암송한다고 말했다. 유태계 독일인이었던 시인은 미국으로 이주한 뒤 앨라바마의 시골마을에서 생의 마지막까지 지역봉사에 나섰던 인물이다. 84세에 생을 마감한 사무엘 울만이 78세에 쓴 시의 원문은 'Youth is not a time of life; it is a state of mind…'로 시작된다.

'청춘(젊음)이란 인생의 특정 시기가 아니라 마음가짐이다. 장밋빛 볼, 붉은 입술, 유연한 무릎이 아니라 강인한 의지, 풍부한 상상력, 불타오르는 열정을 말한다. 청춘이란 인생의 깊은 샘에서 솟아나는 신선한 정신이다. 청춘이란 두려움을 물리치는 용기, 안이함을 선호하는 마음을 뿌리치는 모험심을 뜻한다. 때로는 스무 살 청년보다 예순 살 노인이 더 청춘일 수 있다. 나이를 더해 가는 것만으로 사람은 늙지 않는다. 이상을 잃어버릴 때 비로소 늙는 것이다.(중략)

인간과 신으로부터 아름다움, 희망, 기쁨, 용기, 힘의 영감을 받는 한 그대는 젊다. 그러나 영감이 끊어져 정신이 싸늘한 냉소의 눈에 덮이고 비탄의 얼음에 갇힐 때 스무 살이라도 인간은 늙는다. 머리를 높이 쳐들고 희망의 물결을 붙잡는 한 여든이라도 인간은 청춘으로 남는다.'

전광우 이사장은 젊은이들에게 열정과 용기, 긍정적인 사고, 그리고 원칙에 충실한 삶을 주문하고 싶다고 말했다. 그는 요즘 젊은이들이 과거와 비교해 훨씬 더 풍요롭고 기름진 여건에 살고 있지만 그들이 큰 뜻을 펴지 못하고 위축된 모습을 쉽게 발견할 수 있다면서 이런 말을 들려주고 싶다고 했다.

전광우 : "우리 인생이란 것이 때로 어렵고 도전도 많이 있지만 용기를 갖고 이를 헤쳐 나오면 삶의 의미가 더해지고 궁극적으로 지향하는 바를 이룰 수 있습니다.

척박한 땅에 뿌리를 내리려고 애쓰는 과정에서 포도의 깊은 맛이 배어나고, 일교차가 큰 혹독한 자연환경에 적응해 가는 가운데 포도의 참맛이 우러나듯이 용기와 희망으로 어려움을 견뎌내면 값진 결실이 찾아온다는 사실을 후배들에게 꼭 전해주고 싶습니다."

마지막으로 그에게 좌우명을 묻자 '부드러움이 오히려 능히 강함을 이긴다'는 뜻의 유능제강(柔能制剛)을 항상 가슴에 새긴다고 했다. 그는 또 일 디를 솜낄 때마나 사부실에 설어 놓는 액자가 있다. 세계은행 근무 시절 중국 베이징 출장길에 눈에 띄어 구입한 '겸즉진 인위고(謙則進 忍爲高)'란 공자의 글귀인데 '겸손한 자가 나아가고, 인내하는 자가 높임을 받는다'는 뜻이다.

　세계 4대 연기금의 수장으로서 '가입자 2,000만 명, 수급자 330만 명 시대'를 연 전광우 국민연금 이사장은 청년의 가슴을 갖고 긍정과 열정의 힘으로 주어지는 소임에 최선을 다하겠며 인터뷰를 마무리 했다. 2013년 그는 두 번째 임기를 시작한다. 글로벌 경제와 금융환경이 요동치는 시대에 그에게 또 어떤 임무와 역할이 부여될지 세계 경제계가 주목하고 있다.

전광우 (全光宇)

1949년 5월 서울 출생. 서울사대부고, 서울대 경제학과를 졸업하고 미국 인디애나 대학에서 경제학 석사와 경영학 박사 학위를 받았다. 미국 미시간 주립대 교수, 세계은행 수석연구위원으로 일하다 외환위기 당시 한국에 파견돼 경제부총리 겸 재경부 장관 특별보좌관을 지냈다. 이후 대한민국 국제금융대사, 우리금융그룹 부회장, 딜로이트 코리아 회장, 초대 금융위원회 위원장을 거쳐 현재 국민연금공단 이사장으로 두 번째 임기를 맞고 있다.

저자와의 인연(因緣)

이 책을 쓴 저자와 저의 인연은 아주 오래 전으로 거슬러 올라갑니다. 서울의 영동고등학교에 입학했던 시절인데, 그때가 10·26 직후 신군부가 정권을 잡아가던 바로 그 '서울의 봄' 시기였습니다. 고등학교에 입학하자마자 서울 시내에서 연일 대규모 시위가 있었고, 그해 5월 '광주사태'가 발생했으며, 그 여름 전두환 장군이 대통령에 올랐습니다. 이 책의 저자와 저의 모교는 모두 15개 반이었으니 3년 동안 얼굴도 모르고 졸업하는 동기들이 많았지만 저자와 저는 고등학교 1학년, 2학년 두 해 동안 같은 반에서 짝을 했으니 인연치곤 깊은 인연이었던 것 같습니다. 친구가 미국 유학을 떠나면서 10년 가까이 만나지 못했던 시기도 있었지만 그가 언론사에서 직책을 맡고 저는 미술계에서 나름대로 활동을 하며 다시 만나게 되었고, 오랜 친구가 책을 쓴다기에 친구에 대한 소회의 글을 꼭 쓰고 싶었습니다.

이 책의 저자는 고등학교 입학 당시부터 정치, 경제, 사회, 스포츠, 문화 등 여러 방면에 관심과 소질, 나아가 남다른 호기심과 탐구심이 있었습니다. 물론 그때 이미 상당한 수준의 독서량과 매일 아침 서너 개 신문을 정독하고 등교하는, 그 당시로는 '아주 드문' 학생이었습니다. 정의감도 남달 랐던 것 같습니다. 고등학교 1학년 여름방학을 마치고 나오니 학교 차원 에서 그 친구 등 몇 명에게 정화위원이란 걸 임명해 놨습니다. 아주 무시 무시하던 군부독재가 태동하던 시절 사회정화위원이란 완장은 어느 조직 에서나 무소불위의 힘을 갖고 있었던 것으로 기억합니다. 친구는 극구 학 교정화위원이란 완장을 차지 않겠다며 담임 선생님과 승강이를 하는 모습 을 목격했습니다. 다른 학생들은 감투를 쓰지 못해서 담임을 찾아가는 마 당에 왜 저렇게 고집을 부릴까 선뜻 이해가 가지 않기도 했습니다. 특히 과외가 금지되고 내신제가 생기면서 학생들은 서로 입시에 도움이 되는 그런 경력을 쌓아보겠다고 서로 경쟁적으로 나서는 마당이었으니까요.

지금 생각해 보면 이 친구는 그때부터 정당하지 않은 권력, 그 권력에서 파생된 정화위원이란 감투를 스스로 받아들이지 못했던 것 같습니다. 돌 아보면 그 시절, 대부분의 교우들은 그해 5월 광주에서 발생한 사태의 본 질이 무엇인지, 군부독재가 어떤 과정을 거치면서 태동하고 있었던 것인 지 등에 대해 정보도 없었고 관심도 적었던 것 같습니다. 그때 나라의 운 명과 사회의 동향에 무지했던 친구들이 오히려 대학교에 들어가면서 설익 은 학생운동의 선봉자가 되기도 하고, 몇몇은 사법고시를 거쳐 판검사로 임용돼 정의를 앞세우는 것을 보며 때때로 이율배반과 아이러니를 느낄 때도 있었습니다.

30년이 넘는 세월을 지켜봐온 친구가 언론인으로서, 그가 만나고 지켜 본 인사들의 생각과 철학에 대해 담담하고 객관적으로 기록한 글을 읽으 면서 이기주의와 편 가르기 세태에 젖어 있는 우리 사회가 여러 사안과 사 물, 그리고 인물에 대해 한 발짝 떨어져 무채색으로 그려내는 저술도 필요하겠다는 생각을 갖게 됐습니다. 마치 그림으로 치자면 화려하거나 번쩍이지 않아도 오랜 세월 두고 보아도 은은한 마음의 향기, 사람의 온기를 전하는 그림 한 작품을 보는 것 같은 그런 느낌이었습니다.

저널리스트로서 한 길을 걸어온 벗이 앞으로도 탐구심과 소명의식, 묵직한 역사의식에 충만한 저술 또는 칼럼 등을 통해 우리 사회에 따뜻하고 훈훈한 마음과 냉철한 지성을 전파하는 지식인이 되어주길 기대해 봅니다.

서양화가 · 숙명여대 교수
구 성 균

'인생은 한 권의 책과 비슷하다.
얼간이들은 아무렇게나 책장을 넘기지만
현명한 사람은 차분히 읽는다.
왜냐하면 그들은 단 한 번밖에
그것을 읽지 못한다는 것을
알고 있기 때문이다.'

장 파울 *Jean Paul*

청춘이 스펙이다

정태현 지음 | 신국판 | 값 15,000원

청춘을 망치는 대한민국의 잣대를 부숴라!
평사원으로 시작해 포스코 건설의 임원직까지 오르고, 이후 글로벌 기업 에어릭스의 대표
가 된 정태현 저자가 이 시대의 청년들과 과거 청년이었던 모두에게 바치는 청춘의 노래.
이제 의미 없는 스펙의 굴레에서 벗어나 진짜 인생을 위한 스펙을 쌓아보자.

머니 힐링

조성목 지음 | 신국판 | 값 15,000원

돈과 빚 그리고 잃어버린 꿈에 신음하는 사람들의 회복을 이야기하는 한 권의 책. 이 책
『머니 힐링money healing』은 현재 금융감독원의 국장으로 재직 중인 조성목 저자가 집
필한 실용 경제서적으로, '돈'을 둘러싼 분쟁과 다툼 그리고 그 사이에서 큰 상처를 받는
피해자들을 조명하고 실질적인 회복, 회생 노하우를 들려준다.

고독하지만 자유롭게

이봉원 지음 | 신국판 | 값 13,000원

한국과 호주를 넘나드는 고군분투 독립장편영화 제작기!
장편영화 '마티나'의 이봉원 감독의 여행기이자 영화제작기록으로, 캐나다와 호주에서
항공사회사원으로 근무하며 영화를 기획하고 한 걸음 한 걸음 전진하여 장편영화 '마티
나'를 제작해가는 과정을 담았다.

두 바퀴로 떠나는 전국일주 자전거길

박강섭 · 양영훈 지음 | 180*230 | 값 15,000원

'두 바퀴로 떠나는 전국일주 자전거길' 4월 22일 개통된 총 길이 1757㎞에 이르는 국토
종주 자전거길을 이용하는 사람들을 위해 만들어진 책으로, 아름다운 우리나라 국토와 4
대강을 자전거길로 둘러보는 국토종주 자전거길과 자전거길 주변의 볼거리, 먹거리, 잠
자리 등 종합 이용정보를 함께 수록하여 오직 자전거로만 만끽할 수 있는 여행으로 독자
들을 안내하고 있다.

초판 1쇄 발행 2013년 1월 11일

지 은 이 장규홍
발 행 인 권선복
편집주간 김정웅
편 집 김소영
디 자 인 엄희주
전 자 책 박소은
마 케 팅 서선교
발 행 처 도서출판 행복에너지
출판등록 제315-2011-000035호
주 소 (157-010) 서울특별시 강서구 화곡로 232
전 화 0505-666-5555
팩 스 0303-0799-1560
홈페이지 www.happybook.or.kr
이 메 일 ksb6133@naver.com

값 17,000원
ISBN 978-89-97580-60-6   13330